主编简介

吴方，副教授，硕士生导师，现任中国药科大学国际医药商学院经济管理综合实验中心主任，工商管理专业负责人，中国药科大学首批创新创业聘任导师。2015年河海大学管理科学与工程博士后，2018年美国南加州大学国际药政管理研究中心访问学者。本科生《人力资源管理学》、研究生《社会组织管理》课程负责人，曾荣获2020年江苏省高校微课教学比赛二等奖、校级青年教师教学比赛一等奖、校级教学成果三等奖、优秀共产党员等，2020年指导团队荣获联合国开发计划署第三届"青年创客挑战赛"初创组一等奖，全国大学生人力资源管理知识技能竞赛二等奖，并多次荣获江苏省"互联网+"比赛二等奖和三等奖。

研究方向为医药行业人才发展研究、医药卫生体系建设、健康服务资源配置优化等，先后主持中国博士后科学基金、教育部人文社科基金、江苏省社科基金（重点专项）、江苏省高校哲社科学基金等国家、省部级课题二十余项，出版学术著作《基于熵理论的资源安全系统复杂性测度与优化配置研究》1部，副主编《医药组织人力资源管理》教材1本；在《人民论坛》、《西南民族大学学报》、《河海大学学报》等国内外EI、CSSCI等核心期刊发表论文20余篇。

茅宁莹，教授，博士生导师，中国药科大学国际医药商学院副院长。南京大学企业管理博士，加拿大卡尔加里大学访问学者，本科生、研究生《管理学》、《组织行为学》、《医药企业经营实务》等课程负责人。

在公共卫生政策、社会与管理药学两个学科开展研究工作，研究领域包括国家创新药物政策、短缺药品供应保障、药品监管科学与监管治理模式创新、医药产业政策与技术创新管理等。承担国家社科基金重大项目"我国医药产业创新政策环境研究"子课题、江苏省社科基金、江苏省科技厅软科学项目、江苏省社科联基金项目以及国家卫健委、国家药品监督管理局、重庆市商委、江苏省卫健委、江苏省药品监督管理局等国家省市级政府部门委托课题。

在CSSCI和中文核心期刊发表论文数十篇，出版《医药企业管理》《医药企业管理案例集》两部教材；研究成果《江苏省生物医药产业技术创新战略联盟运行机制研究》《分级应对药品短缺的实证研究》分别荣获2014年江苏省高校第九届哲学与社会科学优秀成果奖三等奖、2017年度江苏省社科联优秀成果一等奖。指导学生多个项目参加全国大学生挑战杯、互联网+创新创业大赛，荣获国家金奖、省级二等奖等荣誉。

普通高等医学院校药学类专业第二轮教材

医药组织行为学

（供医药院校管理类专业用）

主编 吴　方　茅宁莹

编者 （以姓氏笔画为序）

于　倩　　　朱晨铭　　　杨彦婕

吴　方　　　汪海涛　　　林玲玲

茅宁莹　　　胡　琦　　　徐杨燕

黄　涛　　　温明盛

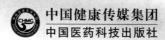 中国健康传媒集团

中国医药科技出版社

内容提要

本教材为"普通高等医学院校药学类专业第二轮教材"之一,系根据本套教材的编写指导思想和原则要求,结合专业培养目标和本课程的教学目标、内容与任务要求编写而成。医药组织行为学是医药经管类专业核心课程。本教材从组织行为学研究的个体、群体和组织三个层面行为作为基本框架,共分为11个章节,从个体行为、群体行为和组织系统三大方面探讨医药组织管理中的心理与行为规律,涵盖了组织行为学的核心内容和结构。每章列有医药行业特色的案例和针对性较强的复习和讨论题、课堂游戏。本教材为书网融合教材,即纸质教材有机融合电子教材、教学配套资源(PPT、视频、图片等)、题库系统。

本书可作为医药类院校硕士生、本科生的学习教材,也能供医药企业的管理者、创业者及各级管理部门参考。

图书在版编目(CIP)数据

医药组织行为学/吴方,茅宁莹主编.—北京:中国医药科技出版社,2021.7

普通高等医学院校药学类专业第二轮教材

ISBN 978-7-5214-2611-3

Ⅰ.①医⋯　Ⅱ.①吴⋯②茅⋯　Ⅲ.①医药组织行为学–高等学校—教材

Ⅳ.①C936

中国版本图书馆CIP数据核字(2021)第131324号

美术编辑　陈君杞
版式设计　友全图文

出版　**中国健康传媒集团**｜中国医药科技出版社

地址　北京市海淀区文慧园北路甲22号

邮编　100082

电话　发行:010-62227427　邮购:010-62236938

网址　www.cmstp.com

规格　787×1092mm $\frac{1}{16}$

印张　16 $\frac{3}{4}$

字数　352千字

版次　2021年7月第1版

印次　2021年7月第1次印刷

印刷　廊坊市海玉印刷有限公司

经销　全国各地新华书店

书号　ISBN 978-7-5214-2611-3

定价　49.00元

获取新书信息、投稿、为图书纠错,请扫码联系我们。

出版说明

全国普通高等医学院校药学类专业"十三五"规划教材，由中国医药科技出版社于2016年初出版，自出版以来受到各院校师生的欢迎和好评。为适应学科发展和药品监管等新要求，进一步提升教材质量，更好地满足教学需求，同时为了落实中共中央、国务院《"健康中国2030"规划纲要》《中国教育现代化2035》等文件精神，在充分的院校调研的基础上，针对全国医学院校药学类专业教育教学需求和应用型药学人才培养目标要求，在教育部、国家药品监督管理局的领导下，中国医药科技出版社于2020年对该套教材启动修订工作，编写出版"普通高等医学院校药学类专业第二轮教材"。

本套理论教材35种，实验指导9种，教材定位清晰、特色鲜明，主要体现在以下方面。

一、培养高素质应用型人才，引领教材建设

本套教材建设坚持体现《中国教育现代化2035》"加强创新型、应用型、技能型人才培养规模"的高等教育教学改革精神，切实满足"药品生产、检验、经营与管理和药学服务等应用型人才"的培养需求，按照《"健康中国2030"规划纲要》要求培养满足健康中国战略的药学人才，坚持理论与实践、药学与医学相结合，强化培养具有创新能力、实践能力的应用型人才。

二、体现立德树人，融入课程思政

教材编写将价值塑造、知识传授和能力培养三者融为一体，实现"润物无声"的目的。公共基础课程注重体现提高大学生思想道德修养、人文素质、科学精神、法治意识和认知能力，提升学生综合素质；专业基础课程根据药学专业的特色和优势，深度挖掘提炼专业知识体系中所蕴含的思想价值和精神内涵，科学合理拓展专业课程的广度、深度和温度，增加课程的知识性、人文性，提升引领性、时代性和开放性；专业核心课程注重学思结合、知行统一，增强学生勇于探索的创新精神、善于解决问题的实践能力。

三、适应行业发展，构建教材内容

教材建设根据行业发展要求调整结构、更新内容。构建教材内容紧密结合当前国家药品监督管理法规标准、法规要求、现行版《中华人民共和国药典》内容，体现全国卫生类（药学）专业技术资格考试、国家执业药师职业资格考试的有关新精神、新动向和新要求，保证药学教育教学适应医药卫生事业发展要求。

四、创新编写模式，提升学生能力

在不影响教材主体内容基础上注重优化"案例解析"内容，同时保持"学习导引""知识链接""知识拓展""练习题"或"思考题"模块的先进性。注重培养学生理论联系实际，以及分析问题和解决问题的能力，包括药品生产、检验、经营与管理、药学服务等的实际操作能力、创新思维能力和综合分析能力；其他编写模块注重增强教材的可读性和趣味性，培养学生学习的自觉性和主动性。

五、建设书网融合教材，丰富教学资源

搭建与教材配套的"医药大学堂"在线学习平台（包括数字教材、教学课件、图片、视频、动画及练习题等），丰富多样化、立体化教学资源，并提升教学手段，促进师生互动，满足教学管理需要，为提高教育教学水平和质量提供支撑。

普通高等医学院校药学类专业第二轮教材
建设评审委员会

数字化教材编委会

主编 吴 方 茅宁莹

编者 （以姓氏笔画为序）

于 倩　　朱晨铭　　杨彦婕

吴 方　　汪海涛　　林玲玲

茅宁莹　　胡 琦　　徐杨燕

黄 涛　　温明盛

前言

组织行为学作为一门融合了心理学、社会学、人类学、政治学、经济学、历史学等多种学科的综合性学科，历经近一个世纪的发展演进，在解决组织管理问题上发挥了巨大的作用，被列为经济管理类专业的重要核心课程。

本教材根据全国普通高等学校药学类专业培养目标和主要就业方向及执业能力要求，按照本套教材编写指导思想和原则要求，结合本课程教学大纲编写而成。

目前国内医药企业发展壮大，医药类院校建设日益完善，医药组织行为学课程也逐渐受到重视。纵观国内现有的组织行为学教材，各有其特色，但也存在不能完全满足医药类院校实际教学需要的问题，例如：由于理论部分考虑各专业的通用性，缺少医药专业、医药企业等相关的特色内容，案例的选择并未以医药行业为中心；内容上不够贴近医药院校学生就业创业、医药组织管理需求的实际。因此，基于在该领域多年的科研和教学实践，笔者在医药组织行为学领域进行有益探索迈出的第一步，力图使学生和读者掌握组织行为学的基本原理和方法，把握经济发展、政策变化以及市场运行对医药组织管理的影响，结合医药组织发展对组织、群体和个体的管理和需求的不断变化，为学生和相关组织分析研究我国医药组织行为学提供必要的理论工具。

全书从个体行为、群体行为和组织系统三大方面探讨医药组织管理中的心理与行为规律，涵盖了组织行为学的核心内容和结构，具体分为导论、医药组织管理的挑战、个体行为的基础、组织中的个体差异、激励、组织中的群体行为与管理、组织中的团队建设、组织中的沟通管理、组织学习与创新、组织变革与发展和组织文化管理。

本教材的主要特点有以下几项。

1. 科学性：理论基础扎实，思政教学鲜明。力求做到系统收录组织行为学经典原理和理论，在此基础上纳入大量医药企业和行业的特色内容，既有理论分析，也有医药传统文化和典故，将组织行为学的理论学习与文化自信相结合。

2. 可读性：案例资料丰富，医药特色明显。致力于使用浅显易懂的语言表述科学原理和理论，避免生搬硬套。在各章节中大量运用"开篇案例"和"拓展阅读"等帮助学生理解和掌握教材所阐述的概念、原理及方法。在案例选择上，以经典的医药行业案例为主，辅以引人深思的传统故事和其他案例，帮助学生真实感受原理、理论的应用。

3. 操作性：体系设计新颖，理论实践并重。在每一章的练习中，安排有"复习思考题"和"课堂游戏"，一方面帮助学生巩固所学，另一方面用于学生的心理与行为测试，通过动脑、动手和团队合作训练学生的自我认知能力、组织沟通能力、团队合作能力、科学思维能力等，帮助学生养成良好的实际工作能力。

4. 前沿性：吸收前沿成果，契合时代主题。本书不仅收录经典理论，还重点选择了当前最新的典型成果，如我们在书中增加了"自组织团队""无边界组织""数字化转型"等内容，将学科前沿研究贯穿于基础理论教学过程中。同时，本书介绍了"两票制""带量采购"等医药行业的新政策为医药组织管理带来的新需求和新挑战，力争做到让教材内容与时俱进，贴近实际。

本书吸收了国内外诸多研究成果，参考了许多优秀教材和文献，在此对原文的作者致以诚挚的谢意！本书获评为中国药科大学"十三五"规划教材，受到了中国药科大学"双一流"学科创新团队建设项目（项目编号：CPU2018GY41）、中国药科大学国际医药商学院力凡胶囊科研基金（项目编号：CPUSIPB-LFJJ-04）的支持，在此一并表示感谢！本书由中国药科大学国际医药商学院工商管理教研室吴方博士、茅宁莹博士主编。部分研究生参于了整理工作，他们是徐杨燕、胡琦、黄涛、朱晨铭、温明盛、于倩、林玲玲、杨彦婕和汪海涛。

本教材可作为医药类院校硕士生、本科生的学习教材，也能供医药企业的管理者、创造者及各级管理部门参考。囿于知识水平有限，本书难免存在疏漏失当之处，谨请各院校师生、读者指正。

编者

2021 年 7 月

第一章　导论 …………………………………………………………………… 1

　第一节　医药组织行为学概述 ………………………………………………… 2

　　一、医药组织行为学的概念 ………………………………………………… 2

　　二、医药组织行为学的研究对象与内容 …………………………………… 4

　第二节　医药组织行为学的研究方法 ………………………………………… 5

　　一、调查法 …………………………………………………………………… 7

　　二、实验法 …………………………………………………………………… 8

　　三、模型法 …………………………………………………………………… 9

　　四、自然观察法 ……………………………………………………………… 9

　　五、案例法 …………………………………………………………………… 10

　　六、情景模拟法 ……………………………………………………………… 10

　第三节　医药组织行为学的意义 ……………………………………………… 11

　　一、调动成员的积极性和创造性 …………………………………………… 11

　　二、增强群体的凝聚力和向心力 …………………………………………… 12

　　三、提高企业管理层的领导水平 …………………………………………… 12

　　四、有助于组织变革和发展 ………………………………………………… 12

第二章　医药组织管理的挑战 ………………………………………………… 14

　第一节　适应——医药市场发展环境的挑战 ………………………………… 14

　　一、社会发展给医药组织带来的挑战 ……………………………………… 15

　　二、经济全球化背景下医药组织的挑战 …………………………………… 16

　第二节　开放——医药组织结构变革的挑战 ………………………………… 17

　　一、企业重组 ………………………………………………………………… 17

　　二、组织结构调整 …………………………………………………………… 19

　第三节　跨界——医药组织人才的挑战 ……………………………………… 21

　　一、全球跨入数字化时代 …………………………………………………… 21

　　二、员工与组织价值观的一致性矛盾 ……………………………………… 22

　　三、医药组织人才供需挑战 ………………………………………………… 23

第三章　个体行为的基础 …… 26

第一节　知觉 …… 26
一、知觉 …… 27
二、社会知觉 …… 29

第二节　归因 …… 35
一、归因概述 …… 35
二、归因理论 …… 36
三、归因偏差 …… 38

第三节　情绪 …… 40
一、情绪 …… 40
二、情绪智力 …… 42
三、工作中的情绪管理 …… 44

第四节　态度 …… 45
一、态度概述 …… 46
二、态度形成与改变 …… 47
三、工作态度 …… 51

第五节　压力 …… 52
一、压力的本质 …… 53
二、压力来源 …… 54
三、影响压力认知的个体差异 …… 56
四、压力的后果 …… 56
五、压力管理的方法 …… 57

第六节　学习 …… 59
一、学习的定义 …… 59
二、学习的理论 …… 60
三、学习与行为的强化 …… 63

第四章　组织中的个体差异 …… 68

第一节　传记特征 …… 69
一、性别 …… 69
二、年龄 …… 70
三、种族 …… 71
四、教育背景 …… 72
五、工作经历 …… 73

第二节　能力 …… 74
一、能力的概念与分类 …… 74

二、能力的相关理论 ……………………………………… 76

三、能力的测验 …………………………………………… 80

第三节　价值观 ……………………………………………… 83

一、价值观的概述 ………………………………………… 83

二、价值观的分类 ………………………………………… 85

三、工作价值观 …………………………………………… 89

第四节　人格 ………………………………………………… 90

一、人格概述 ……………………………………………… 91

二、主要人格特质 ………………………………………… 92

三、人格的理论 …………………………………………… 95

第五章　激励 ……………………………………………………… 101

第一节　激励概述 …………………………………………… 101

一、需要、动机与行为 …………………………………… 102

二、激励的定义与过程 …………………………………… 103

第二节　激励理论 …………………………………………… 104

一、内容型激励理论 ……………………………………… 104

二、过程型激励理论 ……………………………………… 108

三、综合激励理论 ………………………………………… 113

四、激励理论在组织管理中的应用 ……………………… 114

第六章　组织中的群体行为与管理 ……………………………… 117

第一节　群体的定义与分类 ………………………………… 118

一、群体的定义 …………………………………………… 118

二、群体的分类 …………………………………………… 118

第二节　群体的结构与群体规范 …………………………… 120

一、群体的结构 …………………………………………… 121

二、群体规范 ……………………………………………… 123

第三节　群体的发展理论 …………………………………… 125

一、五阶段说 ……………………………………………… 126

二、间断－平衡模型 ……………………………………… 129

第四节　群体的心理行为特征 ……………………………… 130

一、从众行为 ……………………………………………… 130

二、社会促进效应 ………………………………………… 132

三、竞争 …………………………………………………… 133

第五节　群体影响与人际互动 ………………………………………………… 133
　　一、群体对个体的影响 …………………………………… 134
　　二、个体对群体的影响 …………………………………… 135
第六节　群体冲突 ……………………………………………… 137
　　一、群体冲突的定义 ……………………………………… 138
　　二、群体冲突的阶段 ……………………………………… 138
　　三、解决群体冲突的常见方法 …………………………… 139
第七节　群体决策 ……………………………………………… 141
　　一、群体决策的概念 ……………………………………… 141
　　二、群体决策的优缺点 …………………………………… 142
　　三、群体决策技术 ………………………………………… 144
　　四、群体思维和群体转移 ………………………………… 145

第七章　组织中的团队建设 ……………………………………… 152

第一节　团队概述 ……………………………………………… 152
　　一、团队的概念 …………………………………………… 153
　　二、团队的类型 …………………………………………… 154
第二节　团队内部的心理行为 ………………………………… 159
　　一、团队精神 ……………………………………………… 160
　　二、团队士气 ……………………………………………… 161
第三节　团队资源的配置与管理 ……………………………… 164
　　一、团队资源配置的定义 ………………………………… 164
　　二、团队人力资源配置 …………………………………… 164
　　三、团队财务资源配置 …………………………………… 169
　　四、团队信息资源配置 …………………………………… 171
第四节　高绩效团队的建设 …………………………………… 173
　　一、高绩效团队的定义 …………………………………… 174
　　二、影响高绩效团队建设的因素 ………………………… 174
　　三、高绩效团队建设的措施 ……………………………… 177

第八章　组织中的沟通管理 ……………………………………… 180

第一节　沟通的定义、过程和作用 …………………………… 180
　　一、沟通的定义 …………………………………………… 181
　　二、沟通的过程 …………………………………………… 181
　　三、沟通的作用 …………………………………………… 183

第二节 影响沟通的因素 ·············· 184
　　一、信息源特征 ·············· 185
　　二、信息特征 ·············· 186
　　三、渠道特征 ·············· 186
　　四、情景特征 ·············· 187
　　五、反馈特征 ·············· 188
第三节 沟通的类型与沟通网络 ·············· 189
　　一、沟通的类型 ·············· 189
　　二、沟通网络 ·············· 192
第四节 组织中的沟通策略 ·············· 195
　　一、管理谈判 ·············· 196
　　二、层级沟通 ·············· 199
　　三、跨文化沟通 ·············· 200

第九章 组织学习与创新 ·············· 205

第一节 组织学习 ·············· 205
　　一、组织学习的概念 ·············· 206
　　二、组织学习的过程 ·············· 207
第二节 学习型组织 ·············· 209
　　一、学习型组织的含义 ·············· 209
　　二、学习型组织的五项修炼 ·············· 211
　　三、学习型组织的实践 ·············· 212
第三节 组织创新 ·············· 213
　　一、组织创新的定义 ·············· 213
　　二、组织创新的影响因素 ·············· 214

第十章 组织变革与发展 ·············· 219

第一节 组织变革 ·············· 220
　　一、组织变革的概念 ·············· 220
　　二、组织变革的动因 ·············· 220
　　三、组织变革的阻力 ·············· 222
第二节 组织变革的实施模式与方法 ·············· 224
　　一、组织变革的实施模式 ·············· 224
　　二、组织变革的方法 ·············· 227
第三节 组织发展 ·············· 229
　　一、组织发展的概念 ·············· 229

二、组织发展的条件 ………………………………………………… 229

三、组织发展的好处与局限 ………………………………………… 230

第十一章　组织文化管理………………………………………………**233**

第一节　组织文化概述 …………………………………………… 234

一、组织文化的定义 ………………………………………………… 234

二、组织文化的特征 ………………………………………………… 234

三、组织文化的功能 ………………………………………………… 235

第二节　组织文化的结构与分类 ………………………………… 237

一、组织文化的结构 ………………………………………………… 238

二、组织文化的常见类型 …………………………………………… 239

第三节　组织文化的测评与塑造 ………………………………… 241

一、组织文化常见的测评方法 ……………………………………… 241

二、组织文化的塑造 ………………………………………………… 244

参考文献 …………………………………………………………………**250**

第一章 导 论

🎯 **学习目标**

解释：医药组织、医药组织行为和医药组织行为学的概念。

阐述：医药组织行为学的研究方法及其与其他学科的关系。

描述：医药组织行为学的重要意义。

德育目标：运用正确方法认识世界、改造世界；培养科学思维，总结、归纳与联系。

引进来，走出去——G 医药集团的组织改革之路

G医药集团有限公司作为一家处于完全竞争领域的中央企业，持续激发企业市场活力，不断增强竞争力是其在行业竞争中保持领先地位的关键。而组织改革探索混合所有制，将中央企业的资源优势与非公有制经济的市场活力优势互补，产生1+1＞2的化学反应，是G医药集团保持市场活力的"源头活水"。

引进来

采用多种形式与非公资本混合，实现股权多样化，是G医药集团混合所有制改革探索的鲜明特征。引入战略投资者，向传统国有企业中注入非公资本的新鲜"血液"是G医药集团混合所有制改革的重要方式。20世纪初，G医药集团等医药流通企业普遍面临资金困境，企业领导层经过深思熟虑，决定以引入战略投资者的方式"破局"。当时F医药存在规模扩张的现实需要，双方"一拍即合"，在2003年组建了G药控股。实践证明，这种优势互补的"结合"是明智的选择。2014年，G医药集团复制G药控股的经验，对器材公司整体改革，进一步扩大混合所有制改革"战果"。

走出去

G医药集团也在尝试"走出去"，进行国有资本与非公资本的主动"混合"。2013年，为增强中药板块市场竞争力，实现全产业链发展，G医药集团入股民营企业——Z中药。数据对比显示，重组后成长迅速：2012~2016年，Z中药资产总额年复合增长率达82.01%，营业收入年复合增长率达58.63%，成为我国中药行业的领头羊。Z中药在2013年重组后，陆续完成了对多家知名中药企业的投资并购。投资并购产生的协同效应，补齐了G医药集团一直以来的中药板块业务短板，也在一定程度上加速了行业整合的步伐。

G医药集团的混合所有制改革，强强联手，释放了企业创新活力，为传统医药产业焕发新生机贡献了力量。

第一节　医药组织行为学概述

PPT

"能用众力，则无敌于天下矣；能用众智，则无畏于圣人矣。"

—— 孙权

 开篇案例

　　S医药是中国医药领域中历史最为悠久、规模最为庞大，并且长期处于领先地位的医药企业之一，有3000余个药品生产批文，分销渠道遍布全国30多个省市。以"关爱生命、造福健康"为经营宗旨，本着"安全、优质、高效、环保"的理念，S医药致力于技术进步、结构优化、产业升级和品牌推广，提高核心竞争能力，积极承担社会责任。除了提供广泛的创新医药健康产品组合外，S医药还与有关政府部门、科研/医疗机构、学术组织、社会团体合作，通过开展患者教育、疾病宣传、健康管理、社区医疗、人才培养等项目积极推动中国医疗卫生事业的发展。

一、医药组织行为学的概念

（一）医药组织的概念

　　从广义上说，组织（organization）是指由诸多元素按照一定方式相互联系起来的系统。从这个角度来看，组织包含了生物学中有机体的组织，如肌肉组织；动物的群体组织，如一群蜜蜂就是一个以蜂王为核心、秩序井然的群体。从狭义上说，组织是指人们为了实现某种宗旨和目标，互相协作结合而成的集体或团体，如工厂、机关、学校、医院、各级政府部门、各个层次的经济实体、各个党派和政治团体等。狭义的组织专门指人群，运用于社会管理之中。

　　医药组织（pharmaceutical organization）是狭义上的组织，是指医药行业中，一系列个体为实现一定目标，通过专业分工和协作而形成的一个有机的人群系统，包括医药企业、医院、药店、医药相关的政府部门等。

　　从定义上可以看出，医药组织的构成要素有以下三个。

　　（1）组织成员　组织中最基本的要素是人。医药组织是由两个或两个以上的人按照一定的方式结合成的有机整体，他们之间进行专业分工和协作。

　　（2）特定的目标　组织目标是组织所有成员的共同愿望，需要得到组织所有成员的认同，任何一个组织都有其存在的目标。医药组织的目标则是研发、生产、销售、使用药品，提高药物可及性，保障百姓健康生活。

（3）分工协作 组织是通过分工协作来实现的。将组织中的任务切割成较小的部分以完成工作，此过程即为专业化分工。组织工作经过专业化分工后，工作的完成是经过片段的组合，而组织个体只需要从事专精的小部分，这有助于专业、高效地完成组织目标。医药组织中除了研发、生产、销售等常见分工外，还有临床试验、药品质量检验等特殊分工。

📖 **拓展阅读**

N制药的跨职能高绩效组织建设

一、产品：围绕产品构建跨界团队

N制药强调围绕产品来工作，因为：一是把所有成本都考虑在内，从开发到推向市场需要大量资金投入，因此需要尽可能地优化产品，把职能分裂造成的成本降到最低。二是产品必然是与客户和医师关联，所以市场营销要尽早地结合到研发当中。这些促使N制药为每个项目都建立了一个国际项目团队（IPT），IPT的职责就是以最有效的方式整合所有的关键职能，在保证成本合理和品质完美的前提下，在尽可能短的时间内生产出市场看好的产品。

二、职能：所有的职能必须创造价值

单独的一种组织职能，最多能变成一个储存卓越的宝库，可以为完成某项具体的工作任务（比如进行临床实验）提供相关的知识、才能和原则。然而，当转向跨职能的工作团队模式时，所有职能都必须要创造价值。在无边界模式下工作是更复杂、更耗时的，从问题的提出到解决方案的确定，需要预先投入大量时间。

三、流程：追求结果的快速行动

N制药提出了一种"追求结果的快速行动"（FAR）流程——衍生于通用电气的"群策群力"计划。N制药的FAR流程可以找出组织的不同部分普遍存在的问题。过去人们往往是在"双边"的基础上讨论问题，但是仅从孤立的各个部分切入，问题并不能得到解决。现在，FAR影响更广泛，它可以让多方群体带着不同的专家意见和一个明确的目标，共同参与整个流程。通过了解一个问题的所有相关方面，通过汇集针对解决方案和促使关键领导者当场批准的各种建议，人们就能够迅速、跨边界地解决问题。

（二）医药组织行为学的概念

关于组织行为学的定义众说纷纭。美国著名学者斯蒂芬·罗宾斯（S. P. Robbins）于

1997年认为："组织行为学（organizational behavior）是一个研究领域，它探讨个体、群体，以及结构对组织内部行为的影响，以便应用这些知识改善组织的有效性。"美国罗切斯特理工学院的杜布林教授（A. J. Dubrin）认为："组织行为学是系统地研究一个组织中所有组成人员的行为，以及成员个人、群体、组织和组织与外部环境相互关系的行为的学科。"另一位美国学者威廉·迪尔（W. Dear）认为："组织行为学是一门应用社会科学，研究工作组织中个人、团体和组织的行为问题。"

综合以上观点，本书将医药组织行为学（pharmaceutical organizational behavior）定义为：研究医药组织中人的心理和行为规律性的科学，综合运用心理学、社会学、人类学、生理学、生物学、经济学和政治学等多种学科知识，研究医药组织中人的心理和行为的规律性，从而提高各组织领导者和管理者对人的行为预测和引导能力，以便更有效地实现组织预定的目标。我们可以从以下几点领会医药组织行为学的内涵。

第一，医药组织行为学既研究医药组织内个体的心理活动规律，又研究人的行为活动规律。医药组织行为学将心理和行为作为一个整体来研究。

第二，医药组织行为学不是研究人的一般行为规律，也不是研究一切人类的心理与行为规律，而是研究医药领域内的工作组织中个体的心理与行为规律。

第三，医药组织行为学是一门交叉学科，它在管理科学的基础上综合运用心理学、社会学等多门学科的原理、理论、模型和方法来研究个体的心理和行为规律。

第四，医药组织行为学用系统分析的方法，按照系统理论的观点，将个体的人作为一个系统，并把它放在群体这个较大的系统中来研究，而很多的群体又构成一个组织，他们均各成系统而又相互紧密联系。

第五，医药组织行为学研究的目标是在掌握医药组织中个体的心理和行为规律性的基础上，提高预测、引导和控制个体行为的能力，从而帮助组织实现既定的目标。

二、医药组织行为学的研究对象与内容

（一）人在医药组织中的心理和行为规律

医药组织行为学的首要任务就是要揭示医药组织内影响个体行为的心理活动，包括知觉、归因、情绪、态度、个性、能力、价值观等。

（二）医药组织中不同主体的行为

人在组织中的行为首先表现为个体行为，但不限于此，组织行为有三种主体：个体、群体、组织。医药组织行为学从对个体行为的探讨入手，进一步探讨群体行为、组织行为的规律。

（三）医药组织中主体行为的动因状况

人的行为以主观能动性为根本特征，通过行为动机体现出来，受到多种因素的影响。医药组织行为学关注人们行为背后的动因以及影响因素，以此分析人在医药组织中

的行为规律，寻找引导医药组织成员行为的途径与方法。

（四）医药组织中主体行为的结果

组织成员的行为影响组织状况。医药组织行为学关注组织成员的行为后果，关注不同行为方式如何影响组织绩效和组织发展。在探讨组织中不同主体行为特征及其变化规律的基础上，医药组织行为学研究以行为结果为因变量，探讨如何提升组织效率和效能。

📖 **拓展阅读**

AK 药业出了什么问题？

从外部看，这是一家业绩不断攀升，并通过欧盟和美国 FDA 认证、国际化业务遥遥领先的制药企业。但从内部看，这家企业核心部门人员流失严重，员工积极性持续低迷，大量工作积压，造成企业整个链条效率低下。

AK 药业邀请了咨询公司协助解决。咨询公司观察发现，对于人心不稳、员工大面积流失的问题，虽然有其他公司高薪挖人的原因，但更重要的是：第一，缺乏一套科学合理的人力资源体系，导致薪酬、绩效、职业晋升通道等方面存在问题。一位离职人员在接受项目组回访时说："公司薪酬低不说，而且还不公平。论资排辈，感觉自己在这里没有前途，工作没有成就感，看不到希望。"第二，公司从技术部抽调上任的 QC 部门经理缺乏管理经验和技巧，管理方式和方法简单粗暴。"他技术能力挺强的，也是个好人，但就是不会关心下属。QC 部门女同志居多，一次有个检验员因例假身体不舒服想请假，他冷着脸说'工作这么忙，你请什么假！'他平时很少到我们实验室来，对我们很冷漠。"一位 QC 检验员这样说道。

其实，对于 QC 经理在管理技能方面的缺陷，公司总经理也已经意识到了，"QC 团队一盘散沙，主要原因就是这个经理属于技术型干部，他的弱项是不会团队管理和沟通。他性格比较孤僻，除了工作之外不和大家打交道，不去现场、也不和员工交流。沟通方式上，说话比较直，不注意平时关系维护。"总经理似乎有点后悔这个人事任命，"我希望他今后不要把精力太多花在技术问题上，可以培养一些人来解决技术问题，他更多去考虑一些管理问题。"

第二节 医药组织行为学的研究方法

PPT

"工欲善其事，必先利其器。"

—— 孔子《论语·魏灵公》

方法的重要性

一家大型连锁超市将在N市某小区附近设立新店，决定招聘销售部经理。在最后一轮考核中，候选者面临这样一个题目：3天时间内了解该小区的购买力，信息准确的前提下用时最短者受聘。

大家使用的方法五花八门，有人采用抽样调查法，取每个小区单元每栋楼的两个房号进行调查，查明每户家庭的人口、收入、消费支出与结构，根据这个数字得出总体结论；有人采取电话调查法，给小区每一户打电话，征得主人同意后逐项询问，这种方法不受累，但时间和电话费都没少花；有人采取了直接询问法，站在小区门口，采访进出院门的住户，向他们询问相关的问题。

最终，被聘为销售部经理的是第一位提交答案的求职者，因为他的结论与其他人基本一致，却仅用时三小时。他分享经验：我没有接触小区的任何一个人，只是对小区里的所有垃圾箱进行了察看，根据垃圾的数量、包装、品牌，从而大致得出了这个小区总体消费水平。

管理者要想真正解释和预测人的行为，应该把结论建立在对事实进行严谨的测量和解释的基础上。任何一门科学都有与之相适应的一套合乎科学性的研究方法，医药组织行为学也不例外。虽然与自然科学相比，医药组织行为学对个体行为的研究受个体社会性的影响更为复杂，但两者采取的研究步骤基本相同，如图1-1所示。

图1-1　组织行为学研究的基本步骤

医药组织行为学的研究方法大多是实证研究方法，近年来在组织行为学研究中，一些定性研究方法开始引起组织行为学家的兴趣，医药组织行为学中常用的研究方法如图1-2所示。

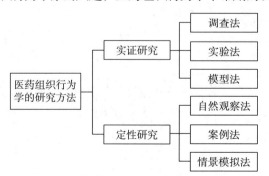

图1-2　医药组织行为学常用的研究方法

一、调查法

调查法是通过系统设计好的问题对组织成员的观点、态度和感觉等进行了解。常用的调查法有访谈法和问卷调查法。

（一）访谈法

研究者与被调查对象进行面对面的访谈交流，以口头信息沟通的方式直接了解他人的心理状态和行为特征的方法称为访谈法。包括结构式访谈和非结构式访谈。结构式访谈具有固定的谈话模式，研究者根据预先拟定的提纲或程序提出问题，被研究者依次对问题进行回答，问题涉及范围较小。如招聘中了解年龄、学历、工作经历等就属于结构式访谈。非结构式访谈没有固定的模式，研究者提出的问题涉及范围很广，被研究者可以无拘束地回答，如通过简单的员工访谈了解管理者的首创精神、权利和威望等。

📖 **拓展阅读**

专访 | 药企大咖：从"药店 + 时代的生态再造"谈变革

打造云三七全产业链——YN 创立生物医药

YN 创立生物医药集团股份有限公司董事长曾立品先生指出，对于药品企业来说，"药店 + 时代的生态再造"的核心在于提供安全有效的产品，如何让药品实现生态化发展是每个药品企业的管理者应该思考的问题。谈到云三七的未来发展时，曾立品指出，希望形成完整的云三七产业链条，面对消费环境和消费习惯的变化，品牌的推广主要依靠两点：第一点是靠产品本身的安全有效，另一点是靠对品牌的传播。他对中药充满信心，对中医充满信心，他将带领他的团队创造新的业界传奇。

打造"专业服务 + 人才培养"——YF 大药房

YF 大药房连锁股份有限公司董事长高毅认为，药店的生态核心是为顾客提供专业的服务和优质的商品，在这个基础上，去做人才培养和文化建设来作为支撑，有余力的情况下，要准备好承担各种风险，这样才能让企业走得更远、更久。 面对互联网普及和药店慢病的产品销售占比越来越大的情况，YF 要在管理方面加上客户管理体系和大数据体系，要在为客户提供用药提醒、跟踪、咨询的基础上，以自建线上网络平台为主，还可以第三方平台为辅。

深耕产品 把品牌做强——北京 Z 医药

北京 Z 医药经营有限公司苏元华先生谈到，"药店 + 时代的生态再造"充分体现出行业的变化。对于 Z 药业来说，在品牌建设上，他们的品牌宣传是根据市场变化和消费习惯的变化而改变的，传播渠道由传统的电视、报纸发展到现在的互联网工具，包括门户网站、健康网站、聊天软件等，宣传语言也从功能性描述向情感性描述转变，产品目标定位也在改变。下一步，他们将深耕内容和产品，把品牌做得更好。

（二）问卷调查法

问卷调查法是一种运用内容明确、严格设计的问卷量表，让被研究者根据个人情况选择相应答案的研究方法。常用的问卷量表有选择法、是非法和等级排列法。

1. 选择法

要求被研究者从并列的两种或者若干种假设中作出选择。

2. 是非法

要求被研究者对问卷中的题目作出"是"或"否"的回答。

3. 等级排列法

要求被研究者对各种可供选择的答案，按其重要程度排出等级顺序。

问卷法的优点是可以在较短的时间内取得广泛的资料，并使结果达到数量化。同时问卷调查可以采用匿名的方式，有助于被调查者敢于如实回答一些有关的敏感性问题。但问卷法所取得的材料很难进行质量分析，因而无法把所得结论与被研究者的实际行为进行比较。

二、实验法

由于人类行为的复杂性，许多变量不容易控制，因而很难确定一定的行为就是某一组织特点的直接产物，而实验法能克服现场研究中的缺点。实验法主要有以下两种类型。

（一）实验室实验法

实验室实验法是在有意设定的实验室内进行的，借助于各种仪器设备，在严格控制的条件下，通过反复实验和测量取得精确的数据来观察几个自变量对因变量的关系。实验可以人为控制条件，减少不利因素的影响，允许一定程度的随机干扰；但实验结果完全取决于被试的反应性，且实验室能够模拟的环境有限，例如，组织中的高离职率和低工作绩效不可能在实验室环境中单独再现和考察，因此实验室实验所得的结果往往与实际情况存在一定的距离，只能用于一些简单的心理现象研究。

（二）自然实验法

自然实验法又称现场实验法，是在正常的工作条件下，适当地控制与实际工作活动有关的因素，以促成被试者某种心理现象的出现，这种研究具有非常重要的现实意义。自然实验法既可以主动地控制实验条件，又可以在自然情景下进行，因而其结果更符合实际。但是，它不如观察法广泛，也不如实验室实验法精确，有时，由于现场条件系统的复杂性，很难做到短期内把许多可变因素全部排除或保持不变，必须进行周密的计划，并坚持长期观察研究才能成功。比如，霍桑实验长达五年零六个月，耗费了大量的人力、物力、财力，但其实验的结果对管理理论带来的充实与发展是无法衡量的。

三、模型法

模型是对某种现实事物的抽象，或者说是对现实事物的简化，任何模型都是由三个部分组成的，即目标、变量及关系。

（一）目标

编制和使用模型，首先要有明确的目标，也就是要明确这个模型是干什么用的。只有明确了模型的目标，才能进一步确定影响这种目标的各关键变量，进而把各变量加以归纳、综合，并确定各变量之间的关系。

（二）变量

变量是事物在幅度、强度和程度上变化的特征。在医药组织行为学研究中要测定三种类型的变量，即自变量、因变量和中介变量。

因变量就是所要测量的行为反应，在组织行为学中通用的因变量是生产率、缺勤率、离职率以及工作满意度等。而自变量主要包括以下三类。个体水平的变量：包括知觉、归因、情绪、态度、压力、学习、传记特征、能力、价值观和人格。群体水平的变量：包括群体结构、规范、角色、心理行为特征、群体冲突、群体决策和团队建设。组织水平的变量：包括资源配置、沟通管理、组织学习、组织创新、组织变革、组织文化。

中介变量又称干扰变量，它会削弱自变量对因变量的影响，中介变量的存在会使自变量与因变量之间的关系更加复杂。例如，加强现场监督（自变量）会使工人劳动生产率提高（因变量），但这种效果要视任务的复杂程度（中介变量）而定。

（三）关系

确定了目标及各种影响变量之后，还需要进一步研究各变量之间的关系，其中，对何者为因、何者为果的判断，应持谨慎态度，不能因为两个变量之间存在统计上的关系，就简单地认为它们之间存在着因果关系。

四、自然观察法

自然观察法是指观察者在日常生活中通过感官直接观察他人行为，并把观察结果按时间顺序作系统记录的研究方法。观察法可分为自然观察与控制观察两种。前者是在自然状态下进行的观察，通常被观察者并不知道自己处于被观察状态。例如，要了解医务人员的成就动机水平，可以观察他们在临床、科研、培训及考试等各种不同场合的行为。控制观察是在限定的条件下进行的观察，被观察者可能知道，也可能不知道自己正处于被观察的状态。

拓展阅读

明茨伯格的观察

　　明茨伯格曾对两家制造公司、一所医院、一个学校系统和一家咨询公司的重要管理者所从事的工作进行研究。明茨伯格各用了一周的时间，分别守在五名管理者的办公桌旁和他们一起参加会议，听他们接听电话，视察他们的工厂。他对他们的活动都做了详细记录，并逐渐形成一套分类方案来说明这些活动。明茨伯格发现这些经理工作任务繁重，几乎没有时间思考问题。他们平均每天要审阅36封邮件，进行5次电话讨论，参加8次会议，巡视一圈设备。与工作有关的读物他们只能在家庭生活时间内阅读。经理们从事的活动是多变的、不定型的和短暂的，这些活动有半数花费的时间不到9分钟，90%不到1小时，而且这些活动趋向于针对当前的、特殊的而不是历史的、普通的问题。这些经理们与外界沟通时，有2/3是通过各种形式的会议。

　　思考： 明茨伯格的观察有价值吗？你能说出这种方法的缺陷吗？

五、案例法

　　案例法是研究人员利用正式的或非正式的访问谈话中发调查表和实地观察所搜集的资料，或从组织的各种记录与档案中去搜集有关个人、群体或组织的各种情况，用文字、录音、录像等方式如实地记录下来，提供给学生和有实际工作经验的人员进行研究、讨论或分析。案例研究的目的是为一个工业部门、一个公司或一个具体组织单位的详尽分析，是对情境和情景中人们行为的集中考察。

　　案例法的研究是否成功，受多种因素的影响，如案例本身的质量、案例分析的组织。因为案例是事物本身的客观展示，变量多，解决问题的方法是开放性的，无法证明某种答案正确与否，所以结果的信度、效度和普遍性无法确切说明，很难将一个案例研究的结论推广至其他个案。

六、情景模拟法

　　情景模拟法是根据被试者所担任的职务，测试者编一套与岗位实际情况相似的测试场景，将被测试者放在模拟的工作环境中，由测试者观察其才能、行为，并按照一定规范对测试结果进行评定。情景模拟测评一般通过公文处理、无领导小组等方法进行。由于情景模拟方法具有针对性、客观性、预测性、动态性等特点，所以对人员考核的信效度要求较高，对主持者的技术要求也比较高。

　　在实际的组织行为学的研究中并不是只采用一种方法，而是根据研究问题和所处的具体情境采用多种研究方法，以其互相补充，相得益彰，如图1-3给出一个可能的组织行为学研究方法序列。此外，在运用各种方法时越来越多地结合现代化的技术手段，如用电子计算机分析领导人的个性、心理品质，对微观环境中的群体活动采用摄像、电视录像等技术分析，信息科学频繁渗透到组织行为学的研究中，有助于以定性和定量统一的方式研究组织行为，并将规律以算法化、格式化的方式表达出来。

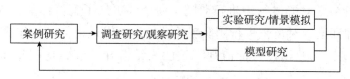

图1-3　一个可能的医药组织行为学研究方法序列

第三节　医药组织行为学的意义

PPT

"栽种思想，成就行为；栽种行为，成就习惯；栽种习惯，成就性格；栽种性格，成就命运。"

—— 李嘉诚

 开篇案例

　　有一次国学讲师翟鸿燊在清华演讲，听众都是一些企业总裁级别的人物。演讲时，他头上方的灯管总是一闪一闪的，让他感到非常不舒服，甚至影响到他的发挥。这个时候他意识到需要调整心念，短时间内他完成了调整：他把头顶的灯当成摄影师的镁光灯，每闪一次，他的力量就更大一点。带着这个心念，他非常精彩地完成了整个演讲。

　　在阐述医药组织行为学的意义之前，请同学们思考：如果将来你走上工作岗位，以下岗位中你希望选择哪一个？

　　A岗位：同事相处不融洽，没有人知道要做什么，你的上司总是很沮丧。

　　B岗位：每个人都很友善、知识丰富、努力工作，并且心情愉快。

　　相信同学们都会选择B岗位，因为B岗位所处的环境会让你获得更多的满足感和幸福感。A岗位与B岗位的区别也正是医药组织行为学的意义所在。

　　让医药组织更加有效地运行是医药组织行为学的最终目的，具体而言，医药组织行为学的意义有以下几个方面。

一、调动成员的积极性和创造性

要实现组织成员之间良好的分工与协作，处理成员之间的冲突，引导和改善成员行为等都离不开医药组织行为学的理论和知识。为员工提供良好福利与机会、创造良好工作环境的公司往往可以创造更多的利润。

二、增强群体的凝聚力和向心力

医药组织行为学对群体行为进行研究，使个人更加了解群体的行为规律，从而使个人与群体更加和谐，对员工进行团队工作的培训可以让他们的工作更有效率。同时，可以使一些情感、兴趣相投、价值观一致的人结合在一起，增强组织的凝聚力和向心力。

拓展阅读

M医药：连续五年中国"最佳雇主"

在2019年公布的中国最佳雇主名单中，M医药再度从激烈的角逐中脱颖而出，连续第五年荣膺"中国最佳雇主"称号。

M医药全球高级副总裁兼中国总裁在颁奖仪式上说："对于任何一家公司而言，五连冠都是非常了不起的成就，进一步佐证了我们长期坚持的公司文化建设理念。在这过程中，M医药顺利进行了业务的积极转型，无论是在研发、运营、生产，还是在业务支持部门，都采取了新的工作模式，员工数量不断增长，业务增长业界领先。作为医药健康行业的一员，我们为员工提供良好的工作环境并持续贡献社会。同时，我感谢我们人力资源团队的工作，这一奖项也是激发他们不断提升组织能力，发展团队和人才的动力。"

三、提高企业管理层的领导水平

组织行为学中涉及的领导理论对于领导者应具备的素质、领导艺术以及如何根据不同情境采取不同的领导方式进行了研究，为企业的管理实践提供了学习的方向。

四、有助于组织变革和发展

组织是一个动态的社会技术系统，必须要与外部环境保持一致性。因此，组织有必要随着环境的变化而不断地调整并实现发展。学习组织行为学理论与知识有助于及时有效地领导组织的变革与发展。例如，组织行为学提出的新时代管理者面临的竞争挑战：全球化、员工队伍多样化、企业伦理问题。这些挑战是很多组织共有的，如何寻找面对这些挑战的对策，适时地调整组织的变革方向和策略，决定了组织的发展。

本章小结

　　组织有广义和狭义之分，医药组织是狭义上的组织，指医药行业中，一系列个体为实现一定目标，通过专业分工和协作而形成的一个有机的人群系统，包括医药企业、医院、药店、医药相关的政府部门等。

　　医药组织行为学是一门研究医药组织中人的心理和行为规律性的科学，综合运用心理学、社会学、人类学、生理学、生物学、经济学和政治学等多种学科知识，研究医药组织中人的心理和行为的规律性，从而提高各组织领导者和管理者对人的行为预测和引导能力，以便更有效地实现组织预定的目标。

　　医药组织行为学主要研究人在医药组织中的心理和行为规律、医药组织中不同主体的行为、医药组织中主体行为的动因状况、医药组织中主体行为的结果。常用研究方法包括调查法、实验法、模型法、自然观察法、案例法和情景模拟法等多种方法。

>> 复习和讨论题

题库

1. 何为组织？它与医药组织有何区别？
2. 医药组织行为学的研究内容是什么？
3. 你认为哪种医药组织行为学的研究方法最实用？
4. 医药组织行为学作为一门交叉学科，与其他学科有何关系？

课堂游戏：背靠背

　　1. 游戏规则　两位同学背靠背、双手交叉坐在地上，运用共同的力量，使双方同时站起来。然后按照相同规则，从两人增加到四人、六人和八人，重复上述动作。

　　2. 思考与讨论

　　（1）当人数不断增加时，游戏难度是增加还是降低了？

　　（2）当人数较多时，如果有同学采取了与其他同学不一致的行为，会给游戏结果带来怎样的影响？

第二章　医药组织管理的挑战

学习目标

解释：医药新政、企业战略性重组及数字化时代的含义。

阐述：内外部环境的变化对医药组织的影响、企业战略性重组的表现形式、员工与组织价值观的一致性矛盾。

描述：新环境下医药组织结构应如何调整、医药组织如何迎接面临的挑战。

德育目标：引领形成大局意识、市场观；科学前沿与基础知识的联系，培养科学兴趣。

信息技术助力R医药集团"上云"转型升级

在市场及政策环境、经济全球化和技术发展等多重因素影响下，医药市场的竞争进一步白热化，整个医药行业组织的组织结构、经营策略、人才发展等都面临巨大挑战。为顺应市场环境的变化，经过多轮全面沟通和审慎的调查工作，2020年11月，湖北R医药集团和武汉市D电子信息公司共同签署了合作协议，依托其稳定可靠、安全可行、可持续创新的云服务，助力湖北R医药集团实现"上云"转型升级。

目前，无论是医药商业还是物流配送，都在从1.0向2.0迈进。在升级转型时代，R医药集团借助与D公司的合作，有利于实现多个业务系统升级上线，逐步实现数字化转型。在云、管、端的共同聚合下，R医药集团负责生产制造自己的产品，D公司提供产品和解决方案，强强联合，携手并进，在数字化浪潮中加速奔跑。

思考： 相比转型升级之前，R医药集团有了怎样的变化？此次转型升级对R医药集团意味着什么？对整个医药行业呢？

第一节　适应——医药市场发展环境的挑战

PPT

"兵无常势，水无常形，医之一道，不能疏通变化，亦不可盈也。"

—— 王秉衡

开篇案例

2020年8月31日，HA药业披露上半年业绩报告。公司实现营业收入同比增长24.60%；上市公司股东的净利润同比增长72.77%；扣除非经常性损益的净利润同比增长102.89%。据悉，HA药业净利润的高增长受益于国内制剂及原料药销售大幅增加的影响。随着国家集中采购的推进，公司依托扩围联盟地区中选契机，产品市场覆盖率得以快速提升，带动公司原料药产品销售大幅增加。近年来，在持续深化产品创新和研发的同时，HA药业积极参与国家带量采购工作，累计中标15个药物品种，成为全国集采上中标最多的药企。

一、社会发展给医药组织带来的挑战

改革开放至今，我国经济社会发展有很大变化，获得了居民收入显著增长、城镇化与人民生活水平显著提高、医疗等社会保障问题明显改善这些重大成就，但也出现了人口老龄化、环境污染等问题，社会发展带来的机遇与挑战并存。

（一）人口老龄化问题凸显

我国人口老龄化问题日益严重，这一趋势将对我国社会各方面产生重大影响，医药消费的需求也会飞速增长。截止2019年底，我国60岁及以上人口2.54亿，占总人口的18.1%。发达国家经验表明，老龄化人口的医药消费占整体医药消费的50%以上，且人的一生中，80%的药品消费是在最后20年发生的。面对老年人口总量的迅速增长以及总人口数量的不断提高，医药组织要如何在保证质量的前提下提高生产效率与市场容量，满足市场消费水平，这对医药组织来说将是新的契机和挑战。

（二）城镇化水平日渐提高

2019年，我国城镇化水平跨过60%的门槛，虽然城市规模不大，但城市群格局基本形成。随着城镇化水平的提高，首先，生活质量的日益提高，居民对医疗服务水平的要求越来越高；其次，居民的消费水平逐渐提升，人们在医疗健康方面的支出也越来越多；最后，在国家政策的扶持下，农村医疗保障也有所提升，农村医疗市场逐渐被开拓出来。这些都意味着我国医药市场的整体规模进一步扩大。医药市场规模扩大必定带来更激烈的竞争，医药组织要如何才能占据更大的市场份额？这就要求要把提高创新研发能力放在首位，以创新作为核心竞争力，同时注重树立品牌形象，努力提高医疗服务水平和产品质量，满足市场需求。

（三）政策环境不断更新

与社会同步发展的还有政策制度，医药市场得以快速高质发展，离不开国家相关法律政策的支持，伴随着相关法律法规的不断完善，医药产业逐渐进入了较为成熟的发展阶段，尤其是新医改方案实施之后，我国医药产业发展呈现出较快的趋势。新医改、两票制、一致性评价和带量采购等一系列医药新政陆续出台，使得医药的不同细分市场呈现出不同特点，对供应链及流通企业也提出了不同要求。药品供应流通领域的竞争力成为衡量医药组织实力的重要部分，给医药组织的发展策略、销售模式、研发能力等都提出了新要求，医药领域面临巨大变革。医药组织需要加快转型升级力度，以应对新政策给整个行业带来的巨大冲击。

二、经济全球化背景下医药组织的挑战

经济全球化把医药市场竞争的舞台从国内拓展向全世界，给医药产业发展带来了更广阔的空间，同时也带来了巨大的危机。

（一）竞争加剧

近年来国内医药企业对产品研发的重视程度显著加强，与发达国家相比，我国医药市场仍不成熟、企业规模相对较小、技术水平以及研发创新的能力存在一定差距，民族品牌在竞争中倍感压力。因此，我国的医药企业需要着力打造自身的核心竞争力，抢占市场份额。

对医药企业来说，一方面，研发能力是重中之重，只有提高自主研发的能力，才能在激烈的市场竞争中打造核心竞争力。另一方面，我国医药企业需要树立可持续发展的理念。目前，部分医药企业依然存在追求短期利益现象，如热衷于广告、促销等方式抢占消费者市场，环保意识、履行社会责任意识较弱等，不利于企业构建核心竞争力和实现长期发展。只有树立持续发展的理念，培育长期发展的文化，将社会责任与企业文化相结合，注重环保意识的提升以及消费者需求的满足，企业才能在国内外市场提高自身的竞争力，打造国际化品牌，抢占更大的市场份额。

（二）资源共享

资源的稀缺性是取得市场成功的重要条件之一。由于药品本身的特殊性，医药市场对技术或工艺、原材料等资源的依赖程度高于其他物品，一些国家的原料资源较缺乏，经济全球化带来的便利性，使其可以共享其他国家的资源以确保生产顺利进行。我国拥有丰富的自然资源和人力资源，但我国医药市场也面临与其他国家共享资源的挑战。例如，我国人口庞大且劳动力成本较低，吸引了较多的跨国制药企业来华投资，这一方面帮助解决了我国劳动力就业的问题，但同时也为人力资源管理带来全新的难题。

这要求我国的医药企业进一步加强生产资源和人力资源的管理。在经济全球化的时代，生产资源的来源具有更广阔的渠道，但对组织维护渠道的能力也提出更高的要求，尤其是医药组织，要与供应商构建良好的关系，保证生产资源的来源稳定；大型企业实力强，可以采取"后向一体化"战略，自行生产部分原材料资源，将原材料掌握在自己手中，进而降低成本，提升竞争力；我国医药组织也需要重视人力资源管理，建立合理的人力资源管理机制，将人力资源管理提升到战略层面，创造组织绩效。

第二节　开放——医药组织结构变革的挑战

PPT

"立医界当有眼界，倘若拘泥于格里，便迟钝不灵。"

—— 吴阶平

 **开篇案例**

> 2020年11月，NX制药传出并购X药业的消息，意图通过并购高端生物药企，切入到高端生物制药领域，以适应药企环境的变化。NX制药以仿制药起家，于2009年着手开展创新药研发，公司目前核心产品为抗流感药物帕拉米韦氯化钠注射液。对于此次并购，NX制药表示，本次交易可以丰富公司产品管线，符合企业长期发展战略，使其快速进入生物药领域，构建化学药与生物药协同发展的完整产业布局。且NX与X药业能优势互补，进一步提升上市公司创新和产业化能力，有助于构建具有影响力的生物药创新及产业化平台，走向国际市场。

一、企业重组

企业重组（enterprise reorganization）是指组织为应对市场环境变化而及时做出战略的调整或重新规划。在竞争升级的巨大压力下，除了优化内部组织结构、优化资源配置或提高工作效率外，组织还会主动运用外部重组手段，获得发展所需要的各种资源，适应不可控制的市场环境，保证组织的生存与发展。一般而言，企业重组包括并购、战略联盟和企业集团。

（一）企业并购活动活跃

并购（mergers and acquisitions）是一种通过转移公司所有权或控制权的方式，将两家或两家以上公司组成一个新的企业，原来公司的权利与义务由新的公司承担，是兼并与收购的总称。兼并和收购都是企业外部重组的主要形式，收购（acquisitions）是指一家企业对另一家企业的资产或股份的购买行为，以拥有对企业的控制权，收购对象可以是目标企业的股票，也可以是目标企业的资产。兼并（mergers）是指两个或两个以上的公司通过法定方式重组，只有兼并方继续保留其法人地位。2018年3月，HX股份、HC共同设立境内SPV公司，联合完成并购意大利肿瘤药企NMS集团，改变了跨国药企在中国单一设立研发中心的模式，让中国能够真正获得全球抗肿瘤药物研发和制药的原始创新资源库。

组织并购活动的活跃加剧了市场竞争的激烈程度，在这种环境下，每个组织都要时刻警惕，锐意进取，才能不被市场淘汰。于实施并购策略的组织而言，要积极准备好并购之后可能产生的组织文化冲突、人才流失及战略调整等问题的应对之策，否则就很可能功亏一篑，白白付出成本，得不偿失；而对处于弱势的面临被并购风险的组织而言，更要打破固定思维，积极寻找生存之道，顺应市场环境的变化，充分利用好组织的优势、政策的扶持，促进组织的转型升级。

拓展阅读

日本T药业与重庆K制药的"跨国恋"

2016年3月，日本T药业与重庆K制药宣布共同出资组建"重庆TK制药有限公司"，专注眼科用药市场，T药业提供技术和品牌，K制药提供眼用制剂品种。合资公司的产品将借助K制药母公司的分销网络推向全国市场。

外资企业选择与本土企业建立合资公司，就如同中国古时的联姻。外资与本土企业合作，谈判并签订合作意向的是以财务、商务拓展、法律等为主的一拨人，考虑的出发点是利用本土企业的网络和资源开拓市场，而本土企业看上的通常是外资企业的品牌、技术和资金。而合资公司的运营是以销售、市场、生产为主的另一拨人，是真正要过日子的。如果能找到一个很好的契合点，合资公司在自身成长的过程中，中外股东又能各取所需，那可以获得美好的结果。然而，如果在观念和利益上存在较大分歧，那就好似同床异梦，整日吵吵闹闹，婚姻可以依靠情感维系，而生意本来就是看中利益，有利则聚，无利则散。

无论是收购还是合资，看似美好，但中外双方在既往的经营方式、管理理念以及文化观念上的差异都使得磨合的过程相当痛苦与漫长。而在当下竞争如此激烈的环境下，都需要快速看到交易之后的成果。

（二）战略联盟迅速发展

战略联盟（strategic alliance）是指两个或两个以上独立的公司为运作新业务而合作的组织设计类型，其目标是提供公司单独运作不可能获得的收益，是一种低风险增加新业务和进入新市场的办法。按照联盟关系的亲密度程度由弱到强，可将战略联盟分为三种类型：互助服务财团、合资企业、价值链伙伴关系，如图2-1。

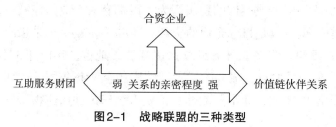

图2-1 战略联盟的三种类型

互助服务财团是指两个相同或相似行业的公司为实现单独不可能实现的收益而共同使用资源的组合模式，其关注的焦点通常是高技术能力，例如，由于医疗资源的匮乏，需要两个或两个以上的小型乡村医院共用一台昂贵的诊疗设备。价值链伙伴关系是来自不同行业的能力互补的公司的联盟，例如医药流通企业和上游供应商之间的关系，两者间会保持紧密的联系，彼此对相互关系的承诺也较高。合资企业可以是临时性的，也可以是永久性的，公司一起合作的原因是由于某些市场机会需要其他公司的资源才能实现，如2011年7月默克集团宣布与先声药业共同在中国成立合资企业，双方将在心血管疾病领域为合资公司提供双方的精选品牌药品与仿制药品组合，并共同提高西格列汀对中国糖尿病患者的可及性。

在经济全球化的时代背景下，会有越来越多的公司通过建立战略联盟来获得竞争优势。但战略联盟的合作对象很难选择，如果选择错误可能会造成损失；对于技术一般、实力不强的医药组织，很少会有企业选择与他们合作，导致竞争力进一步降低；与联盟合作组织之间的文化差异、利益目标等都是阻碍联盟发展的障碍。为此，医药组织要充分识别自身的优势，经过多方面考察，准确识别联盟对象；同时不断提高自身实力，吸引战略联盟合作者；最后，拓宽思维，主动发掘合作机会，并非只有强强联合才能成功，如果机遇足够，小组织之间的联合也能创造奇迹。

（三）企业集团逐渐产生

企业集团（enterprise group）是以一个实力雄厚的大型企业为核心，以产权联结为主要纽带，辅以产品、技术、经济、契约等多种纽带，将多个企业、事业部整合在一起，具有多层次结构的以母子公司为主体的多法人经济联合体。企业集团一般具有较大规模，涉及产业领域广，多进行跨地区或跨国经营的特征，集团内各成员企业间的联系纽带主要是产权和契约关系，以维持企业集团的内部稳定，并且在企业集团内会设有共同的决策机构，以便统一规划和协调各企业间经营中的矛盾和关系。

对医药组织而言，集团产业链的形成意味着零售、分销等一些细分市场被大型企业完全合并，这对独立的经销商、供应商或实力不强的医药组织来说显然很不利，整个医药领域的秩序将面临重构。当然，企业集团也有很大优势，集团组织容易形成规模、组合等效应，很大程度上降低组织成本；还能形成互补、共享、一体化的产品产业链，提高产品供销速度，对提高国际竞争优势有很大帮助。例如，Z医药集团有限公司自1987年成立以来，构建了集合研发制造、物流分销、零售连锁、医疗健康、国际经营等为一体的健康全产业链，旗下拥有1100余家子公司和6家上市公司，在这种规模组合效应下，企业实力大大提升，迅速成为我国综合实力最强的医药健康产业集团。

二、组织结构调整

20世纪90年代以后，医药组织纷纷进行内部组织结构的改革与调整，以适应当代市场需求，在竞争环境中提高自身综合实力。随着全球化进程的推进与互联网等高新技术的发展，现代企业越来越呈现出往无边界组织和数字化转型等方向进行组织变革的趋势，医药组织想要在其中保持竞争力，就必须紧跟时代发展潮流。

（一）无边界组织

无边界组织（boundless organization）是指其横向的、纵向的或外部的边界不由某种预先设定的结构所限定或定义的组织结构。简单来说，就是组织各部门之间、员工之间或是组织与组织之间的障碍全部消除，工作进程完全透明、沟通自由的情形。无边界组织是相对于有边界组织而言的，有边界组织之所以保留边界，完全是为了保证组织的稳定与秩序，但无边界组织也需要稳定和呈现度，所以它绝不是要完全否定企业组织必有的控制手段，包括工作分析、岗位定级、职责权力等等的设定，只是不能把它们僵化。

在医药领域，完整的产品生命周期需要经过研发、生产、分销、仓储及使用等多个环节，每个环节都有专门负责的部门乃至专业领域的合作组织，即部门与部门之间、组织与组织之间，随处存在沟通、资源、管理等隐性边界，这大大影响了医药组织的生产流通效率。而无边界组织能够将信息、资源、沟通等边界打破，或是更加便捷地通过，简化非必要环节，提高整个组织的运作效率，这对整个医药行业而言都是发展契机。但要注意的是，想要发展无边界组织结构，前提是原有组织结构已经很成熟，要求组织具备一定的实力，能够承担组织结构变革的风险，否则反倒会破坏原有组织管理方式，造成管理混乱。

（二）数字化转型

数字化转型（digital transformation）是建立在数字化转换（digitization）、数字化升级（digitalization）基础上，进一步触及公司核心业务，以新建一种富有活力的数字化商业模式为目标的高层次转型。通俗来讲，就是实现利用计算机、网络通信等高新技术来处理组织方方面面业务的过程。

目前我国医药市场正保持着高速增长的态势。数据显示，中国医药市场销售额已从2012年的9555亿元增长至2020年的21500亿元，年均复合增长率达10.7%。但整体来看，医药行业依然还是以传统医药模式为主。2020年以来，受特殊时期影响，云、大数据等新技术带来的价值愈加凸显，加上两票制、仿制药一致性评价、药品集采等医药新政的倒逼，业内普遍认识到医药数字化转型已大势所趋，越来越多的传统药企已经意识到数字化转型的重要性。如2018年11月，上海罗氏制药与腾讯公司宣布达成战略合作，结合各自在医药创新领域和互联网的技术专长及资源优势，共同打造以患者价值为导向的数字化医疗健康服务模式。

第三节　跨界——医药组织人才的挑战

PPT

"夫医者，非仁爱之士，不可托也；非聪明理达，不可任也；非廉洁淳良，不可信也。"

—— 杨泉

 开篇案例

> 天津 PJ 医药有限公司成立于2009年，是一家专业从事药品和医疗器械销售的批发企业，同时具备二级单位连锁药店，拥有自营药店8家，实力雄厚。2019年以来，积极顺应数字化时代发展，通过云数据的分析应用，打通各业务系统数据，形成统一的数据中台，并构建整个企业统一的业务模型，进而基于此业务模型实现统一的数据分析，实现了药品精准推广、采销平衡管控与财务风险监管的目标，赋能公司运营管理。

一、全球跨入数字化时代

数字化时代是继信息时代之后的一个新时代。在数字化时代里，人工智能大行其道，机器对人的了解程度不亚于人对人的了解程度，数字化生存将使人获得最大解放。数字化早已深入组织方方面面，但在企业发展过程中，多数企业没有针对数字化趋势进行组织发展整体设计，导致多种问题并发，甚至产生退行性作用，了解数字化的外形及内在仍是组织面临的挑战。

（一）人工智能对工作技能的挑战

人工智能（artificial intelligence）是研究、开发用于模拟、延伸和扩展人的智能的理论、方法、技术及应用系统的一门新的技术科学。劳动技能或者制造和使用生产工具的技能曾被认为是人的本质特征，但在当今社会的智能化进程中，智能机器人正越来越多地投入生产过程，替代人类完成工作。在医疗领域，人工智能在信息识别与处理、数据搜集与分析等临床实验方面更具优势；在医疗器械的生产制作中，人工智能也表现出更高的精密度、准确性，对信息监控更加科学精确的优点。对医药组织的员工来说，人工智能既是帮助也是威胁，它对人类的工作技能提出了更加严苛的要求，必须不断学习新知识、掌握新技能、培养创新意识、提高研发能力，塑造无可替代的核心竞争力。

（二）数字化时代对创新能力的要求

数字化对各行各业都产生了迅速而深远的影响。在零售领域，越来越多的实体零售店与互联网企业合作；在交通领域，从共享出行到智慧出行的构想；在教育领域，在线教育迎来春天，而这些变化又都来源于人的实践创新，数字化只是人们实现构想的高科技手段。身处数字化时代，全新的生产方式、更高的工作效率和便捷的管理流程极大减轻了人们生理层面的负担，但也意味着对人们创新能力的要求更高。

数字化时代是颠覆性的时代，是物质形态过渡到数字化形态的时代，要求我们做出改变，以创新迎接挑战。这种创新也是颠覆式的创新，即站在未来角度的创新而非依赖过往经验的创新，是先于理念的实践，这是不小的挑战。新时代下，社会发展水平到达了一定的高度，如果思维方式跟不上变化，那留给我们的创新空间就会显得越来越小。因此，首先，改变固化的思维方式，保持危机感，以企业家的进取精神推动创新；其次，从方式上而非结果实现创新，即注重创新过程的意义；最后，培养洞察力，善于挖掘新事物，形成开放式创新机制。

二、员工与组织价值观的一致性矛盾

员工与组织价值观的一致性矛盾是指员工的价值观与组织的价值观出现不匹配的情形。有研究发现，当员工的价值观与组织的价值观相匹配时，员工对组织会有正面的工作态度与工作行为。关注医药行业的有心人士可以发现，随着全球化的深入发展，医药组织间也在不断产生摩擦，这给我国医药组织带来了新的思想火花，也加剧了员工与组织价值观的一致性矛盾问题。

（一）跨文化冲突

跨文化冲突（cross-cultural conflict）是指不同形态的文化或者文化要素之间相互对立、相互排斥的过程，既包括跨国企业在他国经营时与东道国的文化观念不同而产生的冲突，如不同国家有不同的语言、沟通方式、思维方式和管理风格等；也包含了企业内部由于员工分属不同文化背景的国家而产生的冲突。在跨国经营下，跨文化冲突通过组织员工之间、组织与组织之间的沟通、决策和管理等各方面影响组织运作秩序，久而久之，这种受影响的组织运作方式就会渗透进入原组织的组织文化，成为原组织文化的一部分或取代原组织文化，进而重塑组织及员工的价值观。重塑后的价值观有可能是一种完善，但也有可能会造成员工与组织之间的冲突矛盾，即并非所有组织成员都能接受新的文化或观念。

我国医药市场一直是外资十分看重的领域，2019年辉瑞普强在中国设立全球总部，这是一个积极的信号，但外资在本土竞争加大的情况下，跨文化冲突的可能性也在增大。可以从两方面应对跨文化冲突：一是识别文化差异，促进文化融合，制定新的管理经营理念；二是加强组织多元文化培训，增加成员对多元文化的理解。

（二）组织文化碰撞

组织文化碰撞（organizational culture collision）是指不同组织之间的价值观、经营理念、管理和行为方式等之间发生的一种排斥与融合、接受与同化的过程。文化是无形的，组织文化碰撞无处不在。组织之间的交流合作、兼并收购，到组织接纳新成员或新思想，组织文化的碰撞交流都随时蕴含其中。以并购为例，一方面，并购企业认为自己比被并购方高一等，被并购企业要按并购企业的管理方式行事；另一方面，被并购企业则认为，我们被剥夺了原来的处事方式和权力，容易产生抵触情绪。

对医药组织而言，无论组织的价值观、经营理念如何冲突，济世救人都理应成为第一准则，医药是一个特殊行业，救治患者是每一个医药组织理应遵循的道德层面的价值观。组织文化体系是一个不断完善的过程，要理性看待与自身不同的组织文化，并学习借鉴其中的优点，提高组织文化竞争力。

三、医药组织人才供需挑战

随着国家相关政策的出台及行业的发展变化，医药行业正在迈入一个全新的时代。2018年国家医保局成立，医保控费、"两票制"、带量采购等政策密集出台，5G、区块链等技术在各行业的加速发展，沉浸技术、边缘计算等在行业内的应用，行业变革大幕逐步拉开。尤其在2020年这个特殊时期，医护岗位需求量迅速增加，且随着生物制药产业的不断扩大，制药行业对人才的需求也愈发迫切。数据显示，受疫情影响，和2019年同期相比，生物医药、医疗器械类岗位需求直接飙升到企业需求岗位第4位，占比达4.25%，人才需求旺盛。在这种情境下，医药组织的人才供需也迎来了很大的挑战。

（一）人员稳定性较低

近些年，受经济发展、社会观念等多方面因素，纵观整个医药组织行业，人员稳定性低成了多数医药组织人力资源部门面临的难题，跳槽、辞职成为常态。频繁的人员流动，不仅影响企业正常生产经营，也在一定程度上对个人的行业发展不利。医药组织人员稳定性低表现在两方面，一是高管离职潮，二是普通员工难留。

于药企高管而言，随着集采常态化，药企为保有市场份额，不得不以较低价格水平降低销售费用及改变以往医药代表营销模式等，在此过程中，过去的药企管理人员思维模式已不适合目前医药企业激烈的竞争状况，且医药产业结构也朝着创新方向转型升级，为适应市场新环境，创新管理思维模式，人才流动风浪迭起。有数据统计，2020年以来，已有超过69家知名企业高管层发生人事调整，仅2020年7月份，就累计有17家医药上市公司高管离职。而普通员工难留的问题是影响药企人员稳定性的长期性因素，这根源于医药行业的特殊性。医药相关行业中技术至上，年龄越大、入行越久、技术越高的人员，越能站稳脚跟，薪酬越高。但制药行业入行难，纵然是制药工程本科出身，如果不能勤学习多思考，也很难在短期内掌握关键技术，导致入职不久的普通员工不能独当一面，企业也没有足够的理由升职加薪，员工因为短期内薪酬与期待值相距甚远便纷纷出现跳槽、转行或辞职的行为。

人才流动性大，是社会发展的必然结果，也是解放人才、发展经济的必由之路。但对于制药企业来说，更需要的是能甘于寂寞长期留守企业，踏踏实实干活的人，也只有潜心研究技术、熟悉企业产品和工艺的员工，才能在这个行业扎根成长。针对人员稳定性低的问题，普通员工方面，关键是从人才选拔着手，建立合适的机制评价与识别人才，全方位搜集优质员工，同时建立合适的员工培养机制，注重员工价值观培养，增强员工的归属感。高管层面应充分放权，鼓励他们大胆革新，创新组织管理思维模式。

（二）特殊人才短缺

随着生物制药在国内外加速扩张，行业呈现出蓬勃发展之势，生物制药人才需求也快速增长，相比国外，我国生物医药类人才缺口很大。首先是原创药物研发型人才，我国生物医药企业多以仿制为主，具有自主知识产权的新药品种较少，研发技术与国际差距不小，这一现象的背后实际上是研发型人才短缺的问题。其次是复合型人才，医药行业复合型人才应该具备管理学、营销学、经济学、医学、药学等方面的知识，全球一体化影响下还应具备相应的语言能力，数字化时代下还应掌握一定的互联网技术等。近年来，医疗健康备受人们的关注，很多高校也顺应潮流，设立相关专业，培养复合型医药人才进而填补市场的空缺。随着大型IT企业进军健康产业、医药领域，既懂医药又会IT的复合型人才缺口非常大。

国内企业可从人才培养源头入手，完善传统的人才培养模式，才是最符合我国生物医药行业发展实际的对策。作为生物医药产业发展较快的区域，天津滨海新区在研发型人才培养上也进行了一些创新尝试，天津国际生物医药联合研究院会同5所天津高校合作建立了"协同创新五校联盟"，采用产学研结合的人才培养模式，未来将会对生物医药研发人才形成极大的补充。此外，联合研究院还帮助落户企业吸纳高校研究生加入新药研发团队，实现企业、高校、科研机构资源共享，助力生物医药研发型人才培养。

★ 本章小结

医药市场发展环境给医药企业带来了挑战。人口老龄化问题凸显、城镇化水平提高、政策环境不断更新等问题，使得医药需求增大、医药市场不断扩大，对医药企业药品生产质量的标准和要求不断提高，同时医药企业间竞争加剧、资源共享度提高，给我国医药企业的生存和发展出了一份高难度的考卷。

医药组织结构变革也存在挑战。在竞争升级的巨大压力下，除了优化内部组织结构、优化资源配置或提高工作效率外，组织还会主动运用并购、战略联盟和企业集团等外部重组手段，获得发展所需要的各种资源，适应不可控的市场环境，保证组织的生存与发展。此外，无边界组织和数字化转型的新潮流也给医药组织结构变革提供了新思路。

医药组织人才供需同样面临着巨大挑战。随着全球跨入数字化时代，人工智能和大数字成为趋势，对医药人才的工作技能和创新能力提出了更高的要求。在跨国企业的影响下，跨文化冲突凸显，组织文化碰撞加剧，员工与组织价值观的一致性存在矛盾。医药组织人才供需方面还存在着人员稳定性较低、特殊人才短缺等问题。

» 复习和讨论题

题库

1. 随着药政改革、游戏规则改写，医药市场的竞争愈发激烈，我国医药营销或将重新洗牌，医药组织发展策略该如何变化？

2. 数字化变革趋势下，传统医药组织要怎样面对此次生死大考？

3. 你对人工智能的发展持什么态度？

4. 你认为未来医药行业哪些岗位容易被人工智能或是其他新技术替代？

第三章 个体行为的基础

🎯 **学习目标**

解释：知觉、归因、情绪、态度、压力和学习的概念与特征。
阐述：常见的知觉偏差与归因理论；情绪智力的内容与测量方法。
描述：压力的来源、后果与管理；学习的定义、理论。
德育目标：从事物的本质分析问题。

我与我的工作

每天清晨，当我开车到办公室上班时，心里总是充满了兴奋与期待。在公司里，我和同事们每天不停地忙碌，主要在规划电脑的未来演进，我们总是尽全力让各种梦想实现。

也许读者对我服务的公司——英特尔（Intel）感觉既熟悉又陌生，让我先在这里略做介绍。在每台个人电脑内部，都有一片微处理器，它负责整台电脑的基本运作，大家称之为电脑的心脏；从1982年第一台个人电脑问世以来，英特尔就是这微处理器的主要供应者。

我一直觉得英特尔聚集了最聪明也最具创意的一群员工，在这里，我们真的是乐在工作。身为英特尔资深副总裁，我现在的工作是负责开发并推广一代比一代更进步的微处理器，我常常觉得，这是全世界最有意思的工作。

经常有人问我："英特尔为什么会这么成功？"或者"哪些因素使你们有今日的成就？"以及"你对高科技公司的经营管理有哪些独到的心得？"这些问题很有意义，但却不容易回答。在我参与高科技产业发展近三十年后，写这本书的目的，就是希望能仔细回答这些问题。我希望与读者分享我的经验，从中体会：永无止境的学习、追求技术创新的极限与勇于尝试错误是多么的重要。

——虞有澄（《我看英特尔》）

第一节　知　觉

PPT

"妙合灵与气，知觉日以新。"

—— 宋·丘葵《观物》

开篇案例

　　孔子的学生在煮粥时，发现有脏东西掉进锅里去了，他连忙用汤匙把它捞起，正想把它倒掉时，忽然想到，一粥一饭都来之不易啊，于是便把它吃了。刚巧孔子走进厨房，以为他在偷食，便教训了这位学生。经过解释，大家才恍然大悟。孔子很感慨地说："我亲眼所见的事情都不属实，何况是道听途说呢？"

一、知觉

（一）知觉的概念

　　知觉（perception），亦称作知觉活动，指个体对所在环境进行选择、组织、理解、反思并赋予意义的过程。知觉不同于感觉，感觉是人认识的开端，知觉是在感觉的基础上进一步发展产生的。感觉是低层次、最简单的心理过程，只能反映客观事物的个别属性或个别部分；知觉是外界刺激作用于感官时人脑对外界的整体看法和理解，它使我们对外界的感觉信息进行组织和解释。因此，知觉是对感觉信息的整合，对事物的反应比感觉更加深入、完整。

（二）知觉的特征

　　人类的知觉是一个特殊的心理认知与反映过程，具有选择性、整体性、理解性和恒常性四个特性。

1. 选择性

　　人在知觉过程中把知觉对象从背景中区分出来优先加以反映的特性就叫作知觉的选择性，主要强调知觉中对象与背景的关系。在同一时刻内，人总是对少数刺激知觉的特别清楚，称为知觉的对象；对大部分刺激知觉的比较模糊，称为知觉的背景。知觉的对象和背景是相互变换的，两者的变换关系在双关图中表现得更为明显，如图3-1。

（a）少女？老太太？　　　（b）花瓶？人脸？

图3-1　知觉的选择性图示

2. 整体性

知觉的对象由不同的部分和属性组成，但人却是将这些孤立的部分和属性结合成有机的整体来反映，即知觉的整体性，主要强调部分与整体的关系。知觉之所以具有整体性，一方面是因为刺激的各个部分总是作为一个整体对人产生作用，例如在欣赏风景时，看到的不是光与色的元素，而是元素组合后的天空、树木；另一方面，在把部分综合为整体进行知觉的过程中，过去的经验常常能补充信息，例如对从远处走来的熟人，我们可以仅凭身体外形、走路姿势等辨认出来。

3. 理解性

人们在知觉当前事物时，总是借助于自己的理解，使之具有意义，这种特性被称为知觉的理解性。理解性使不同的人知觉同一事物的感受不同，首先，理解使知觉更为深刻，对于某种药物的药理和药效，一位专业的药理学家比一般人了解得更深刻；其次，理解使知觉更为精确，不懂外语的人听初学者说外语，不能分辨其说得正确与否，而外语熟练的人不仅能听出是否正确，甚至连发音的细微差异都能辨别；最后，理解使知觉更为迅速，例如，当阅读报纸或杂志时，如果内容简单又熟悉，那么就常可"一目十行"。

4. 恒常性

当知觉的客观条件在一定范围内发生变化的时候，知觉的映像仍然保持相对不变的特性称为知觉的恒常性。例如，同首乐曲，尽管演奏的人不同，使用的乐器也不一样，我们总是把它知觉成同一支乐曲。在视知觉中，知觉的恒常性表现得尤为明显。例如，在亮度和颜色知觉中，物体固有的亮度和颜色保持不变，因此无论是在强光下还是在黑暗处，我们总是把煤知觉成黑色，把雪知觉成白色。

（三）知觉的过程

知觉是个体对事物整体属性的直接反映，人脑将直接作用于感觉器官的刺激化为整体经验，这一知觉过程经历了注意、组织、解释、检索和判断五个阶段，如图3-2所示。

图3-2　知觉的过程

阶段一：注意

个体从知觉背景中分离出知觉对象，往往是在无意识下完成的，外部事物的特征及个体的期望、需要和兴趣等内部因素都会影响个体注意的方向。

阶段二：组织

个体将琐碎的信息加以组织，使之成为较高水平的较为抽象的概念。

阶段三：解释

个体对组织过的抽象概念加以解释，赋予其完整的意义。

阶段四：检索

个体对与当前刺激相关的过去事件的一些信息进行回忆检索。

阶段五：判断

个体对所解释的信息进行聚合和加权处理，做出整体的判断，得到最终结论。

📖 拓展阅读

亨利·明茨伯格——管理领域伟大的离经叛道者

亨利·明茨伯格（Henry Mintzberg）是全球管理界享有盛誉的管理学大师，明茨伯格一直都以他大胆、创新和颇具开拓精神的观点而为人所瞩目，他的思维十分独特，人们按常规思路往往不太能接受，也正因此，他被许多正统学者认为是离经叛道的代表人物。

明茨伯格的知觉在许多方面与其他专家学者不同。

管理研究

与大多数学者不同的是，明茨伯格在刚刚开始研究管理时，他就抛开一切教条，细心观察管理者在办公室的一举一动，从而发现真正的老板把大多数时间都用在快速应对危机上，而所谓的计划、组织、领导、控制等等，同管理实践很难对上号。这一观点，在当时几乎是对整个管理学界下挑战书，而在今天，已经被越来越多的管理学家所接受。

对战略的思考

（1）战略是对未来的计划，也是过去形成的模式；

（2）战略不通过深思熟虑，也可以或多或少地显现出来；

（3）有效的战略通过各种奇怪的方法进行发展；

（4）简单的战略重组，实现质的跃变；

（5）管理战略就是巧妙安排思想和活动、控制和学习、稳定和变化。

这些只是亨利·明茨伯格"离经叛道"的几个例子，这些看法与理论和其他专家学者大相径庭。虽然个人的认知存在主观性，但都提供了对事实的独特看法。

二、社会知觉

（一）社会知觉的概念与分类

美国心理学家布鲁纳（J. S. Bruner）于1947年首先提出社会知觉（social perception）这一概念，是指个体在社会环境中对他人的心理状态、行为动机和意向（社会特征和社会现象）的知觉。根据知觉对象的不同，社会知觉可以分为以下四类。

1. 对他人的知觉

对他人的知觉是一种单向知觉，是指通过对知觉对象外表特征的知觉，进而取得对该对象的动机、感情和意图等的认识。"听其言、观其行，而知其人"就是如此。

2. 人际知觉

人际知觉是一种双向知觉，是指在生活实践中对人与人之间相互关系、彼此作用的知觉。人际知觉是社会知觉最核心的部分，包括两个方面，一方面是对自己和别人相互关系的知觉，另一方面是对他人之间的相互关系的知觉。

3. 角色知觉

角色知觉是指个体对于自己在某种环境中所扮演的角色和应作出的行为反应的认识及判断。角色是在涉及他人的社会活动中社会对某一特定对象所期望的一种行为模式，它反映一个人在社会系统中的地位以及相应的权利、义务、权力和职责。

4. 自我知觉

自我知觉是指个体对自己的心理和行为状态的知觉。自我既是知觉的主体，同时也是知觉的客体。人们不仅在知觉他人时要通过其外部特征来认识其内部的心理状态，同样也要这样来认识自己的行为动机、思想意图等。

（二）社会知觉的影响因素

人的社会知觉是个体主客观方面的因素相互作用最终形成的综合体，这一过程既受到知觉者自身因素的影响，也受到知觉对象和情景因素的影响，见图3-3。

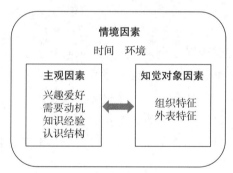

图3-3　社会知觉的影响因素

1. 知觉者的主观因素

（1）兴趣爱好　知觉者的兴趣和爱好会影响其对知觉的选择。通常感兴趣的事物较容易被知觉者从复杂的环境中注意到，从而成为知觉对象。

（2）需要动机　个人的需要动机不同，对客观事物产生知觉也不同。能够满足人的某种需要、影响其动机的人或事，更容易成为知觉对象的中心。让一组被试者在实验前1小时进餐，另一组被试者在实验前16小时内空腹，然后让两组人辨认一些模糊不清的图片。结果，那些16小时未进食的人中，更可能把图片的内容认成食物。

（3）知识经验　个体所具有的知识经验能够加强或者减弱知觉者对知觉客体的知觉。例如"内行看门道、外行看热闹"。

（4）认知结构　个体在知觉时，深受知觉者个人认知结构的影响。这包括个人的不同观点、态度以及评价标准。比如，对于老师的授课，尽管学生们听到的是同样的声音、语调、表情和姿势，但每个学生的感受并不相同。

2. 知觉对象因素

（1）知觉对象的组织特征 知觉对象本身所具有的特点容易影响知觉者的判断。例如，这也就能解释为什么许多人能在人群中一眼认出熟悉的人。格式塔心理学提出知觉的整体性遵循以下四条规律。

①接近律 空间、时间上相近的物体容易被知觉组织到一起，结合成一个整体，如图3-4所示，由于间距的差异使其易被知觉成6组方块。

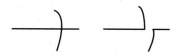

图3-4 接近律图示

②相似律 物理属性相似的物体容易被知觉成一个整体，如图3-5所示，虽然各方块间距相同，但颜色相同的方块更易被知觉成一组。

□ □ ■ ■ □ □ ■ ■ □ □ ■ ■

图3-5 相似律图示

③连续律 凡是具有连续性或者运动方向相同的客体易被知觉组织成一个整体，如图3-6所示，左边的图形更容易被知觉成一个整体。

图3-6 连续律图示

④封闭律 在知觉一个熟悉或者连贯性的模式时，如果其中某个部分缺失了，我们的知觉会填补不完整对象的缺陷，将其知觉成一个良好的整体，如图3-7所示更易被知觉成1个正方体和8个圆形。

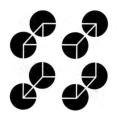

图3-7 封闭律图示

（2）知觉对象的外表特征 如大小、形状、颜色、声音、温度、运动状态、新奇性、重复次数、与背景的对比等。环境中新奇或者熟悉的对象更容易引起人们的注意。例如，在一群穿着黑色衣服的人中寻找一个穿着白衣服的人会很简单；在安静的操场上，跑步的人更易被人们察觉。

缪勒－莱伊尔错觉

著名的缪勒－莱伊尔（Mullet-Lyer）错觉是由于形状引起的知觉差异的例子。由缪勒－莱伊尔于1889年提出，两条本来相等的横直线，由于两端附加的箭头方向不同而显得不相等，如图3-8所示。箭头向内显得长些，箭头向外显得短些，在完全去掉直线，而只剩下两端折线的情况下，这种错觉现象仍不消失。产生的原因是：箭头向内时，两端构成箭头的折线产生了一种向外扩延的趋势，占据较大的空间；箭头向外时，构成箭头的折线产生了向内闭合的趋势，占据较小的空间。箭头趋势的这种特性转移到整个图形的其他部分，产生了两条横线不相等的错觉。

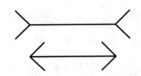

图3-8 缪勒－莱伊尔错觉图示

3. 情境因素

在不同的时间和环境中，即使是同一知觉对象，人们的知觉也各不相同。例如，在周末的晚会上，一个身穿晚礼服的女教师不会引起人们太多的注意，但是这位女教师如果以同样的穿着出现在周一的实验室里，则会非常引人瞩目。情境因素对知觉的影响表现在以下四个方面。

（1）适应性 由于刺激对感觉器官的持续作用而引起感受性变化的现象。如刚进医院时对消毒水气味非常敏感，久而不闻其味，就是嗅觉的适应。

（2）对比 同一感觉器官接受不同的刺激而使感受性发生变化的现象。例如"万绿丛中一点红"。

（3）敏感化 在某些因素的影响下，感受性暂时提高的现象，如中药经销商对中药材价格很敏感。

（4）感受性降低 与适应性不同，这种感受性降低是由于其他因素引起的，如"美好的时光转瞬即逝"就是由于心理因素造成的时间错觉。

（三）社会知觉的若干偏差效应

在现实生活中，往往由于主客观条件的限制带来社会知觉的偏差。研究在社会知觉过程中产生的各种偏差及其产生的原因，对于管理者如何更好地对人进行管理具有重要的意义。常见的社会知觉偏差有首因效应、近因效应、晕轮效应、刻板效应及期望效应。

1. 首因效应

首因效应（primary effect）也称为第一印象效应，指人们在对他人总体印象的形成过程中，最初获得的信息比后来获得的信息影响更大的现象。如某人在初次会面时给人留下了良好的印象，这种印象就会在以后很长一段时间内影响人们对他的心理与行为特征进行解释。

由于首因效应的存在，使得人们只获取了有关他人的少量信息时，就力图对他人的另外一些特征进行推理、判断，以期形成有关他人的统一、一致的印象，也就是人们常说的"先入为主"。

2. 近因效应

近因效应（recency effect）是指在总体印象形成的过程中，新近获得的信息比原来获得的信息影响更大的现象。比如最后出场的比赛选手总是给评委留下的印象更为深刻。

在社会知觉中既存在首因效应，又存在近因效应，那么，如何解释这似乎矛盾的现象呢？社会心理学家对此进行了多种解释，具体有以下几种看法。

（1）卢钦斯认为，在关于某人的两种信息连续被人感知时，人们总倾向于相信前种信息，并对其印象较深，此时起作用的是首因效应；而在关于某人的两种信息断续被人感知时，人们对后种信息印象较深，此时起作用的是近因效应。

（2）怀斯纳则认为，首因效应和近因效应究竟何者起作用，取决于认知主体的价值选择和价值评价。

（3）也有学者指出，认知者在与陌生人交往时，首因效应起较大作用；而认知者与熟人交往时，近因效应则起较大作用。

近因效应不如首因效应明显，也不如首因效应普遍，但两者均带有一定的必然性，在组织管理中，管理者既不能"先入为主"，也不能不看过去，只看眼前，要以联系发展的态度感知事物。

3. 晕轮效应

当知觉者对一个人的某种特征形成好或坏的印象后，他还倾向于据此推论该人其他方面的特征，这就是晕轮效应（halo effect）。晕轮效应是一种"以偏概全"的评价倾向，在社会认知时，人们常从对方所具有的某个特征而泛化到其他一系列的有关特征。

好恶评价是印象形成中最重要的方面，在知觉他人时，人们往往根据少量的信息将人分为好或坏两种，如果认为某人是"好"的，则赋予其一切好的品质；如果认为某人"坏"，就认为这个人所有的品质都很坏。前者是积极品质的晕轮效应，也称光环效应；后者是消极品质的晕轮效应，也称扫帚星效应。

在工作考核中常见晕轮效应的作用，管理者可能选用一种品质作为基础来判断员工其他方面的表现。例如，如果某人全年无一次旷工、迟到行为，那么管理者很可能由此认为他的生产率高、工作勤勉。

4. 刻板效应

刻板效应（stereotype）是指过度推论、过分简单化地对人们的个性进行推断的自我知觉信念，也称定型效应或定势效应。人们会在头脑中形成对某类知觉对象固定的形象，这对以后有关该类对象的知觉产生强烈影响。中国人勤劳勇敢，美国人敢于冒险，已婚员工比未婚员工更稳定等，这都是刻板效应的典型例子。

刻板效应是在日常生活中经常出现的一种现象，它一旦形成，就很难改变。虽然刻板印象有一定的合理性，但也极易产生知觉偏见，从而无法深入了解他人。

拓展阅读

屠呦呦与青蒿素的发明

1967年起，"523办公室"就开始组织全国7大省市几十个单位共同攻关青蒿素提取任务，筛选化合物、中草药4万多种未取得满意结果。美国自20世纪60年代起，应战争急需而筛选的化合物达30万种，同样没有取得突破性进展。

1969年1月21日，中国中医研究院屠呦呦作为科研组长，正式参加"523"项目。屠呦呦在提取青蒿素过程中，早期采用的是北京植物青蒿。北京青蒿叶中青蒿素含量极低，只有万分之几，这也导致在初期实验结果中，青蒿提取物对疟疾的抑制率只有68%，还不及胡椒有效果。

屠呦呦从东晋葛洪（公元283—343年）《肘后备急方》中"青蒿一握，以水二升渍，绞取汁，尽服之"的记载中受到启发，经过毒性、植物资源等方面综合因素权衡，采用沸点只有34.6℃的乙醚进行低温提取，1971年10月4日，在190次失败后，191号青蒿乙醚中性提取物样品抗疟实验的最后结果出炉——对疟原虫的抑制率达到了100%。

屠呦呦从中国传统古方中获取灵感，采用现代化的科学方法成功提取、纯化了青蒿素，这一思考表明，在中医药的研究过程中，要突破思维定式，一方面要防止一味地将传统中医药文献作为科研重点，另一方面要将现代科学方法融入中医药领域，才能筑就一条通往成功的正确之路。

5. 期望效应

期望效应（expectation effect）指的是预先的期望会抑制个体对事物的认识，知觉过程中对信息的选择、对知觉对象的解释，都会偏向知觉主体预期的方向。预期的方向可能是积极的也可能是消极的，当一个人被期望有良好表现时，他常常真的表现出被期望的行为，这种积极的结果被称为皮格马利翁效应；当一个人被期望有不良行为时，这期望也往往会成为现实，这种消极的结果被称为魔镜效应。正如生活中人们常说的"说你行，你就行；说你不行，你就不行"。

对这种行为的解释有两种：一种是观察者专注于预期发生的行为，忽略和预期不一致的行为，这种对信息选择的偏向，使对行为的评价发生偏差。另一种是知觉对象感受来自他人的期望，从而影响动机因素，带动行为表现向预期的方向发展，从而使期望变成现实。

第二节　归　因

PPT

"塞翁失马，焉知非福。"

——《淮南子·人间训》

开篇案例

古时有一老翁，住在两国边境，不小心丢了一匹马，邻居们都替他惋惜。老翁却说："你们怎么知道这不是件好事呢？"众人听后大笑，认为老翁急疯了。几天后，老翁丢失的马自己跑了回来，而且还带回来一群马。邻居看了十分羡慕，纷纷前来祝贺。老翁却板着脸说："你们怎么知道这不是件坏事呢？"大伙听了，哈哈大笑，都认为老翁乐疯了，连好事坏事都分不出来。果然过了几天，老翁的儿子骑马不小心把腿摔断了，众人都劝老翁不要太难过，老翁却笑着说："你们怎知这不是好事呢？"邻居们都糊涂了。事过不久，突然发生战争，所有身体健壮的男子都被派到最危险的前线去打仗，而老翁的儿子因摔断了腿未被征用，父子俩一同保全了性命。

一、归因概述

归因（casual attribution）是对他人或自己的行为原因作出解释与推论的过程。换言之，归因就是根据行为事件的结果，通过认知、思维、推断等内部信息加工手段来确认造成该结果之原因的认知过程。

对于归因概念的理解应该把握以下三点内容：首先，归因是基于因果关系的认知，人们的认知活动涉及很多方面，而归因则是对行为和事件产生的结果及其成因的认知，是从因果关系的一般规律去认知对象；其次，归因的目的是理解、预测和控制行为，从个体的行为和主导事件的结果中分析原因，掌握各因素间的因果关系，不仅有助于理解个体行为动机和规律，更有助于在类似情境下准确地预测可能出现的行为与发生的事件，提高影响和控制行为的能力；最后，强调的是对社会现象进行归因，对自然现象的归因一般遵循客观规律和逻辑，与个体动机与情感无关，最终的归因结果也不会影响个体的动机、情感和行为，因此在组织行为学的研究领域，归因是从社会现象而不是自然现象角度去探究因果关系。

归因过程可用图3-9表示，通过这一过程，我们才能由表及里、由浅入深地认识自己和他人。管理者和员工就行为过程或结果做出的归因在理解组织行为方面有着重要意义，人们往往会运用自己的观察和推断能力来解释组织中的一些行为差异，并确定产生行为差异的原因，从而影响解决问题的方法。

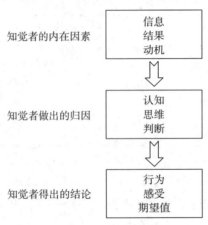

图3-9　归因的过程

二、归因理论

（一）海德的归因理论

归因理论（attribution theory）由美国社会心理学家海德（F. Heider）于1958年在其出版的《人际关系心理学》一书中提出，该理论是说明和分析人们行为活动的因果关系理论，它认为我们对个体的不同判断取决于我们把特定行为归因于何种意义进行解释。对于个体表现出的外在行为的原因，海德认为有内因和外因两种类型。

内因是指个体本身具备的，能够导致其外在行为表现的品质或特征，包括个体的性格、情绪、需要、动机、态度、能力等。这些因素难以用肉眼直接观察到，称为性格归因或内部归因。外因是指个体自身以外的、能够导致其外在行为表现的条件和影响因素，包括环境特征、情境特征、他人的影响等。这些因素可以用肉眼直接观察到，称为情境归因或外部归因。

对他人行为表现进行内部归因或外部归因，是受到多种因素综合影响的结果，而这种结果亦会影响个体以后的行为表现。例如，当某位药品质量管理专员在本年度绩效考评中的工作绩效、工作态度、工作能力方面均获得了最好的评价，可能是因为该员工与此次负责考评的主管关系密切，也可能是因为该员工努力上进、工作出色。前者属于外部归因，其结果可能导致其他员工认为绩效考评体系不公平，工作积极性下降；后者属于内部归因，其结果可能促使公司员工努力工作以提高个人绩效。

（二）凯利的三维归因理论

1967年，美国社会心理学家凯利（Harold H. Kelley）在《社会心理学的归因理论》

一书中，提出三维归因理论（cube theory），也称三度归因理论。这一理论认为，人们最终会把行为归因于刺激物、行为者或环境，其中归因于行为者属于内部归因，归因于刺激物或环境属于外部归因，对于某一具体行为应归结于内部原因还是外部原因，取决于区别性、一致性、一贯性三种因素。

1. 区别性

区别性（distinctiveness）是指个体在不同情境下是否表现出不同的行为，如果是，则区别性高，可归因于外部原因；反之，归因于内部原因。如果一名迟到的员工经常被同事报怨为"喜欢偷懒"，证明迟到这一行为的区别性低，观察者就会将这一行为做内部归因；反之说明行为区别性高，观察者则会进行外部归因。

2. 一致性

如果每个人面对相似情境都有相同的反应，则该行为具有一致性（consensus），一致性越高，观察者越倾向于做外部归因，反之做内部归因。如前述例子中，所有搭乘公交上班的公司同事都迟到了，那么迟到行为就具有高度的一致性，我们很可能对迟到行为进行外部归因；如果搭乘公交上班的其他员工都准时到达，那么我们会断定迟到的原因来自个体内部。

3. 一贯性

一贯性（consistency）是指个体是否在任何时间和情境都表现出相同的行为，即个体某种行为的产生是偶然的还是一贯的。一贯性越高，则可进行内部归因；反之进行外部归因。如果这位员工一向准时，只在今天迟到了10分钟，则表明这是一个特例，观察者应对其行为进行外部归因；而如果这名员工每周都会迟到，则说明迟到行为是固定模式的一部分，观察者倾向于对其进行内部归因。

综上所述，观察者通过理解归因理论的三个特点，并综合这三部分的信息，可以对他人的行为表现进行内外部归因，如表3-1所示。如果观察者发现：个体在不同情境中的行为表现相同（低区别性）、与别人在相似情境下的行为表现不同（低一致性）、这种行为经常出现（高一贯性），观察者会认为，该行为的产生是源于行为者的内部原因。相反，如果观察者发现：个体在不同情境中的行为表现不同（高区别性）、与别人在相似情境下的行为表现相同（高一致性）、这种行为偶尔出现（低一贯性）；或在不同情境中的行为表现相同（低区别性）、与别人在相似情境下的行为表现相同（高一致性）、这种行为偶尔出现（低一贯性），观察者会认为，该行为的产生是源于刺激物或环境。

表3-1　三维归因理论与内外部归因

区别性	一致性	一贯性	归因
低 所有情境表现相同	低 别人在该情境中表现不同	高 这种行为经常出现	行为者 （内部归因）
高 不同情境表现不同	高 别人在该情境中表现相同	低 这种行为偶尔出现	刺激物 （外部归因）
低 所有情境表现相同	低 别人在该情境中表现不同	低 这种行为偶尔出现	环境 （外部归因）

（三）维纳的归因理论

美国心理学家维纳（B. Weiner）在1972年发展了海德的归因理论，维纳认为，内因和外因只是归因判断的一个维度，在此基础上，还应增加另一维度，即暂时和稳定方面。这两个维度都是重要且相互独立的，其中，暂时和稳定维度对于形成期望、预测未来成败至关重要。通过进一步的实践研究，维纳发现有经验的员工在对行为的成败进行分析时常作四种归因：一是个人努力程度，属于内因中的不稳定因素；二是个人能力，属于内因中的稳定因素；三是任务难度，属于外因中的稳定因素；四是机遇、运气状况，属于外因中的不稳定因素，如图3-10所示。

	内因	外因
不稳定	个人努力程度	机遇运气
稳定	个人能力	任务难度

图3-10　行为成败的四种归因

如果个体把失败挫折归因于能力，则可能会因为这种模式而发展出无能的感觉。如果把失败挫折归因于努力程度，个体可能会鼓励自己，继续努力。如果把失败归因于机遇、运气，一般不会影响到个体的积极性，反而会使其不断暗示自己抓住下一个机遇，持续努力。如果把失败归因于任务难度大，可能降低个体的自信心、努力程度与继续工作的打算。作为管理者，应当注意引导下属向内因中不稳定的因素进行归因，鼓励员工增强自信，保持积极向上的心态，引导员工通过努力改善自己的行为结果与绩效表现。

📖 情景演练

你将如何面对成功与失败？

这次考试没考好，是因为卷子实在太难了！

对于职场新人来说，我非常庆幸自己碰到了一个好老板，他跟我分享了许多工作经验，教会了我很多人生哲理！

经历这次邀约客户的失败，我发现自己真的不行，我还能干什么？

终于拿到了梦寐以求的offer，我真是太幸运了！

在上述情景中，能否运用归因理论科学解释这些现象？在未来，我们应如何正确面对成功与失败，如何利用归因因素提高自我效能感与个人绩效水平？

三、归因偏差

归因偏差（attributive deviations）是指认知者系统地歪曲了某些本来正确的信息，有的是源于人类认知过程本身固有的局限性，有的则是由人们不同的动机造成的。在医药组织管理中，归因偏差的主要表现有以下两种：

（一）基本归因偏差

基本归因偏差（fundamental attribution bias）是指对人的行为进行归因时，高估内在倾向作用而忽视情境因素作用。也就是说，即使存在明显的情境原因，人们仍然倾向于认为他人的行为是由于其个人特质而导致的。产生基本归因偏差的原因主要是我们关注的对象是个人而不是情境，同时我们更加倾向于相信个体的能力足以克服情境限制。在组织中，基本归因偏差常常让人们过早地推定他人责任，而不考虑可能的外部原因，从而影响判断的准确性。例如，当某种药品销售量下降时，地区经理更倾向于将其归因于沟通专员不够努力，而不是市场上出现更有竞争力的药品或是其他企业的市场营销策略更加完善等外部因素。

拓展阅读

《论语·公冶长》

史载公冶长是孔门七十二贤之一，自幼勤俭节约，聪颖好学，终生治学不仕禄，深为孔子赏识。相传通鸟语，并因此无辜获罪。《论语·公冶长》中写到，"子谓公冶长，'可妻也。虽在缧绁之中，非其罪也。'以其子妻之。"意思是，孔子认为公冶长道德高尚，是一个值得信任、有责任感、可以托付终身的人，虽然被关在监狱里，但并不是其罪过，因此可以把女儿嫁给他。可以看出孔子并没有对公冶长身陷囹圄，而草率地做主体归因；相反，孔子在此克服了基本归因偏差，在综合公冶长的个人特质和各项表现之后，决定将女儿托付给他。

（二）利己主义归因偏差

利己主义归因偏差（selfishness attribution bias）是指人们有种居功自傲而避免对失败负责的倾向。一般而言，人们习惯于对良好的行为或成功归因于自身，而将不良的行为或失败归因于外部情境或他人。这种偏差是由于个体维护自我价值感的动机造成的，即为了减少因失败造成的焦虑、沮丧等情绪，而使有利的信息在加工过程中被特别重视而夸大，不利因素则被忽视、低估或缩小。例如，当员工受到奖励时，习惯将其归因于自己的努力，而受到处罚归因于地区经理对自己有偏见甚至社会不公平。在组织中，如果管理者和下属都受到利己主义归因偏差的影响，就很容易影响组织氛围与团队建设，降低整体绩效水平。

归因偏差在现实生活中是普遍存在的，并且是人们在无意中形成的，会对个体的行为产生消极影响。作为医药组织中的管理者，要从不同视角看待问题，多理解他人，要经常反省自己对他人行为做出的归因，以纠正出现的归因偏差，从而提高决策和判断的

质量和水平。

管理者对影响晋升因素的解释

美国《工业周刊》对大中型公司中的1300名中层管理者进行调查，每个问题至少有500人进行了回答。其中两个问题涉及到归因方面的内容："你认为目前的成功取决于哪些方面的原因？""你认为阻碍你进一步晋升更高职位的最主要原因是什么？"

80%以上的中层管理者认为自己的知识水平和工作中取得的成就是自己晋升到管理层职位的最主要原因。对于晋升到更高职位的阻碍因素，56%的中层管理者认为原因在于自己没有与"恰当的人"建立关系，只有23%的人承认自己缺乏足够的教育、智力或专业领域方面的知识。

请思考：如何从归因的角度解释这一现象？在组织管理实践中，管理者的归因结果会为组织发展带来怎样的影响？如何改善上述情况？

第三节 情 绪

PPT

"怒不过夺，喜不过予。"

—— 荀子

> **开篇案例**

两个花匠去卖花，途中翻了车，花盆大半被打碎。一个花匠说："完了，坏了这么多花盆，真倒霉！"另一个花匠说："真幸运！还有这么多花盆完好无损。"

一、情绪

（一）情绪的概念

情绪（emotion）是一种心理和生理经历，它直接指向人和物，是人对客观事物的态度的一种反映。当你对某个人或某件事感到快乐或害怕时，你就是在表达你的情绪。情绪具有肯定和否定的性质，能满足人需要的事物会引起人的肯定性质的情绪，如快乐、满意等；不能满足人需要的事物会引起人的否定性质的情绪，如愤怒、憎恨、哀怨等；

与需要无关的事物，会使人产生无所谓的情绪和情感。

（二）情绪理论

1. 詹姆斯－兰格理论

詹姆斯－兰格理论是由美国心理学家詹姆斯（W. James）和丹麦生理学家兰格（C. Lange）分别于1884年和1885年提出的内容相同的一种情绪理论。他们强调情绪是自主神经活动的产物，后人称它为情绪的外周理论。该理论的基本观点是：情绪刺激引起身体的生理反应，而生理反应进一步导致情绪体验的产生。詹姆斯－兰格理论看到了情绪与机体变化的直接关系，强调了自主神经系统在情绪产生中的作用；但该理论片面强调自主神经系统的作用，忽视了中枢神经系统的调节、控制作用，因而引起了很多的争议。

2. 坎农－巴德学说

美国生理学家坎农（W. Cannon）首先对詹姆斯－兰格理论提出异议。他认为情绪是大脑皮质和自主神经系统共同激活的结果，也就是说，情绪体验和生理反应是同时发生的。例如某人遇到一只熊，由感官传至丘脑处，会同时发出两种冲动：一是经神经系统引起生理应激状态；二是传至大脑，使其意识到熊的出现。此时大脑中可能出现两种意识活动：第一认为熊并不可怕，因此大脑控制自主神经系统的活动，使活动状态受到压抑。第二认为熊是可怕的，大脑使自主神经系统活跃起来，加强身体的应激生理反应，并产生了恐惧。该理论后来得到其弟子巴德（P. Bard）的支持和扩充，因此被称为坎农－巴德学说。

3. 沙赫特的两因素情绪理论

20世纪60年代，美国心理学家沙赫特（S. Schachter）和辛格（J. Singer）提出，对于特定的情绪来说，有两个因素是必不可少的：一是个体必须体验到高度的生理唤醒，如手心出汗、心率加快等；二是个体必须对生理的变化进行认知性的唤醒。他们的实验表明，情绪体验来自环境刺激、生理因素和认知评估的整体作用。环境刺激通过感受器向大脑皮质输入外部信息；生理因素通过内部器官、骨骼肌的活动，向大脑输入生理状态变化的信息；认知评估是对过去经验的回忆和对当前情境的评估，以上三个方面的信息经过大脑皮质的整合作用，才产生了某种情绪体验。

将上述理论转化为一个工作系统，这个系统由三个亚系统组成。第一个亚系统：对来自环境的输入信息的知觉分析；第二个亚系统：在长期生活经验中建立起来的对外部影响的内部模式，包括过去、现在、未来的期望；第三个亚系统：现实情境的知觉分析与基于过去经验的认知加工之间的系统比较，称为认知比较器，它具有生化系统和神经系统的激活机构，与效应器相连。

（三）情绪的功能

情绪具有适应、动机、组织和信号四个功能。

1. 适应功能

情绪具有适应群体间互动关系的功能。

2. 动机功能

情绪具有激励的作用，指情绪对人的活动起发动、促进的作用，积极的情绪对活动起着促进作用，消极的情绪对活动起着瓦解和破坏作用。

3. 组织功能

情绪对心理活动具有组织的作用，起到构建和保持社会关系的作用。

4. 信号功能

个体将自己的愿望、要求、观点、态度通过情感表达的方式传递给别人以影响他们，这是非语言沟通的重要组成部分，在人际沟通中具有信号意义。

📖 拓展阅读

情绪影响的"踢猫效应"

一位父亲因公司倒闭而失业，回到家把玩耍的孩子臭骂一顿，孩子窝火了去踢旁边的猫，猫逃到街上碰上一辆汽车，司机赶紧避让，却把路边的行人撞伤了。这就是著名的"踢猫效应"，描绘的是一种典型的坏情绪的传染所导致的恶性循环。

"踢猫效应"是指对弱于自己或者等级低于自己的对象发泄不满情绪，而产生的连锁反应。人的不满情绪和糟糕心情，一般会沿着等级和强弱组成的社会关系链条依次传递，由金字塔尖一直扩散到最底层，无处发泄的最弱小的那一个元素，则成为最终的受害者。

二、情绪智力

（一）情绪智力的内容

情绪智力（emotional intelligence，EI）的概念最早由萨洛维（P. Salove）和梅耶（D. J. Mayer）于1990年提出，但并没有引起全球范围内的关注。1995年，丹尼尔·戈尔曼（Daniel Goleman）出版了《情商：为什么情商比智商更重要》一书，引起了全球性的讨论，因此，丹尼尔·戈尔曼被称为"情商之父"。戈尔曼把情绪智力定义为控制情绪冲动、解读他人情感和处理各种关系的能力。他认为情绪智力决定了我们怎样才能充分而又完美地发挥自己所拥有的各种能力。这些能力可以概括为：自我意识、自我管理、社会意识和关系管理四个维度，如图3-11所示。

1. 自我意识

自我意识即对自己的价值观、情绪、动机、优缺点等及其可能产生的结果的深层理解。自我意识强的人，知道什么样的决定是对自己最有利的。

	自己（个人能力）	他人（社会能力）
情绪的识别	**自我意识** 情绪自我意识 准确的自我评价 自信	**社会意识** 同情 组织意识 服务
情绪的控制	**自我管理** 情绪的自我管理 透明度 适应性 成就 主动 乐观	**关系管理** 有灵感的领导 影响力 发展他人 变革催化剂 冲突管理 建立关系 团队合作与工作

图3-11　情绪智力的胜任特征模型

2. 自我管理

自我管理即我们能在多大程度上控制和改变我们的内在状态和资源，它包括控制冲动、表现出诚实和正直、保持有效执行并抓住机会的动力，甚至在失败后保持乐观。

拓展阅读

关于情绪智力的“软糖实验”

实验人员把一组4岁儿童分别带入空荡荡的大房间，只在一张桌子上放着非常显眼的东西：软糖。在进入房间之前，实验人员告诉这些孩子：“允许你走出大厅之前吃掉这颗软糖，但如果你能坚持在走出大厅之前不吃这颗糖，就会有奖励，能再得到一块软糖。”结果当然是两种情况都有。专家们把坚持下来得到第二块糖的孩子归为一组，没有坚持下来只吃一块糖的孩子归为另一组，并对这两组孩子进行了14年的追踪研究。结果发现，那些向往未来而能克制眼前诱惑的孩子，在学业、品质、行为、操守方面，与另一组相比有显著优越的表现。这说明，决定人生成功的因素并非只有传统智商理论所认定的那些东西，非智力因素特别是情绪智力对个人的成功有着极为重要的影响。

3. 社会意识

社会意识即对感情、想法和其他人的情境敏感并理解。这包括认知他人的环境，即换位思考，也包括真实地感受他人的感情，即情绪同感。

4. 关系管理

戈尔曼把关系管理和很多与绩效相关的概念联系在一起，包括影响他人的信念和感情、开发他人的能力、管理变革、解决冲突、培养关系、支持团队工作与合作，这些对沟通能力和其他与社会交往相关的能力都提出了比较高的要求。

（二）情绪智力的测量

在情绪智力的测量中我们通常采用情商（emotional quotient，EQ）来衡量被试者的情绪智力水平。目前采用的情绪智力测量量表主要有三种。

1. EQ-I量表

EQ-I量表是以色列心理学家巴昂（Reuven Bar-On）于1997年编制的世界上第一个测量情绪智力的标准化量表。该量表由33个项目133个题目组成，内容结构按照巴昂的理论模型分为个体内部、人际关系、适应性、压力管理和一般心境五个维度。量表采用自陈法，以五点计分。EQ-I量表被多项心理研究采用为测量情商的工具。

2. 多因素情绪智力量表

多因素情绪智力量表（multifactor emotional intelligence scale，MEIS）是测量情商的另一种量表，由梅耶等人在1998年编制完成。与EQ-I量表不同，MEIS量表是能力测验，不采用自陈法进行测验，而是要求测验者完成一系列任务，由专家进行打分，以测量出测验者各维度的情绪能力水平。该量表具有良好的结构效度和区分效度。

3. 情绪能力调查表

情绪能力调查表（emotional competence inventory 360，ECI 360）由博亚兹（R. Boyatzis）和戈尔曼编制。该量表从360度评价20多个和戈尔曼的情商模型相一致的情绪能力因素，包括11项能够反映情商适应趋势的问题，每个问题描述个人与工作相关的行为。

三、工作中的情绪管理

（一）情绪劳动

情绪劳动（emotional labor）是指在人际交流中，表现出令组织满意的情绪所做的努力、计划和控制。这一概念最早是在服务性行业中发展起来的，但几乎所有的工作都要求和期望员工加入某种程度的情绪劳动，例如售货员应该是热情的，咨询行业应该是情绪中性的。

情绪劳动对组织行为有重要的影响，是工作绩效的一个关键成分，在强调人际互动的工作岗位上尤为重要。因此，在领导、销售以及其他需要频繁接触他人的岗位中，有效管理情绪的能力及情绪劳动的合理运用对这些岗位的成功十分重要。当前，在组织管理中，情绪劳动的重要性正越来越引起管理者的重视，运用情绪劳动培养员工对工作、顾客的肯定性情感，有助于形成爱岗敬业、顾客至上的观念，对提高组织绩效有积极作用。

（二）情绪失调

个人被要求的情绪与真实情绪之间的冲突称为情绪失调（emotional disorder）。两者之间的冲突越大，员工越容易感受到压力、倦怠，甚至生出对自身的心理疏离感。

绝大多数人很难隐藏自己的真实情绪，这就需要采取情绪调节行为。根据个体努力程度的不同，情绪调节可以分为表层调节和深度调节。当员工必须表现出与他们的真实情感完全不同的情绪时，表层调节随即产生，是指隐藏内心的感觉，表现出需要的情绪。例如在高级酒店中，服务员被要求即使被客人惹怒也要保持微笑。而深度调节是指员工努力调整内心感受，从认知上进行情绪调节，自然而然地表现出工作场所需要的情绪。如当服务员被客人惹怒时，心中这样想："客人发怒是由于个人问题，并不是对我不满，我应该提供优质服务改善客人的心情"，就会自然表露出温和亲切的态度。这样就避免了需求情绪与真实情绪之间的冲突。

📖 **拓展阅读**

说说松下电器的"精神健康室"

在松下电器的各个企业单位里，都设有"精神健康室"。这个"精神健康室"有三个房间，各具雅名。

一名曰"消气室"：内设哈哈镜数面，让那些牢骚满腹的员工目睹镜中奇形怪状的面容，怒气自然在忍俊不禁的"哈哈"笑声中消失。二名曰"出气室"：室内设象征着经理、老板的橡皮塑像，旁边备有棍棒若干，任来者把"经理""老板"劈头盖脸揍个痛快。三名曰"恳谈室"：内有笑容可掬的高级职员，洗耳恭听来者的意见，倘若此君能提出取之有益、行之有效的好建议，还能获得奖励。

"气"，人皆有之，人生活在社会中，难免有烦恼、有委屈、有怨气。设立"精神健康室"，起到调节和沟通的作用，调节着领导和群众之间的关系，沟通上下之间的感情，这既使得员工的心情舒畅，激发出极大的积极性和创造性，也使领导避免了官僚主义，为科学决策提供了有价值的意见。

第四节 态 度

PPT

生命的意义在于：奋斗、拼搏、永不放弃，对一切都要有希望。

—— 佚名

开篇案例

尼克·胡哲（Nick Vujicic）是一位患有"海豹肢症"的澳大利亚演讲家，一生下来就没有双臂和双腿。尽管如此，他的父母并没有放弃对他的培养，在双亲的影响下，他没有自暴自弃，而是逐渐形成了永不放弃、积极向上的生活态度。他克服了种种困难，顺利完成了大学学业，还会游泳、滑板、足球、高尔夫球。尼克一直在全球各国巡回演讲，以自己创造出的生命奇迹激励着全世界。

尼克·胡哲

一、态度概述

（一）态度的含义

态度（attitude）指个体对某一对象以一定方式做出反应时所持的评价性的、较稳定的内部心理倾向。态度的对象是多方面的，包括人或团队、客观事物等。例如，"我十分钦佩我的上司""我痛恨经常撒谎的人"，都表现出了个体的态度。

态度不是行为而是行为的前提，是一种反应的准备状态，所以当一个人的态度不同时，其看到、听到和思考的事情有着明显差异。态度作为一种心理倾向，每时每刻都在指导着人的行动。

（二）态度的构成

态度主要由三个要素构成，即认知成分、情感成分和行为意向成分。

1. 认知成分

认知成分（cognitive component）是指个体对态度对象的知觉、理解、信念和评价，既包括对态度的认识，也包括对态度对象的评论与选择。认知成分是态度的信息成分，是构成态度的基础。人们在认识自身和社会时，总会本能地凭借自己的直觉来做出种种具有倾向性的评价，如"目标管理可以调动人的积极性"就是一种直接赞成的鲜明观点，而"强调数量容易使人忽视质量"则间接表达了不赞成的态度。

2. 情感成分

情感成分（affective component）指个体对态度对象的情绪、情感性体验，即对人或事物的好恶情感反应的程度。人的喜爱或讨厌、热爱或憎恨、尊重或蔑视、耐心或厌烦、热情或冷淡、谦逊或骄横等，都反映出人的态度。情感成分是构成态度的要素之一，不能与态度画等号。

3. 行为意向成分

行为意向成分（behavioral component）指个体由认知因素、情感因素所决定的对态度对象的反应倾向，是在这基础上形成的行为的直接准备状态，即个体对态度对象做出的反应。通常表现为"做不做"或"怎样做"。

态度的三种构成要素之间关系比较复杂。一般说来，它们相互间是协调的，但也可能不尽一致，例如：甲认为乙工作很不错（认知），但总不喜欢乙（情感），甚至于避免见到乙（行为意向）。但与此同时，三种构成要素间的相互关联程度也不完全相同，研究表明，情感与行为意向的相关程度高于认知与行为意向或认知与情感，例如：每个人都知道应该以礼待人（认知），但是在生气时（情感），很难控制自己的冲动不大吼大叫（行为意向）。这是因为认知因素的独立性较高，所以与其他两种因素之间的相互影响较小。

📖 拓展阅读

防疫冲锋者——李兰娟

2003年的"非典"、2013年H7N9禽流感，李兰娟都身处一线为防治疫情做出贡献。2020年年初"新冠"病毒席卷全球，这场疫情引起了全世界的注意和警惕。国家卫健委组成了包括钟南山、李兰娟等6名成员在内的国家卫健委高级别专家组。73岁的李兰娟再一次冲在了防控疫情的第一线。

李兰娟一直保持着高效的工作状态，几乎达到了废寝忘食的地步。2020年1月18日，刚刚抵达武汉的李兰娟顾不上一路的舟车劳顿，立刻听取了武汉市新型冠状病毒感染情况的汇报，并到武汉市收治新型冠状病毒感染者最多的金银潭医院和华南海鲜市场进行实地调研。1月22日凌晨，李兰娟从北京回到杭州后，立即率领团队开始在杭州国家重点实验室分离新型冠状病毒毒株。经过夜以继日地工作，一个多星期后，李兰娟领导的杭州国家重点实验室成功分离出了3株（30日增加到8株）新型冠状病毒毒株，这意味着我国离拥有防治新型冠状病毒的疫苗又前进了一步。直到疫情稍有缓和，李兰娟仍不停地带领自己的团队研制特效药。

作为一位医生，李兰娟院士用自己的行动诠释了强烈的社会责任感和敬业精神。正因为有像李兰娟院士这样的医护团队的努力，我国才能尽快控制住疫情。

二、态度形成与改变

（一）态度形成理论

个体态度的形成受到主客观两方面因素的影响。主观因素包括个体的特质、经验、需求和愿望等，对态度的形成存在直接影响；客观因素包括家庭、群体、社会文化等。社会心理学家凯尔曼（H. C. Kelman）于1961年提出了态度形成的"三阶段"理论，即服从、同化、内化。

1. 服从阶段

服从也称顺从，是指个体为了获得奖励或逃避惩罚而采取的与他人表面上相一致的行为，这种行为是被迫的，而不是真心的。如公司规定"禁止不穿防护服进入实验室和车间"，当员工意识到违反规定会受到100元的罚款，他们会表现出被迫顺从而非心甘情愿的，当公司监督不力时，员工可能会终止顺从。这是态度形成或改变的第一个阶段。

2. 同化阶段

同化也称认同，是指个体在思想、情感和态度上主动与他人相一致的行为。这个阶段比顺从阶段更进一步，即个体不再是表面的改变，也不是被迫的改变，而是自愿接受他人的观点、信念或行动。如果该公司加强宣传教育，使员工意识到不穿防护服进入实验室和车间可能会对自己带来安全隐患，无论有没有监督的情况下，员工都会自觉遵守规定。

3. 内化阶段

内化是指个体真正从内心相信并接受他人的观点，使之纳入自己的态度体系成为一部分。这是形成态度的最后阶段，在这一阶段中，人的内心发生了真正的变化，把新的观点、新的情感纳入自己的价值体系中，彻底形成了新的态度。在上述的举例中，当员工进入没有这项明确规定的企业工作时，也会遵守规范，自觉穿防护服进入实验室和车间。

从服从到内化是一个复杂的过程，但并不是所有人形成所有态度都会完成这三个阶段。有的人形成对一些事物的态度可能要经历整个过程，而对另一些事物可能只停留在服从或同化阶段，有的人即使到了同化阶段后，还必须经历多次反复才能进入内化阶段，也可能一直停留在同化阶段。

（二）态度改变理论

态度的改变是指个体已经形成的态度，在某些因素的影响下，向新的态度转变的过程。态度改变的类型：一种是一致性改变，即改变原有态度的强度但方向不变，另一种是不一致性改变即方向的改变。相关学者研究了这一重要课题，并提出了一系列理论。

1. 认知失调理论

美国社会心理学家利昂·费斯廷格（Leon Festinger）于1957年提出了认知失调理论（cognitive dissonance theory）。认知失调是指一个人的态度和行为等认知成分相互矛盾，从一个认知推断出另一个对立的认知时而产生的不舒适感、不愉快情绪。认知失调的方式有两种：一是态度上的不一致，如果某一个体认为所有的乌鸦都是黑的，当见到某只白色乌鸦时，他的认知就会失调；二是态度与行为之间的不一致，或同一个体的两种行为不一致，一个人在态度上可能反对战争，这样"我反对战争"和"我参加战争"就是两种矛盾的认知，个体也就必然产生认知失调。两种形式的失调都会导致心理上的不适感，这种不适感会促使他去试图减少这种不协调或不舒服，如图3-12所示。学习认知失调理论，有助于预测员工态度和行为改变的倾向性，即在什么情况下员工会有改变自己态度或行为的压力。尽管具体情形是很复杂的，但至少可以肯定，认知失调程度越深，压力就越大，想要消除这种不平衡的动力就越强。个体通常采取以下三种途径：减少不协调的认知成分；增加协调的认知成分；改变一种不协调的认知成分，使之不再与另一个认知成分矛盾。

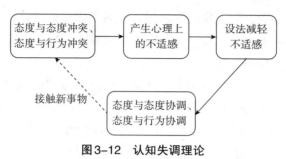

图3-12 认知失调理论

拓展阅读

费斯廷格的"不充分合理化实验"

费斯廷格在提出认知失调理论的同时，也给出了实验证据加以验证，这个实验称为"不充分合理化实验"。实验者让被试者做1小时枯燥无味的绕线工作，在其离开工作室时，实验者请他告诉在外面等候参加实验的"被试者"（其实是实验助手）绕线工作很有趣、很吸引人，为此说谎的被试者会得到一笔酬金，但金额不一。然后实验者再请他填写一张问卷，以了解他对绕线工作的真实态度。结果发现：得报酬多的被试者对绕线工作仍持有低的态度评价；得报酬少的被试者提高了对绕线工作的评价，变得喜欢这项工作了。

费斯廷格的解释是：当被试者对别人说绕线工作很有趣时，心口不一致。他头脑中有了两个认知因素："我本不喜欢绕线工作"和"我告诉别人这份工作有趣"，两者是相互失调的。为了消除心理上的失调感，他便要把自己的行为合理化。费斯廷格认为，得钱多的（20美元）被试者会用这笔不小的酬金为自己的行为辩解，认为自己之所以对别人说绕线有趣是因为有明显的外部好处，这样说是值得的，心口不一致所带来的失调感就削弱了。可是对只得到1美元的被试者来说，酬金很低以致于不值得为此撒谎。由于失调感所带来的心理压力，他会再审视两个相互矛盾的认知因素。由于酬金一定，被试者便不自觉地提高了对绕线工作的态度评价。新的认知因素"我比较喜欢绕线工作"与"我对别人说绕线工作很有趣"就相互协调了。结果，得报酬少的人比得报酬多的人更喜欢绕线工作。这种情况被称为在不充分的合理化条件下因认知失调引起的态度改变。

2. 平衡理论

1958年心理学家弗里茨·海德（F. Heider）提出了改变态度的平衡理论（balance theory）。该理论的主要观点是：不平衡的状态会导致紧张的产生，并产生恢复平衡的力量。这里的"平衡状态"，是指"在这种状态中被感知的个体与所感觉的情绪无压力地共存"。海德认为，人类普遍有一种平衡、和谐的需要，一旦人们在认识上有了不平衡和不和谐性，就会在心理上产生紧张和焦虑，从而促使他们的认知结构向平衡与和谐的方向转化。若用符号P来表示认知的主体，O表示他人，X表示事件，则这三者构成了一个环状系统，称为P-O-X三角。

现将上述P-O-X三角用图解的形式来表述，以符号"+"表示正的关系，用符号"–"表示负的关系，共有8种结构，如图3–13所示。判断三角关系是否平衡的依据是平衡的结构必须三角形三边符号相乘为正；不平衡的结构必须三角形三边符号相乘为负。图3–13（a）为平衡结构，图3–13（b）为不平衡结构。

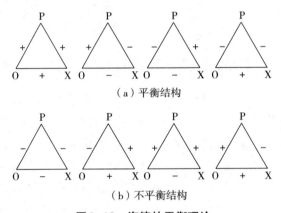

图3–13　海德的平衡理论

在企业管理中，可以采取一定的措施来改变员工对某人或某些实施方案的态度，尽可能使员工的心里达到一种平衡，从而以积极的工作态度投入到工作中，提高工作效率。

📖 拓展阅读

海德平衡理论的临床应用研究

有学者研究显示糖尿病患者血糖控制不良的最主要原因是服药依从性不好以及饮食治疗遵从性较差。如果糖尿病肥胖患者喜欢吃过量的甜食，医生多次告知仍然无效，血糖反复升高，那么如何才能说服患者改变不良的饮食习惯呢？

我们尝试用海德平衡理论解决这个问题，在海德P-O-X三角中，将患者设定为认知主体（P），医生设定为O，正常来说医生与患者之间的关系应该是一般或者是友好的。尽管医院给患者安排了合理的膳食，但患者总会每天忍不住偷吃买来的蛋糕（X）。医生发现后立马反对，此时就形成了一个不平衡的三角系统，患者无法摆脱爱吃蛋糕的习惯，又屡次接到医护工作者的建议与警告，这个系统中患者处于极度不愉快的体验，如图3-14所示。

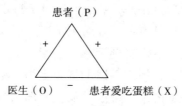

图3-14　海德平衡理论的临床应用

为了摆脱这种不愉快感，如果医生能增强患者对自身的信任感，根据海德理论，患者只能通过放弃偷吃蛋糕来使整个系统达到平衡。医生也就达到了改变患者不良饮食习惯的目的。

3. 自我知觉理论

自我知觉理论（self-perception theory）认为态度是在事实发生之后用来使已经发生的东西产生意义的工具，而不是在活动之前指导行动的工具。也就是说，我们对自己内部状态的了解，也像他人了解我们一样，都是通过我们的外显行为——当被问及关于某事物的态度时，我们首先回忆与此事物有关的行为，然后根据过去的行为推断出对该事物的态度。自我知觉理论表明行为对态度的影响的确很强，但这个理论只有在两种情况下才是有效的：一是人们先前对某事不具有明确一贯的态度，二是人们对自己做出什么反应不太关心。

三、工作态度

工作态度是员工对工作环境等方面的积极或消极的评价。组织行为学中所研究的内容大多数集中在以下几种态度上。

（一）工作满意度

当人们谈及员工态度的时候，他们通常指的是工作满意度（job satisfaction），即描述个人对工作中的各个因素的一般态度。影响一个员工工作态度的因素不仅包括业务工作、同事间的人际交往、处理上下级关系、遵循组织的规章制度以及工作环境好坏，员工对工作的满意与否，是对各项独立影响因素的综合态度。

工作满意度对管理者和员工都是一个非常重要的概念。每一个组织都要高度关注员工的工作满意度。因为工作满意度是组织的效率与效益的决定因素之一，例如员工如果感到比其他部门员工工作辛苦，但工资却拿的很少，会带来一定的工作不满情绪，进而对工作、同事和上级产生抵制的情绪，其工作效率自然会降低。同时工作满意度还关系到员工的健康，实践证明，员工对工作的不满会产生焦虑、失眠的现象，导致身体健康状况下降；员工是否健康对组织的氛围和成长都起着至关重要的作用。

（二）组织承诺

组织承诺（organization commitment）是指员工对于特定组织及其目标的认同，有兴趣成为其中一员并留在其中的一种态度。高组织承诺程度说明员工对其所在的组织有高度的认同，因为自己是其中的一员而感到荣耀、自豪，而且对组织的目标和行为持一种积极的态度。与工作满意度相比，组织承诺的概念更为广泛，如果说工作满意度是对员工某一具体职务身份或者该职务的某一维度的反映，那么组织承诺则涉及对组织作为一个整体的总的情感性反应，前者是后者的影响因素之一。

（三）组织公民行为

关于组织公民行为（organizational citizenship behaviors）的内涵，各学者对此的偏重有所不同。其中最具有影响力的是奥根（Organ）1983年做出的定义，他把"组织公民行为"的概念定义为"他们（管理人员）希望看到的，但是又不能通过强制、奖赏、惩罚的形式要求下属去做的行为"，即组织成员自愿做出的行为，这些行为没有得到正式的报酬系统直接而明确的认可，但从整体上有助于提高组织的效能。

我们认为组织公民行为是指员工在工作以外，以一种自愿的态度表现出来的有利于组织的自发行为。这些行为应该是员工自发表现出来的，未被组织正式规范的，但却是组织所需要的。并且员工做出这些行为不会得到奖赏，不做出这些行为时也不会受到惩罚。

第五节 压 力

PPT

"有压力，但不会被压垮；迷茫，但永不绝望。"

—— 佚名

开篇案例

有一位经验丰富的老船长，当他的货轮卸货后在浩瀚的大海上返航时，突然遭遇到了可怕的风暴。水手们惊慌失措，老船长果断地命令水手们立刻打开货舱，往里面灌水。"船长是不是疯了，往船舱里灌水只会增加船的压力，使船下沉，这不是自寻死路吗？"一个年轻的水手嘟囔。看着船长严厉的脸色，水手们还是照做了。随着货舱里的水位越升越高，随着船一寸一寸地下沉，依旧猛烈的狂风巨浪对船的威胁却一点一点地减少，货轮渐渐平稳了。船长望着松了一口气的水手们说："百万吨的巨轮很少有被打翻的，被打翻的常常是根基轻的小船。船在负重的时候，是最安全的；空船时，则是最危险的。"

一、压力的本质

（一）压力的概念

压力（stress）是指个体对超出自身正常承受水平的生理、心理、社会等刺激的适应性反应。这一定义表明：首先，压力的来源是刺激，它是指任何能够引起压力的东西，可能是生理的，也可能是心理的。其次，压力产生的前提是个体受到的刺激超过了正常水平范围。最后，在压力环境下，个体将会做出适应性的反应。

根据压力的作用效果，可将其分为积极压力和不良压力两种类型，适度、积极的压力能够帮助个体更好地突破极限，实现个体成长，利于发挥个体潜能；而过度、不良的压力则会导致紧张、焦虑、抑郁、恐惧、悲伤、内疚、羞耻等情绪，不利于个体的健康生活与工作效果。

（二）压力的发生过程

加拿大心理学家汉斯·塞利（Hans Selye）于1930年提出了"一般适应综合征"（general adaptation syndrome，GAS）的概念，即一个有机体必须寻回他的平衡或稳定，从而维持或恢复其完整和安宁的一类适应性反应，同时提出了一般适应综合征的三个阶段，代表着压力的发生过程，如图3-15所示。

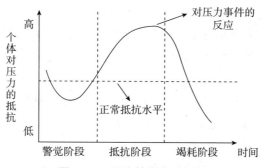

图3-15　压力的发生过程图

1. 警觉阶段

在警觉阶段，个体感受到某种程度的刺激，并开始担心如何应对，由于压力事件的突然产生使得个体处理问题的有效性逐渐降低，此时，个体将会面临"继续战斗还是撤退"的选择。在生理方面，表现为心率与血压升高，肾上腺素及其他激素分泌增多，血糖水平升高，但身体能量的迅速动员会使得个体对压力的抵抗暂时弱于原先的抵御，随着进入下一个阶段，这种状态会很快改变。

2. 抵抗阶段

如果个体在第一阶段没有选择放弃，那么将进入抵抗阶段，开始抵抗压力源的作用，即着手解决所面临的问题。此时个体激发了各种生理、心理的行为机能，为个体提供更多的能量，帮助其克服和消除压力来源。如果抵抗成功，那么压力的发生过程随即结束；如果压力持续不断而个体抵抗能力有限，则进入第三阶段。

3. 竭耗阶段

在这一阶段，个体的能量接近衰竭，倾向于完全放弃努力，不再抵抗压力源。尽管大多数个体都能消除压力，或者在很疲惫之前就从压力中解脱出来，但经常达到疲惫状态的个体，其受到长期生理、心理伤害的风险会增大，长此以往，会严重损害身体的各项功能。

可以看出，对于压力事件，每个人都有一个正常的抵抗水平，有些人可以承受较大的压力，而有些人只能承受较小的压力，但每个人都有一个开始出现影响效果的压力区间。与此同时，并非所有的压力源都会使得身体衰竭，也并非所有的压力发生过程都会经历这三个阶段，在现实生活中，我们可以运用合理有效的压力管理技巧与方法缓解压力给自身造成的负面影响，积极迎接压力的挑战。

二、压力来源

组织要对个体进行有效的压力管理，必须首先明确个体压力的来源，具体而言，可分为环境因素、组织因素、个人因素三个层面。

（一）环境因素

环境因素是指影响压力的外界环境因素，包括政治动荡、经济周期、技术变革三个方面。

1. 政治动荡

国家政治的动荡会使得人们在人身安全、正常就业等方面受到威胁，亦会使本国企业及在本国投资的外国企业承受经济损失。

2. 经济周期

当社会经济紧缩时，人们的收入相对压缩，市场机会相对减少，薪酬水平下降，自身安全感降低，但感受到的就业、生活等压力却是倍增的。

3. 技术变革

在信息时代的大背景下，各类科学技术的高速发展，技术和经验的更新速度不断加快，这种技术上的不确定性不仅会给一般员工带来跟上时代步伐的压力，甚至会造成各行业的重新洗牌。

（二）组织因素

组织因素在压力形成过程中起着重要的推动作用，组织内部有许多因素能引起个体的压力感，包括但不限于以下三个方面。

1. 任务要求

任务要求是指与个体从事工作有关的因素，包括个人的生活设计、工作条件、体力消耗程度等。在任务难度大、任务量多的情况下，员工会时刻处于高度紧张的状态，不利于具体工作的开展与人员的配合。大量重复性的工作也会让员工对于未来职业生涯产生焦虑，不利于个人能力的发挥。

2. 组织结构

组织结构反映了组织层次分化的水平、组织规章制度的效力以及决策的进行。在组织中，各个部门、各个职位承担着不同的工作任务，而由于这些任务往往具有相互关联性，需要通过多个任务群体及个体之间的相互协作共同完成，在沟通协作的过程中，可能会发生上下级之间、部门之间、个体之间的纵向与横向冲突，进而产生工作压力。

3. 领导风格

领导风格是指组织高层管理人员的管理风格。对员工过于严格的监督和控制，会形成紧张、恐惧、焦虑为特征的组织文化，从而导致员工面临着时刻被解雇的风险，使得员工在短时期内产生幻觉式的压力。

（三）个人因素

员工在非工作时间内的经历及遇到的各种问题亦会影响员工的工作，因此，个人因素也是压力的重要来源之一，主要表现在以下三个方面。

1. 职业生涯发展

在个人因素中，与职业生涯发展相关的因素是为个体带来压力的主要来源，包括失业和发展的机会。员工最大的威胁就是失业，调转和发展的机会关系到员工未来的职业生涯，这些机会非常重要但又十分不确定，进而成为员工工作压力的来源。

2. 个性与生活观念

个性是在长期发展过程中形成的，是相对难以改变的，它将会直接影响到个体的行为模式。有些个体生性悲观，总是关注现实中的负面因素，在生活中会更加容易产生压力，相反，那些个性随和，拥有乐观向上的生活态度的人，在面对压力时也能够保持积极的态度。

3. 经济与家庭问题

生活中的各个方面都需要经济上的支持，尤其是在与周围同事对比、与客户交流的环境状态下，经济上的缺乏会造成员工生活、社交压力的成倍增长。与此同时，婚姻幸福、父母健康、家庭和睦等都是员工需要关注的问题，在平衡生活与工作的过程中，当任何一方面得不到满足，都会给员工增加无形的压力。

📖 拓展阅读

压倒骆驼的最后一根稻草

一个人有一匹老骆驼，这匹老骆驼一天到晚都在任劳任怨地干活。有一次主人想看看这个老骆驼到底能装多少货物，于是不断地往骆驼身上增加货物，但是老骆驼始终没有倒下，主人想知道它的极限在哪里，于是又轻轻地投了一根稻草在它背上，没想到就是这一根稻草使老骆驼轰然倒下。

试从压力的角度理解这则故事，并思考我们应如何正确应对生活、学习、工作中的压力呢？

三、影响压力认知的个体差异

在生活中，有人积极面对压力，有人则消极逃避压力，可以发现，个体对压力的认知有大差异。一般而言，影响个体对压力认知产生差异的因素包括个人认知、工作经验、社会支持三个方面。

（一）个人认知

个人认知是潜在压力环境与员工反应之间的一个中介变量。在现实工作和生活中，一些个体难以经受挫折和困难的考验，回避矛盾和问题，对于未来缺乏信心；而另一些个体努力克服困难，使事情向好的方向转化，能够独立思考和行事，有着较强的自我控制能力。

（二）工作经验

个体工作经验的丰富程度会对员工的压力感知产生影响，二者大致呈反比关系。当面临同一项具有挑战性的工作时，工作经验丰富的员工会感觉相对轻松，而对于刚入职场的新人来说，会感到较大的压力。同时，过去失败的经历也会增加当前的压力感，而成功则会降低员工对压力的感知程度。

（三）社会支持

社会支持能够帮助个体缓解自身压力，相对于没有社会支持的员工，那些有同事、上下级、家人、朋友积极支持的员工，在面对同样问题时感受到的压力会相对较小。

四、压力的后果

（一）生理症状

当面对压力时，身体会做出相应的反应，如血压升高、胆固醇浓度升高、扰乱消化系统等。这种反应会对个体起到一定的保护作用，甚至在一个相对较短的时间内，还会有益于健康。但是如果压力、焦虑及紧张情绪持续时间过长，就会使身体处于极度疲劳的状态，甚至超出身体所能承受的极限。

（二）心理症状

除生理症状外，压力对个体心理也有着十分明显的影响。压力大的个体常常会感受到焦虑、沮丧、厌倦，以及心理上的疲惫、无力感、低自尊、孤独感等负面的情绪反应。如果个体采取的行为手段不能解决压力引发的问题，则将导致个体认知上的转变，会认为自己在前进的道路中是无助的，这种无助感会给个人带来沮丧。

（三）行为症状

压力会导致工作效率降低、员工旷工率升高，以及员工的流动率增加。如果员工在工作中频繁出错，或者工作效率持续下降，就可能会对充满压力的工作环境持一种逃避的态度，甚至辞职。压力与绩效之间存在着倒U型关系，即过低和过高的压力水平都会使机体的绩效降低，而适中的压力会对机体产生激活作用，使个体保持较高的绩效水平，如图3-16所示。

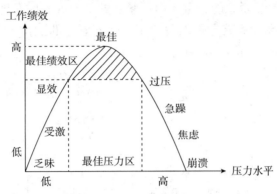

图3-16　压力与工作绩效的倒U型关系

📖 拓展阅读

"高压"下迅速成才

　　话说宋徽宗是一位喜欢书画并且有很深造诣的皇上，他有一天问随从："天下何人画驴最好？"随从回答不出来，退下后急寻画驴出名者姓甚名谁，焦急中得知一名叫朱子明的画家有"驴画家"之称，即召朱子明进宫画驴。

　　朱子明得知被召进宫是为了给皇上画驴时，吓出了一身冷汗，原来他擅长山水画，根本不会画驴，但同行戏弄他给起了一个"驴画家"的绰号。皇命不可违，情急之下的朱子明苦练画驴技术，先后画了数百幅有关驴的画，最后竟阴差阳错地得到了皇上的赏识，成为了天下第一画驴之人。从朱子明被逼画驴的"压力"故事中，我们看到了压力管理的精华：变压力为动力。

五、压力管理的方法

（一）个人压力管理

1. 进行认知重构

　　认知重构是指一种将消极的、自我击败的思维替换为积极的、自我肯定的思维，从而把对压力源的威胁性知觉转变为非威胁性知觉的行为。生活与工作中有许多消极、自我击败的思维，这种思维可称为"毒性思维"。在这种思维影响下，个体可能会从最坏的一面看待事情，受到以偏概全、自我投射等认知偏差的负面影响。认知重构就是要把这种毒性思维转变为肯定的、积极的思维。

2. 运用时间管理

面对过快的生活和工作节奏，人们常常会感受到时间的紧迫性，从而产生较大的压力，合理进行时间管理是人们应对压力的有效途径。其中，最常用的时间管理方法是将要处理的事情按照重要性和紧急性的高低进行分类和排序，构建重要–紧急矩阵，将事情划分为四类：重要且紧急的、重要但不紧急的、不重要且不紧急的、不重要但紧急的，与普通人相比，高效能人士更加关注重要但不紧急的工作，并将65%~80%的时间运用于此类事件的处理，如图3-17所示。

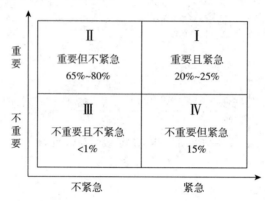

图3-17 重要–紧急矩阵与高效能人士的时间安排

📖 拓展阅读

压力管理——张弛有道

培训师在课堂上拿起一杯水，然后问台下的听众："各位认为这杯水有多重？"有人说是半斤，有人说是一斤，讲师则说："这杯水的重量并不重要，重要的是你能拿多久？拿一分钟，谁都能够；拿一个小时，可能觉得手酸；拿一天，可能就得进医院了。其实这杯水的重量是一样的，但是你拿得越久，就越觉得沉重。这就像我们承担着压力一样，如果我们一直把压力放在身上，不管时间长短，到最后就觉得压力越来越沉重而无法承担。我们必须做的是放下这杯水，休息一下后再拿起这杯水，如此我们才能拿得更久。所以，各位应该将承担的压力于一段时间后适时放下并好好地休息一下，然后再重新拿起来，如此才可承担更久。"

学会压力的自我调节与管理是十分重要的，除上述三种方法外，你还知道哪些行之有效的技巧与方法？试在小组内进行分享与讨论。

（二）组织压力管理

1. 保障人岗匹配

个体特征和岗位需求的有效匹配，是人力资源与组织行为管理的一个重要原则。在此过程中，组织要将每位员工放在合适的岗位，保障人岗匹配，才能既减轻员工的工作压力，同时保证个人绩效目标与组织绩效目标的达成。

2. 改善工作设计

工作任务过量或难度过大都会对员工造成无形的压力。因此，在工作安排上，任务量和难度大小都应根据员工的能力、经验等特质进行合理分配，避免长久持续的高工作要求导致压力的积累。同时，工作的再设计能够给员工带来更多的责任和工作自主性，从而减轻员工的压力感，其主要形式包括工作轮换、工作扩大化以及工作丰富化。

第六节 学 习

PPT

"不学而求知，犹愿鱼而无网。"

—— 葛洪

 开篇案例

> 美国心理学家桑代克（Edward Lee Thorndike）做过一个实验，他将一只饥饿的猫关入笼中，笼外放一条鱼，引诱猫跑出笼子去吃笼外的鱼，但想打开笼门，猫必须一气完成三个分离的动作。首先提起门闩，然后按压一块带有铰链的台板，最后把横于门口的板条拨至垂直的位置。猫第一次被放入笼子时，拼命挣扎，试图逃出笼子。终于，它偶然碰到踏板，逃出笼外，吃到了食物。在多次努力尝试中，它可能无意中一下子抓到门闩或踩到台板或触及横条，结果使门打开，多次实验后，猫的无效动作越来越少，逃出笼子所需的时间越来越少，最后一进笼子就会立即以一种正确的方式去触及机关打开门。

一、学习的定义

学习是心理学家研究的重要问题，"学习"是什么？不同的研究者对此有不同的理解。行为主义心理学家认为学习是"由经验引起的相对持久的行为变化"，强调学习的本质是行为的变化，即学习活动发生后，学习者要有可观察、可测量的外在变化，注重学习行为的可观察的一面（外显型），忽视学习主体的内在变化（内隐性）。认知心理学家认为行为变化只是用来推测学习是否发生的外部指标，行为变化的原因在于学习者内部的能力和倾向发生了变化，主张用能力和倾向的变化来定义学习。本书倾向于后者，因此采用心理学家鲍尔（G. H. Bower）和希尔加德（E. R. Hilgard）对学习的定义：学习（learning）是指一个主体在某个规定情境中的重复经验引起的、对那个情景的行为或行为潜能的变化。不过这种变化不能根据主体的先天反应倾向、成熟或暂时状态来解释。

二、学习的理论

学习理论是说明人和动物学习的性质、过程和影响学习的因素的各种学说。以下介绍了三种学习理论。

（一）经典条件反射学习理论

俄国生理学家巴甫洛夫（L. P. Povlov）用狗作为实验对象，提出了经典条件反射学习理论。经典条件反射是指一个刺激和另一个带有奖赏或惩罚的无条件刺激多次联结，可使个体学会在单独呈现这一刺激时，也能引发类似无条件刺激的条件反应。根据实验，巴甫洛夫分析提出了经典条件反射学习的四个基本现象：条件反射、泛化、分化、消退。

1. 条件反射

在巴甫洛夫的实验中，给狗食物，狗就分泌唾液；让狗听到铃声但不给食物，狗就不分泌唾液。另一情境下，将食物和铃声结合起来，铃声响起同时给狗食物，经过多次反复，狗学会了听到铃声就开始分泌唾液。

食物自然地引起狗分泌唾液（无条件刺激），食物引起的分泌唾液的反应是自然条件反射（或非条件反应）。而铃声是无价值的刺激（中性刺激），并不会引起狗分泌唾液，但中性刺激和无条件刺激结合在一起就被无条件刺激所强化。经过多次强化，狗就会对单独出现的中性刺激作出与无条件刺激引起的反应一样的条件反射，即狗学会了一种新反应，图3-18描绘了狗学会新反应的实验过程。在新的刺激反应关系中，中性刺激（铃声）是与无条件刺激结合后才能单独引起特定反应（分泌唾液），新的刺激称为条件刺激，引起的反应称为条件反应，在条件刺激和条件反应之间建立起的联系叫作条件反射。

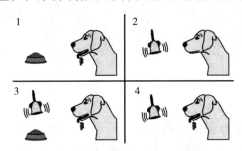

图3-18 狗学会新反应的过程

2. 泛化

一旦建立了条件反射的关系，与条件刺激相似的刺激也能引起条件反射，这种现象称为泛化。在巴浦洛夫训练狗建立条件反射时，通过铃铛刺激，狗会分泌唾液，当狗在外面遇到类似铃铛的声音时，也会不由自主的分泌唾液，这是泛化的一种表现。例如"一朝被蛇咬，十年怕井绳""杯弓蛇影"。

3. 分化

分化是有机体对条件刺激物的反应进一步精确化，是对目标刺激物进行加强并保持，而对非条件刺激物进行消退。为了形成分化，必须进行专门训练。例如，在就诊过程中，医生的各种专业术语对普通就诊者来说是难以理解的，只有相同科室或专业受过专门训练的医生才能完全理解其意义；从事医药行业工作的人，听到"带量采购""走票"等医药相关词汇时，也比一般人更为敏感。

4. 消退

条件反射建立后，条件刺激能单独引起条件反应，但如果继续给予条件刺激而不给无条件刺激，反应的强度会逐渐下降，直至条件刺激最后不能引起条件反应，这一现象称为消退。一般说来，原始反应越强，消退速度越慢。

拓展阅读

以下几种行为哪些属于条件反射？

（1）腋窝突然放个很烫的物件，比如烟袋锅，人的第一反应是夹紧，而不是张开胳膊。

（2）日常对话 问：How are you？答：I'm fine，thank you！ And you？

（3）望梅止渴。

（4）画饼充饥。

（5）"狗的巴甫洛夫"，如图3-19所示。

图3-19 "狗的巴甫洛夫"

（二）操作条件反射学习理论

美国心理学家斯金纳（B. F. Skinner）通过实验进一步提出操作性条件反射学习理论，他将反射分为两类：一种是巴甫洛夫的经典式条件反射，用以塑造有机体的应答行为；另一种是操作式条件反射，用以塑造有机体的操作性行为。应答行为是由特定的、可观察的刺激引起的行为，操作性行为是在没有任何能观察的外部刺激的情境下自发的有机体行为。

在巴甫洛夫实验室里，狗看到食物就流唾液，食物是引起流唾液反应的明确的刺激，但白鼠在斯金纳箱中的按压杠杆行为就找不到明显的刺激物。应答行为比较被动，由刺激控制。操作行为代表着有机体对环境的主动适应，由行为的结果所控制，人类的大多数行为都是操作性行为。

📖 拓展阅读

斯金纳箱

斯金纳箱（Skinner box）是心理学实验装置，由行为主义者斯金纳于1938年发明并用于动物操作条件作用实验。其基本结构：在箱壁的一边有一个可供按压的杠杆，在杠杆另一边有一个装有食物的小盒挨着箱壁上的小孔，小孔外是食物释放器，其中贮有颗粒形食物。动物在箱内按一下杠杆，即有一粒食物从小孔口落入小盒内，动物即可取食。

斯金纳的首次试验对象是白鼠。他把一只白鼠禁食24小时后放入箱内，白鼠被放入箱内后开始在箱内探索，偶尔按压到杠杆，就能获得食物。一开始白鼠并没有注意到食物落下，但若干次重复后，就形成了压杆取食的条件反射，如图3-20所示。之后试验对象还换成了鸽子等不同物种，斯金纳箱的设计也有改进。

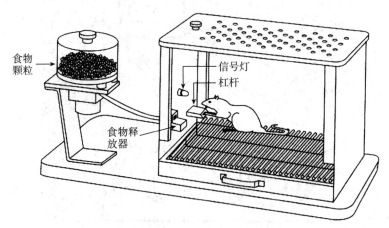

食物颗粒

信号灯
杠杆

食物释放器

图3-20 "斯金纳箱"白鼠实验

斯金纳把动物的学习行为推广到人类的学习行为上，认为虽然人类学习行为的性质比动物复杂得多，但也要通过操作性条件反射。操作性条件反射中，强化刺激既不与反应同时发生，也不先于反应，而是随着反应发生的。有机体（人和动物）必须先做出所希望的反应，然后得到强化刺激，使该反应得到强化。在组织中，操作性条件发射也反映在员工的学习行为上，例如在一家公司内部，部门员工不自觉地学习部门经理的工作方式来纠正自己的工作行为，最终得到经理的赞赏并增加该行为的频率，如图3-21所示。

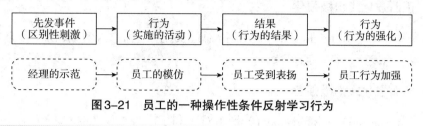

图3-21　员工的一种操作性条件反射学习行为

（三）社会学习理论

社会学习理论是认知主义的一种形式，着眼于观察学习和自我调节在引发人的行为中的作用，重视人的行为和环境的相互作用，代表人物是美国心理学家班杜拉（A. Bandura）。社会学习理论是操作性条件反射的扩展，也就意味着，它也认为行为是结果的函数，但同时还承认了观察学习的存在以及知觉在学习中的重要性。

1. 观察学习

观察学习也叫模仿或者建模，个体通过观察和模仿他人学习行为进行学习。观察学习包含四个相互联系的过程：首先是注意。除非个体觉察和注意到了示范者在做什么，否则他们就不能通过观察学习到很多。其次是记忆。为了重演示范者的行为，个人必须把信息编码成记忆，记忆是帮助观察者再生信息的重要认知过程。再次是原动力重演。观察者必须能够重演示范者的行为，即具有模仿行为的能力。最后是动机。观察者对于行为与奖惩关联的认知是动机因素，观察者根据习得的行为与奖励或惩罚的关联来决定是表现还是抑制那种行为。

2. 自我调节

自我调节是指个人树立行为的目标、确立评价自己行为的标准和进行自我评价与自我强化。人能按照自我确立的内部标准来调节自己的行为。如果行为导致的成绩符合标准，行为者就会感到满意或给自己奖励，反之则会自责、自我惩罚，即人们可以控制自己的行为。

班杜拉认为，行为结果来自于环境，且每个人都有强化自己行为的能力。自我强化过程很简单，只要对自己的行为感到满意或给予物质奖励就可以完成。例如，我今天工作很努力——行为，我应该到餐馆吃晚餐——奖励，因此社会学习理论强调人的学习是"模仿-认同-强化"的过程。如何增进组织中个体的学习效果？怎样将上述学习理论应用到组织管理实践中以提高绩效？强化是一种有效的手段。

三、学习与行为的强化

强化是指随着人的行为之后发生的某种结果会使以后这种行为出现的可能性增加。

基于操作条件反射学习理论，通过强化手段可以矫正个体的行为，使之逐渐接近某种适应性行为模式。根据强化的性质和目的可以将其分为正面强化、负面强化、惩罚和消退四类。

（一）正面强化或积极强化

正面强化（positive reinforcement）是指通过奖励（包括奖金、表扬、晋升等）刺激组织需要的行为发生，从而加强这种行为。

（二）负面强化或消极强化

负面强化（negative reinforcement）是指对不利于实现组织目标的行为给予不利的刺激（如训斥、被否决、终止合约等），从而减少该行为下次出现的概率。

（三）惩罚

惩罚（punishment）是指对做出的不利于组织的行为（如旷工）给予批评和处罚。

（四）自然消退

消退（extinction）是指对出现的某种行为（如提建议）不予强化，久而久之这种行为被判定为无价值，从而消失。

📖 拓展阅读

普雷马克原理

谈到行为强化，我们不得不提及这样一个原理——普雷马克原理（Premack principle），是指用高频行为（喜欢的行为）作为低频行为（不喜欢的行为）的有效强化物。这种原理被普遍运用于生活与育儿教育，比如我们经常能听到父母或教师教育小孩："如果你完成了作业，就能出去和小朋友一起玩。"值得注意的是，这个过程中一定是先有行为后有强化，即先有小孩完成了作业（不喜欢的行为），再有被允许出去玩（喜欢的行为），否则难以有理想效果。

普雷马克原理在组织管理中也有运用。例如某公司规定员工加班（员工不喜欢的行为）能获得奖金和调休（员工喜欢的行为），以此来鼓励员工延长工作时间；还有组织规定员工在该公司的工龄达到二十年（这里认为员工不喜欢这一行为）能持有公司一定份额的股份（员工喜欢的行为），以此来保留优秀老员工，防止人才流失。

试举几种组织管理中运用普雷马克原理的情况。

本章小结

知觉是指个体对所在环境进行选择、组织、理解、反思并赋予意义的过程。社会知觉是指个体在社会环境中对他人的心理状态、行为动机和意向（社会特征和社会现象）的知觉。在现实生活中，往往由于主客观条件的限制带来社会知觉的偏差，常见的社会知觉偏差有首因效应、近因效应、晕轮效应、刻板效应及期望效应。

归因是对他人或自己的行为原因作出解释与推论的过程。常见的归因理论有海德的归因理论、凯利的三维归因理论和维纳的归因理论。

情绪是一种心理和生理经历，它直接指向人和物，是人对客观事物的态度的一种反映。戈尔曼把情绪智力定义为控制情绪冲动、解读他人情感和处理各种关系的能力，这些能力可以概括为：自我意识、自我管理、社会意识和关系管理四个维度。

态度指个体对某一对象以一定方式做出反应时所持的评价性的、较稳定的内部心理倾向。社会心理学家凯尔曼认为态度形成需要经过服从、同化、内化三个阶段。工作态度是员工对工作环境等方面的积极或消极的评价。组织行为学中所研究的集中在工作满意度、组织承诺和组织公民行为等方面。

压力是指个体对超出自身正常承受水平的生理、心理、社会等刺激的适应性反应。面对刺激，不同个体会产生不同的认知，从而产生性质和大小相异的压力，与此同时，应对压力所采取的措施不同也会导致差异化的结果，即压力的来源、影响压力认知的个体差异、压力的后果以及压力管理的方法。

学习是指一个主体在某个规定情境中的重复经验引起的、对那个情景的行为或行为潜能的变化。学习理论是说明人和动物学习的性质、过程和影响学习的因素的各种学说，本书主要介绍了巴甫洛夫的经典条件反射学习理论、斯金纳的操作条件反射学习理论以及班杜拉的社会学习理论。强化是将学习理论应用到组织管理实践中以提高绩效的一种有效手段。

➤➤ 复习和讨论题

题库

1. 美国著名管理学家斯蒂芬·P·罗宾斯认为：我们并不是看到现实，而是对自己所看到的东西做出解释，并称它为现实。你认为他这么说的依据是什么？

2. 社会知觉会发生哪些偏差？

3. 什么是刻板印象？刻板印象是如何造成知觉偏差的？

4. 情绪智力与情商的关系是什么，如何对情商进行测量？

5. 美国作家罗曼·文森特·皮尔在2003年出版了一部名为《态度决定一切》的书，此书曾在美国最畅销书排行榜上保持了10年时间。你怎么理解"态度决定一切"这句话？

6. 快乐的员工是生产率高的员工吗？

7. 在医药行业全球化发展的进程中，目前我国医药组织面临着哪些压力？

8. 行为强化手段中，负面强化与惩罚有何区别？它们在组织管理中通常以什么方式呈现？请简单举两个例子。

课堂游戏：心理测验——你是哪种压力人格?

根据实际情况，在表3-2中选择答案，然后计算出总分。

表3-2 心理测验表

题目	一直如此	经常如此	有时如此	从不如此
1. 来自工作、大学、家庭的种种要求使我每天都精疲力竭				
2. 我的压力感来源于一些我无力控制的外界因素				
3. 对于我周围的环境，我完全不能忍受				
4. 不管我如何努力，总难以完成工作安排				
5. 我难以满足经济上的各种需要				
6. 我不喜欢自己的工作，但又不能冒险去更换工作（或者说，如果不是为了工作，我不喜欢上大学，但又不敢冒险退学）				
7. 我对自己的人际关系状况不满意				
8. 我觉得应对周围人的幸福负责任				
9. 我羞于启齿向别人求助				
10. 我不知道自己的生活目标是什么				
11. 没有实现目标，我会失望				
12. 不管我取得了多大成功，都感到空虚				
13. 如果我周围的人更能干一些，我会觉得更愉快				
14. 别人让我扫兴				
15. 我压抑怒气，很少发作				
16. 我受伤害后，会怒气冲冲，怨恨不已				
17. 我受不了别人的批评				
18. 我担心自己会失业（或失学）				
19. 我认为表露出悲哀毫无价值				
20. 我不认为什么事情都可以解决				

评分标准：

一直如此=4；经常如此=3；有时如此=2；从不如此=1。

测试结果参考：

20~29分：你自己就是你最好的联盟，具有高度的控制力、自尊心和自我统一性。

30~49分：对于控制自己的生活，你有良好的感觉，但是偶尔不利的自言自语，会使你在压力的情况下感到焦虑。

50~69分：你的选择总是让人疑惑，令自己完全陷入了困境，这一切都是因为你时常消极的自言自语。

70~80分：你的生活已经变成连续不断的挣扎和危机。

第四章　组织中的个体差异

学习目标

解释： 传记特征、能力、价值观和人格的概念与分类。

阐述： 能力素质理论与人格理论。

描述： 能力、价值观和人格在组织管理中的运用。

德育目标： 尊重差异，形成正确的世界观和价值观，学习大国工匠精神。

闪亮的足迹，伟大的人生

著名胸外科医生、国际共产主义战士诺尔曼·白求恩于1890年3月出生于加拿大安大略省。他的祖父诺尔曼是一名杰出的外科医生，受祖父的影响，白求恩懂事后，将祖父行医用的铜质招牌挂在自己的卧室门口，立志成为一名医生。七八岁的白求恩，每天放学回到家，就一头钻进他的"研究中心"——卧室里去，解剖苍蝇和动物的骨头。

1914年，第一次世界大战爆发。此时距离毕业还有一年的白求恩决定放弃学业，参加远征军。他随军东进，经过大西洋，到英国，到法国，又到比利时。他的左腿在一次战斗中被炸伤，伤养好后被遣送回国，白求恩完成了学业又再次回到部队担任军医，直至一战结束之后才退役。战后的白求恩唯一的追求就是学习医学，宿舍成了他的研究室，医院、诊所是他最好的实战基地。

1935年，国际生理学大会在苏联召开，白求恩作为代表参加。回国后，白求恩到处宣传在苏联的所见所闻所感，盛赞苏联的社会主义制度，批驳帝国主义对苏联的种种攻击和污蔑。他于1935年11月加入加拿大共产党，这是白求恩人生中一个伟大的转折。

1937年7月7日，日本发动了全面侵华战争。7月30日晚，我国著名教育家陶行知在一个宴会上见到了白求恩，并向他介绍中国抗日战争的形式，表示希望得到国际友人的援助，白求恩当即表示："我愿意到中国去！"面对许多人的不理解甚至反对，白求恩没有丝毫动摇，他坚定地说："我决定不回去了，真正的战斗在中国，那里的斗争决定着我们这个世界的命运，我要和他们一起战斗。"1938年1月8日白求恩受加拿大共产党和美国共产党的派遣，和医生帕尔斯、护士琼·尤组成了一支援华医疗队，1月27日抵达香港，随后乘飞机到了武汉，又乘火车北上，前往延安。

白求恩的生活就是工作，他走到哪里，就在哪里工作，哪里就会树立起一面生命的旗帜。手术中，他既是手术者，也是麻醉师，还要帮助护士观察伤员情况的变化，平均每天要做5个手术，复杂的手术要花费十几个小时。超负荷的工作、巨大的体能消耗对一个年近五十，只有一个肺叶机能的白求恩来说，无疑是沉重的负担。1939年11月12

日凌晨，在病毒感染和超负荷工作的双重侵袭下，白求恩溘然长逝。

毛泽东写《学习白求恩》一文："一个外国人，毫无利己的动机，把中国人民的解放事业当作他自己的事业，这是什么精神？这是国际主义的精神，这是共产主义的精神。他以医疗为职业，对技术精益求精……一个人能力有大小，但只要有这点精神，就是一个高尚的人，一个纯粹的人，一个有道德的人，一个脱离了低级趣味的人，一个有益于人民的人。"

第一节 传记特征

PPT

"千人千面，百人百姓。"

—— 中国传统谚语

开篇案例

数十年如一日地钻研科学、不停朝巅峰攀登，这就是陈薇院士的写照。2020年，在全国抗击新冠肺炎疫情表彰大会上，陈薇院士被授予"人民英雄"国家荣誉称号，但这并不是她第一次面对疫情。这位1991年经特招入伍的女少将，此前已在阻击非典、汶川救灾、奥运安保和攻击埃博拉等多场硬仗中作出重要贡献。解放军报评价她："作为一名军人，她闻令而动、敢打敢拼，展现了钢铁战士的血性本色；作为一名党员，她关键时刻冲得上去、危难关头豁得出来，发挥了党员的先锋模范作用；作为一名院士，她领衔研发全球第一个进入二期临床试验的新冠病毒疫苗，彰显了中国的科技实力，用实际行动谱写了绚丽的奋斗篇章。"

传记特征（biographical characteristics）也叫人口统计学特征（demographic characteristics），通常指可以直接从员工的人事档案中直接获得的信息，比如性别、年龄、种族、教育背景、工作经历等。这些特征能够对个体的工作绩效、缺勤率、离职率和工作满意度等组织行为结果造成一定的影响。

一、性别

（一）性别特征对工作绩效和工作满意度的影响

许多组织在招聘新员工时会更倾向于把机会留给男性应聘者，但是已有研究表明，性别差异并不会对工作绩效产生显著影响。例如，在解决问题能力、分析技巧、竞争动力、社会交往能力等方面，男女并没有表现出明显的不一致，但女性易受到"工作-家庭"冲突的影响，事业往往会有一个转折期，重心向家庭偏移，而男性员工整体的绩效水平会表现得更加稳定一些。因此，当管理者考虑员工的性别构成时，有理由假定男性与女性之间在工作绩效上没有显著差异，从而给予女性员工与男性员工平等的竞争机会。同样地，也没有相关证据表明性别因素会对工作满意度造成影响。

（二）性别特征对缺勤率和离职率的影响

在实际工作中，女性员工的缺勤率可能要大于男性员工，因为传统意义上，女性会在家庭中承担一个付出较多的角色，需要兼顾家务和工作，需要女性付出更多的时间和精力。随着社会的发展，传统赋予女性的角色也在发生变化，女性在家庭和工作的投入选择上有了更多的自由；同时越来越多的男性也开始主动肩负起承担家务、照顾孩童和老人的责任，这被认为是一种对家庭负责的体现，也间接地使女性的缺勤率有所下降。在离职率的问题上，管理人员得到的证据表明，男、女员工的离职比例相似，并不存在显著的性别差异。

📖 拓展阅读

男性来自火星，女性来自金星：沟通方式的性别差异

精神治疗家和作家约翰·格雷（John Grey）在他的《男性来自火星，女性来自金星》一书中讨论了男性和女性不同的沟通方式。尽管这本书写的是两性之间的个人关系，人们也可以从中学到关于男性和女性如何叙述和处理信息的有趣知识。

格雷写道："你看，男性和女性思考和处理信息的方式完全不一样。女性会'出声地'思考，与一位感兴趣的倾听者分享她们的内省过程。即使在今天，一位女性也常常会在思考的过程中说出自己的想法。这个过程是让想法自由地流动并大声地表达自己，它会帮助她激发自己的直觉力。这个过程有时是极其正常和特别需要的。但是男性处理信息的方式截然不同。在他们说话或回答之前，他们首先默默地'沉吟再三'，或是考虑他们听到过、经历过的事情。他们在心底默默地思索，首先在心里把它组织好，想出最正确和最有用的回答方式，然后再表达出来。"

男性倾向于避免表达自己的情绪或不适的感觉，当你与一个男性进行亲密交谈，可能会得到局促、拒绝或是冷漠的回应；而女性倾向于开放她们的感觉，并主动与人分享个人信息，女性往往从深厚的人际关系中得到满足感。

二、年龄

（一）年龄特征对工作绩效的影响

人们普遍认为随着年龄的增长，个体的技能水平，尤其在速度、力量、敏捷性和协

调性方面会不断衰退，工作绩效会不断下降。但是，研究结果却不尽如此。研究者曾在一家大型计算机硬件连锁店做了实验，该连锁店的一个分店，在3年时间里，全部聘用了50岁以上的员工，并将其实验结果与其他5个聘用更年轻员工的分店进行对比。研究结果显示，全部为50岁以上员工的分店，其生产率（以除去劳动力成本之后的销售额为测量指标）明显高于其中两家对比店，而与其他3家对比店的成绩相当。另一项研究也表明，年龄与工作绩效之间并无相关性，同时揭示出，这一结论几乎对于所有类型的工作而言，均是可靠的。由此，我们可以得出结论，绝大多数工作所需的身体能力不会随着年龄的增长而急剧下降，从而对绩效造成影响。

（二）年龄特征对缺勤率和离职率的影响

关于年龄对缺勤率的影响，有研究表明二者之间存在负相关关系，但通过进一步的考察发现，年龄与缺勤率的关系在一定程度上还受到缺勤原因的影响。缺勤原因分为可以避免和不可避免两种。一般年长员工可避免缺勤率低于年轻员工，但由于年龄关系造成的健康状况不良，以及在疾病和损伤之后需要更长的身体恢复时间等不可避免的原因，容易造成相对较高的缺勤率。

关于年龄对离职率的影响，一方面，员工的年龄越大，可供选择的其他工作机会就越少；另一方面，年龄越大的员工，任职时间越长，加薪的可能性也越大，并且能够获得更长的休假时间和更具吸引力的养老福利，因而不会像年轻员工那样容易辞职。

（三）年龄特征对工作满意度的影响

在年龄与工作满意度之间的关系上，所得到的研究结论并不统一。大多数研究指出，年龄与满意度之间呈正相关，而另一些研究则发现二者呈正U形曲线关系。对于这一结论存在着若干解释，其中一项研究得到的结果最有说服力：该研究分别考察了具有专业技能和不具有专业技能的员工年龄与工作满意度的关系，发现在专业技能组中，满意度随着年龄的增长而持续增加，即二者呈现正相关性；在非专业技能组中，年龄处于中等水平时满意度出现下降情况，之后又有回升，即年龄与工作满意度呈正U型曲线关系。

三、种族

（一）种族特征对绩效评估、薪酬设置等雇佣结果的影响

在组织行为学中，对于个体差异性的描述也涉及到了种族这一特征，目前已经有一些关于种族与甄选决策、绩效评估、薪酬、工作场所歧视等雇佣结果的关系方面的研究。例如，在工作场合中，当面临绩效评估、晋升决策及增加薪酬等问题时，员工倾向于帮助与自己同种族的同事。

（二）种族特征在组织中管理的应用

当管理者在进行选拔、晋升、培训及其他人事决策时，可能会使用一些心理、能力测试，而这些测验可能会对有些种族和具有特殊信仰的群体产生不利影响。有证据表明，在言语、算术及空间能力测试中，不同民族之间得分水平存在差异，却没有确凿的证据能够证明，结构优化的测试在非少数民族群体中比在少数民族群体中更能有效预测教育、培训的效果及工作绩效。因此，在组织中，各管理者及员工应保持开放、包容的态度对待不同种族的个体，创造一个和谐友爱、尊重平等的工作环境，从而提高不同种族个体间的工作绩效水平和工作满意度。

四、教育背景

（一）教育背景对工作绩效的影响

教育背景包括个体的受教育程度、学校、所学专业、学习成绩、所受奖励等内容。一般而言，个体的受教育程度越高，其知识水平相对越高、心态越好，在工作中的学习能力越强，更容易适应新的工作环境并能够创造更高的工作绩效。同时，学校知名度越高，相对更加丰富的教育资源环境可以提高学生的综合素质和自信，这对于个体的职业发展而言是非常重要的。例如，一家总部位于北京的全球500强公司，在2011至2014年对304名基层员工进行了一项关于教育背景与员工工作绩效关系的调查研究，结果显示：不同学历员工间的工作绩效均值存在显著差异，学历层次越高，员工的绩效表现越好；不同毕业学校员工间的工作绩效也存在显著差异，毕业学校的层次越高，员工的绩效水平也越高，并且随着时间的变化，不同毕业学校员工之间的绩效差距呈现逐渐扩大的趋势。

（二）教育背景对缺勤率和离职率的影响

虽然专业匹配度并非个体能否胜任某项工作的决定因素，但个体所受的专业教育能够使其更容易接受该专业的相关信息，较快适应岗位的要求。大部分企业在招聘时会对应聘者的专业提出明确的要求，例如，学习成绩和所获奖励是个体在校期间表现的直接反映。一般而言，学习成绩不仅能反映个体的智力水平，更能反映个体的努力程度和学习态度；获得奖励的数目和质量可以反映出个体能力的强弱，也能反映出其心态是否积极。因此，人们相信在学校表现优秀的个体，在工作岗位上同样会表现得较为优秀，在主观意愿上对组织的忠诚度会更高，对工作单位的归属感也会更强，因而其缺勤率和离职率也相对较低。

（三）教育背景对工作满意度的影响

在不同的教育背景下，员工对于工作满意度的感知存在差异。研究表明，越是学历高的员工，对自我职业发展规划会更加清晰，越渴望实现更高层次的目标，越不满足于自己目前的工作状况，而学历越低的员工，其选择工作的机会和范围较少，就业率偏低，其对工作的满意度相对较高。因此，管理者应当根据不同的教育背景，对各层次的员工有所差别地设置考核评估机制，并对各个员工予以充分的关怀和平等的尊重，以提高员工对于工作的满意度，更大限度地为实现组织目标而共同努力。

📖📖 拓展阅读

在职员工提升学历层次的一般途径

面对激烈的行业竞争压力，越来越多的在职人员选择通过继续攻读硕士学位或第二学位等提升学历层次的方式增强自身竞争优势。2016年教育部重新界定了全日制和非全日制研究生，并规定从2017年起，在职人员攻读硕士专业学位全国联考取消。这意味着全、非全日制研究生实行相同的考试招生政策和培养标准，其学位证书也具有同等法律地位和相同效力，这在一定程度上，不仅推进了非全日制研究生教育的规范化发展，还扩大了在职人员提升学历层次的通路。

除了员工优化学历层次的自身意愿外，部分企业还对在职员工的进修发展给予鼓励扶持政策，例如，MZ集团每年选拔骨干员工赴国外学习培训，鼓励员工加强继续教育，支持员工攻读在职硕士、第二学位并给予经济奖励，还通过员工轮岗制度和后备干部培训制度来积极培养具有领导技能的后备人才。

五、工作经历

（一）工作经历对工作绩效的影响

工作经历是指应聘者所有的工作历史，不论任职时间的长短和报酬薪资的高低。工作经历也是组织选拔招聘人员的主要参考要素之一，因为个体的工作经历可以反映其职业目标是否清晰，在以往的职业发展中积累的工作经验和技能是否与组织要求相匹配，具有何种潜在能力，具有什么流动意向等。有工作经历的人一般可以很快进入工作状态，其工作效率相对较高；而工作经验不足的员工往往需要耗费组织大量的资源进行培养，并且在短时间内难以达到理想的效果。虽然丰富的工作经历可以为组织节约一定的培训成本，但有工作经验的人也可能会在工作中表现出保守和不善于学习的一面。

（二）工作经历对缺勤率、离职率和工作满意度的影响

一般而言，个体的工作经历越丰富，其缺勤率和离职率也会越高，而在某项具体工作上持续的时间越长，个体越不容易离开，其缺勤率和离职率也会越低。众多学者认为过去行为是对未来行为的预测，相关研究也一致表明，员工在过去工作中的任职时间是对未来工作离职率最有力的预测指标。对于工作满意度来说，个体的工作经历越丰富，意味着流动率越高，与之前的工作相比，其对目前的工作状态会较为满意；而任职时间越长，意味着流动率越低，个体对工作的满意程度较高。

第二节 能 力

PPT

"一个成功的创业者，三个因素：眼光、胸怀和能力。"

—— 马云

 开篇案例

　　三国时期，刘备三顾茅庐请诸葛亮出山，在后来的数十年里，诸葛亮的超群能力得到了充分发挥，助刘备夺下大片河山，并一手将蜀打造成能与吴、魏相抗衡的国家，形成三国鼎足之势。诸葛亮作为一代政治家、军事家，其智慧和能力是超群的。历史学家陈寿在《三国志·蜀书五》中对其评价："然亮才，于治戎为长，奇谋为短，理民之干，优于将略。而所与对敌，或值人杰，加众寡不侔，攻守异体，故虽连年动众，未能有克。"

一、能力的概念与分类

（一）能力的概念

　　能力（ability）是个体在完成一项目标或者任务的过程中体现出来的综合素质，这种素质可以通过后天的努力获得提升。

　　能力包括两方面的内涵，既包括已经在现实活动中培养形成并表现出来的实际能力，也包括在适宜情形下通过学习和训练可能达到的能力水平，即潜在能力。在组织管理中，我们应该注重提高员工实际能力，挖掘其潜在能力。

　　能力是个体顺利完成某种活动所必须具备的心理特征。但是，在活动中表现出来的心理特征并不都是能力。例如，脾气急躁或性格开朗等心理特征虽然会影响外科医生进行手术的效率，但它们对于手术来讲并不是必须的。反之，对于完成长时间手术的耐心与毅力等却是顺利进行手术所必需的，没有这些心理特征，手术就不能顺利地完成。所以，能力作为一种心理特征是顺利完成某种活动的必要条件。

（二）能力的分类

　　能力是完成某项任务所体现出来的综合素质，可分为一般能力、特殊能力和创造力。

1. 一般能力

　　一般能力是指在进行各种活动中必须具备的基本能力，分为智力和情绪智力。其中智力是人们分析和解决问题的能力，包括观察力、记忆力、想象力和思维力等，如表4-1所示。

表4-1 智力的组成

项目	含义
观察力	是指大脑对事物的观察能力，如通过观察发现新奇的事物等，在观察过程对声音、气味、温度等事物有一个新的认识。其特点包括：目的性、条理性、理解性、敏锐性
记忆力	是识记、保持、再认识和重现客观事物所反映的内容和经验的能力
想象力	想象力是人在已有形象的基础上，在头脑中创造出新形象的能力。想象一般是在掌握一定的知识面的基础上完成的
思维力	是整个智力的核心，参与、支配着一切智力活动。一个人聪明与否，有无智慧，主要就看其的思维能力强不强

智力是评价学习能力的主要指标，包括了认识、理解、解决问题的各种能力。衡量智力的指标是智力商数，简称"智商"（intelligence quality，IQ）。智力测验可以对个人智商进行估计。

情绪智力主要是关于社会认知和情绪控制方面的表现，在前文已进行详细介绍，此处不再赘述。

2. 特殊能力

特殊能力也称专门能力，它是顺利完成某种专门活动所必备的能力，如音乐能力、绘画能力、数学能力、运动能力等。每种特殊能力都有自己的独特结构，例如，音乐能力由四种基本要素构成：音乐的感知能力、音乐的记忆和想象能力、音乐的情感能力、音乐的动作能力，这些要素的不同结合，就构成不同音乐家的独特的音乐能力。

一般能力和特殊能力相互关联。一方面，一般能力在某种特殊活动领域得到特别发展时，就可能成为特殊能力的重要组成部分。例如没有一般的记忆和想象能力，就不可能发展出音乐的记忆和想象能力；另一方面，在特殊能力发展的同时，也发展了一般能力。例如一般能力中的观察力，对于画家而言，由于绘画能力的特殊发展，对事物的观察力也相应增强起来。可见，人在完成某种活动时，往往需要一般能力和特殊能力的共同参与，在这一过程中，一般能力的发展为特殊能力的发展提供了更好的内部条件，特殊能力的发展也会积极地促进一般能力的发展。

3. 创造力

创造力是指人们不按照现成的方法，产生新思想、新观念、新产品的能力，主要包括产生新思想、新观念的流畅性（fluency）、变通性（flexibility）和独特性（uniqueness）。流畅性是指提出的新思想和观念的数量多少；变通性是指数量背后的视角改变量，是关于创造力质量的指标；独特性要求更高，除了变化视角和立场，还要是他人没有或者很少提到的信仰和观念。对于一位学生提出的科学问题，流畅性体现在提出问题数目的多少，变通性表现在提出的问题涵盖了几种学科知识，能不能以独特的视角提出问题体现了独特性。

认知心理学认为，创造性氛围对创造力的发展是必不可少的，比如开放、灵活、支持原创、信任、允许标新立异等。这可以解释为什么人在放松的状态下（如旅途、床上、沐浴、散步、闲聊等）会出现新颖独特的想法，活泼、宽松的环境对创造性思维有积极的促进作用。

📖 拓展阅读

格罗培斯的难题

1971年，由世界著名园林设计大师格罗培斯（Gropius）设计的迪士尼乐园，按照计划马上就要对外开放了，然而园区的人行道该怎样设计还没有具体的方案，这让格罗培斯大伤脑筋。他决定到地中海去清醒一下，争取早日定下方案。

法国南部是著名的葡萄产区，漫山遍野都是当地农民的葡萄园。一路上他看到许多果农将葡萄摘下来提到路边吆喝，然而很少有人光顾。当车子进入一个山谷时，停着许多车子。这是一个无人看管的葡萄园，你只要在路边的箱子里投入5法郎就可以摘一篮葡萄上路。据说这座葡萄园主是一位老太太，她因年迈无力料理而想出这个办法。在这绵延百里的葡萄产区，她的葡萄总是最先卖完。她这种做法使大师格罗培斯深受启发。

回到巴黎，他给施工部发了一封电报：撒上草种提前开放。施工部按要求在乐园撒了草种，没多久，整个乐园的空地都被绿草覆盖。在迪士尼乐园提前开放的半年里，草地被踩出许多小道，这些踩出的小道有窄有宽，优雅自然。第二年，格罗培斯让人按这些踩出的痕迹铺设了人行道。1971年在伦敦国际园林建筑艺术研讨会上，迪士尼乐园的路径设计被评为世界最佳设计。

二、能力的相关理论

（一）能力结构理论

1. 二因素论

斯皮尔曼（C. E. Spearman）于1904年发表了著名论文《客观地确定和测量的"一般智力"》，提出了科学史上第一个关于智力结构的理论，即"二因素论"。

斯皮尔曼将人类智力分为两个因素：一是一般因素（general factor），又称g因素，是不同智力活动中所共有的因素，在一个人的所有相关能力方面是保持不变的，例如记忆力；二是特殊因素（specific factor），又称s因素，是在某种特殊的智力活动中所必备的因素，例如数学活动中对数字的敏感性。不同个体的g因素和s因素都不同，但两者是相互联系的，完成任何任务都需两者的结合。

由于每种任务都包含各不相同的s因素，而g因素则始终不变，因此斯皮尔曼认为g因素是智力结构的基础和关键，各种智力测验就是通过广泛取样而求出g因素的。虽然每一种能力都包含这两种因素，但是两个因素对完成每种任务的影响作用不相等。

2. 多元智力理论

加德纳（H. Gardner）在1983年出版的《智力的结构》一书中对智力进行了新的定义，即"智力是在某种社会或文化环境的价值标准下，个体用以解决自己遇到的真正的难题或生产及创造出有效产品所需要的能力"。在加德纳看来，智力与一定社会和文化环境下人们的价值标准有关，这使得不同社会和文化环境下的人们对智力的理解不尽相同，对智力表现形式的要求也有所不同；另一方面，智力既是解决实际问题的能力，又是生产及创造出社会需要的产品的能力。

根据新的智力定义，加德纳提出了关于智力及其性质和结构的新理论——多元智力理论。也就是说，加德纳所谓的"个体用以解决自己遇到的真正的难题或生产及创造出有效产品所需要的能力"其基本性质是多元的——不是一种能力而是一组能力，其基本结构也是多元的——各种能力不是以整合的形式存在而是以相对独立的形式存在。

在《智力的结构》一书中，加德纳提出，他所谓的多元智力框架中相对独立存在着7种智力，这7种智力分别是言语–语言智力、音乐–节奏智力、逻辑–数理智力、视觉–空间智力、身体–动觉智力、自知–自省智力和交往–交流智力。根据加德纳的多元智力理论，因为每个人的智力都有独特的表现方式，每一种智力又都有多种表现方式，所以我们很难找到一个适用于任何人的统一的评价标准来评价一个人的聪明与否、成功与否。

（二）能力素质理论

1. 胜任力通用模型

戴维·麦克利兰（D. C. Meclelland）将胜任力明确界定为：真正影响工作业绩的个人条件和行为特征，具体是指绩优者所具备的能力和价值观。而胜任力模型就是个体为完成某项工作、产生最佳绩效所必须具备的各种能力要素的总和。

目前通用的胜任力模型主要有冰山模型和洋葱模型。麦克利兰把人的胜任力形象地比喻为漂浮在水中的一座冰山。胜任力特征被划分为五个层次：知识（个体所拥有的特定领域的信息、发现信息的能力、能否用知识指导自己的行为）、技能（完成特定生理或心理任务的能力）、自我概念（个体的态度、价值观或自我形象）、特质（个体的生理特征和对情境或信息的一致性反应）、动机需要（个体行为的内在驱动力或社会动机），这五个方面的胜任力特征组成一个整体的胜任力结构，被称为胜任力冰山模型，如图4-1所示。

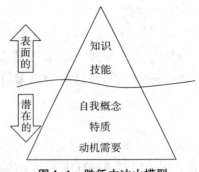

图4-1　胜任力冰山模型

其中，知识和技能是可以看得见的，相对较为表层的、外显的个人特征，漂浮在水上；自我概念、特质、动机需要则是个性中较为隐蔽、深层和中心的部分，隐藏在水下，而内隐特征是决定人们行为表现的关键因素。麦克利兰认为，水上冰山部分（知识和技能）是基准性特征，是对胜任者基础素质的要求，但它不能把表现优异者与表现平平者准确区别开来；水下冰山部分可以统称为鉴别性特征，是区分优异者和一般者的关键因素，但不同层次的个人特质之间存在相互作用的关系。

麦克利兰的同事博亚特兹（R. Boyatzis）对麦克利兰的胜任力模型进行了改造，提出了"洋葱模型"，层次清晰地展现了胜任力构成的核心要素。"洋葱模型"将胜任力要素分为三个层次：洋葱表面为知识和技能；中间为态度、价值观和自我形象；里面为个性和动机，如图4-2所示。

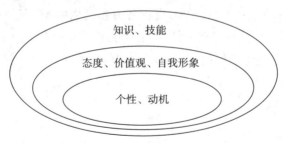

图4-2　洋葱模型

2. 领导特质理论

领导特质理论，也称领导素质理论，主要是针对领导者应具备的素质的研究，为领导者的选拔提供依据。这一理论的出发点是：领导效率的高低主要取决于领导者的特质，成功的领导者一定有某些共同的特点。根据领导效果的好坏，找出其在个人品质或特性方面有哪些差异，由此可确定优秀的领导者应具备哪些特性。

传统领导特质理论强调的是天赋方面的特征，不具备领导天赋的人就不能成为领导者。现代领导特质理论认为领导者所具备的特征与品质是可以在后天培训中形成或通过实践获得的。下面就介绍一种现代领导特质理论：鲍莫尔（W. J. Baumol）的领导特质理论。

美国普林斯顿大学教授鲍莫尔，通过以美国企业家为对象进行研究，认为一个合格的领导者应具备以下10种特质。

①合作精神：善于与人合作，对人不是强迫，而是感动和说服。

②决策能力：有高瞻远瞩的能力，依据事实而非想象来进行决策。

③组织能力：能够挖掘下属的潜在才能，善于组织人力、物力和财力。

④精于授权：能把控全局，具有号召力，能合理分配任务。

⑤善于应变：不墨守成规，灵活应对危机，见机行事。

⑥勇于负责：对上下级、消费者、组织以及整个社会抱有高度的责任心。

⑦敢于求新：对新事物、新环境、新观念有敏锐的接受力与适应力。

⑧敢担风险：敢于承担企业面临的风险，有改变现状开创新局面的勇气。

⑨尊重他人：重视和采纳别人的合理化意见，不盛气凌人，不狂妄自大。

⑩品德超人：拥有良好的品德，受企业员工和社会人士敬仰。

 拓展阅读

传统领导特质理论

传统领导特质理论认为领导性的特性或品质是天生的，天赋是一个人能否充当领导者的根本因素，几种常见的传统领导特质理论如表4-2所示。

表4-2 传统领导特质理论

提出者	领导特质理论
切斯特·巴纳德（1938）	领导者应具备的5种基本特性： 活力与耐力；当机立断；循循善诱；责任心；智力
吉普（1969）	天才的领导者应具备以下7种条件： 会言辞；外表英俊潇洒；有魅力；智力过人；有自信心；心理健康；善于控制和支配他人；性格外向；灵活敏感
爱德温·吉色列（1971）	领导特质包含3大类、13个因子： 能力，包括管理能力、智力、创造力；个性品质，包括自我督导、决策、成熟性、工作班子的亲和力、男性的刚强或女性的温柔；激励，包括职业成就需要、自我实现需要、行使权力需要、高度金钱奖励需要、工作安全需要等五个因子
斯托格迪尔（1974）	领导者应具备16种特性： 有良心；可靠；勇敢；责任心强；有胆略；力求革新与进步；直率；自律；有理想；良好的人际关系；风度优雅；胜任愉快；身体健康；智力过人；有组织能力；有判断力

三、能力的测验

(一)智力测验

1905年,法国心理学家比纳(A. Binet)和西蒙(J. Simon)两人合作,建立了世界上第一个智力量表——比纳-西蒙智力量表。普遍用于全世界且广受重视的评估是韦氏智力量表(Wechsler Intelligence Scale,WISC)。韦克斯勒认为智力不是单纯的智力潜能,还应包括非智力因素,如健康、动作、气质、焦虑程度等,由于非智力因素会影响智力的发展,故他在韦氏智力量表分为言语和非言语两大机构的基础上,设立了多个分测验,用来测量各种能力。以韦氏儿童智力测验量表第3版(WISC-Ⅲ)为例,全量表分为言语类和非言语类的13个分测验,如图4-3所示。

图4-3 韦氏儿童智力测验量表

全量表完成后得到的IQ分数对照韦克斯勒对智力的分类,如表4-3所示。

表4-3 韦克斯勒对智力的分类

IQ	类别
130以上	极其优秀
110~119	中上(聪颖)
90~109	中材
80~89	中下(迟钝)
70~79	低能边缘
70以下	智力缺陷

(二)创造力测验

南加利福尼亚大学测验又称为吉尔福特智力结构检验,是较为经典的创造力测验。吉尔福特(J. P. Guilford)等人在大规模的能力倾向研究基础上编制出了该测验,主要从流畅性、变通性和独特性方面分别记分,用百分位数和标准分数解释测验结果。

该实验具体测量以下内容。

词语流畅：迅速写出包括一个指定字母的词。

观念流畅：迅速列举属于给定种类的事物。

联想流畅：列举给定词语近义词。

表达流畅：写出每个词都以指定字母开头的句子。如指定字母为"A–S–A–P"则可以写出"as soon as possible"。

非常用途：列举出一个指定物体的各种可能的非同寻常的用途。

解释比喻：以几种不同方式完成包括比喻的句子。

效用测验：尽可能多地列举每件东西的用途。

故事命题：为短故事情节命题。

推断结果：列举一个假设事件的不同结果。

组成对象：给定一组图形，如圆形、长方形，要求运用这些基本图形组成各种有意义的图形。

略图：把一简单的图形复杂化，组成尽可能多的可辨认的物体的略图。

火柴问题：移动指定数量火柴棍，保留一定数目的正方形或三角形。

（三）特殊能力测验

特殊能力测验是鉴别个体在某一方面是否具有特殊能力的一种工具，最早出现的是机械能力测验。由于职业选拔需要，各种特殊能力测验纷纷面世，主要包括以下五种类别。

1. 感知觉和心理运动能力测验

该类测验不属于心理测验，但能提供给我们有关个体机能的重要信息。

2. 机械能力测验

常用于工业和军事测验中，测评能力范围广，例如视–动协调能力、知觉及空间关系能力、机械推理和机械知识等。

3. 文书能力测验

该测验强调知觉速度和动作的敏捷性，但在实际的文书工作中，除了需要这两种能力以外，言语和数字能力也很重要，因此，许多文书能力测验包括与智力测验类似的题目，以及测量知觉速度和准确性的题目。

4. 艺术能力测验

较为经典的有梅尔艺术鉴赏测验、格雷夫斯图案判断测验、洪恩艺术能力倾向问卷，以及西肖尔音乐才能测验和温格音乐能力标准化测验等。

5. 专业能力倾向测验

可用于选拔那些适合的人员接受专业训练，如普通医学、牙医、护理、法律、工程、神学、建筑等专科学校的学生。一般是针对各种专业人才，分析其所必需的各种能力特质，并编成测验。

拓展阅读

对推销员心理素质的评估

对某高校4个班中抽取的132名大学生和某制药厂来自全国的27名医药销售人员做初步的探索性研究。按照《一般能力倾向成套测验》（GATB）专业技术销售人员的选拔模式，重点考察三项职业能力，即一般智力、数理能力、空间判断；同时施以人格测验《加利福尼亚心理调查》（CPI）；并做绘人测验、笔迹分析以及自我测验。绘人测验主要考察作业的细致与缺失程度；笔迹分析主要考察平常速度、忽略、散乱性等140个变量；自我测验即开放性地回答"我是谁"，主要考察流畅性、自尊比率两个变量。

销售工作的高挫折性、高风险性是众所周知的。什么样的人会去选择这项工作，什么样的人不去选择这项工作呢？实验表明与普通大学生相比，医药销售人员在人格特征方面的确有所差异。两个群体除了在自我控制、灵活性两项指标上没有差异外，医药销售岗位上的人员更有支配性、更有进取能力、更有社交能力、更有社交风度、更有自我价值感、更有独立性、更通情达理、更有责任心、更成熟、更注意给别人好印象、更从众、更多适意感、更宽容、更多成就动机、智力效率更高、能更好判断人们的感受及他们对事物的看法、更有实干精神和更外向、更遵守规范和拥有更高的自我实现水平。

（四）情境化能力测验

情境化能力测验考查的是与个人经验相关的、在实际工作情境中表现出来的能力，通过设置与工作和生活密切相关的情境和任务，在模拟现实的环境下，或在现实的情景中，全面考察候选人的专业技能和反应能力等综合素质。常见的有案例分析法、文件筐测验等。

案例分析法是通过将实际案例原型再现，引导个人思考如何解决现实问题的情景测验方法。由于案例的拟真性，能够较好地反映现实工作情境的复杂性、模糊性和变动性，向提供人们思考和解答问题的多种路径和空间。典型的案例分析是先让被测者阅读一些案例，了解并研究某个组织或个人所面临的问题，然后要求他根据所提出的问题作出分析报告，评价者根据分析报告的内容和形式，对被测者的某些能力素质进行判定。

文件筐测验中，被评价者将扮演管理者的角色，面对一堆待处理的文稿，包含通知、报告、客户的来信、下级反映情况的信件、电话记录、关于人事或财务方面的信息，以及办公室的备忘录等，要求被评价者在规定时间内采取措施或作出决定，比如写出处理意见、安排会议或分配任务。评价者将根据被评价者的作答，评价其计划、组织、分析、判断决策和分配任务等相关能力。

第三节　价值观

PPT

"富强、民主、文明、和谐；自由、平等、公正、法治；爱国、敬业、诚信、友善。"

—— 社会主义核心价值观

 开篇案例

> 一位老翁对老子说道："老朽听说先生您博学多才，故特来向您请教一个问题。我今年已经106岁了，与我同龄的人都纷纷作古而去了。他们耗尽心血追求荣华富贵却不能享受，而我从出生到现在，一直都能轻松度日。现在我是不是可以嘲笑他们徒劳一生，却落到一个不能享受生活的地步呢？"听了老翁的话，老子微微一笑，问道："如果木头和石头只能择一个，您选择木头还是石头呢？""当然是木头。"老翁得意地说道。"为什么？"老子抚须笑问。"因为木头多少还能有点用处，石头我取它何用？。"老翁回答。老子又问："是石头寿命长还是木头寿命长呢？"老翁犹豫了一下说："自然是石头。"于是老子释然而笑道："石头寿命长而人们却不择它，木头寿命短而人们却择它，因为人人心中都有自身取舍而已。"

一、价值观的概述

（一）价值观的定义

关于价值观的定义，众多学者观点不一。施瓦茨（H. A. Schwartz，1992）定义价值观是个体或群体的一系列跨情境的、在重要程度上有差异的目标，是个体或群体的生活指导原则；霍夫斯泰德（G. Hofstede，1984）认为价值观是一种偏爱某种情形胜过其他情形的普遍倾向；罗克奇（M. Rokeach，1973）认为价值观是一种持久的信念，是一种具体的行为方式或存在的终极状态，具有动机功能，它不仅是评价性的，还是规范性和禁止性的，是行动和态度的指导。但得到较多人认可与赞同的是克拉克洪（C. Kluckhohn，1951）的观点，他认为价值观是一种外显的或内隐的，关于什么是"值得的"的看法，它是个人或群体的特征，影响人们对行为方式、手段和目标的选择。他对价值观的主体进行了规定，明确指出了价值观的存在形式，既可能是外显的也可能是内隐的，同时指出价值观对个体或群体具有导向作用。

综合以上观点，本书认为价值观（values）是指个人对外界客观事物（包括人、事、物）及对自身行为结果的重要性、意义、价值的总体评价，是推动并指引一个人采取决定和行动的原则、标准。

（二）价值观的特点

1. 稳定性

在特定的时间、地点、条件下，人们的价值观总是相对稳定和持久的，会一直影响和引导人们的日常行为和活动。比如对于某种人或事物的特定看法和评价，在条件不变的情况下也是保持一致的。例如我们从小就被教育要养成诚实守信、勤劳善良、节俭、乐于助人的优良品德，而铺张浪费、懒惰等行为一直被社会所抵制。这些经过长时间形成的价值观，一旦形成即具有相对稳定性和持久性，深刻地影响人们的行为。

2. 选择性

不同的时代、不同的社会生活环境中形成的价值观是不同的。一个人的价值观从出生开始就在家庭和社会的影响下逐步开始建立，但在不同的时代与社会环境中形成的价值观是不同的，所处的社会生产方式及其经济地位，对价值观的形成有决定性的作用。例如在唐朝，雍容富态、额宽、脸圆、体胖是定义美女的主导性标准。而随着时代发展，现代社会抛弃了原先"以胖为美"的价值观，"以瘦为美"的价值观占据了主流。

3. 主观性

价值观是用以区分"对"和"错"、"好"与"坏"的标准，根据每个人内心的尺度来进行衡量，但由于每个人的衡量尺度不一，因而具有一定的主观性。例如一份工作能给员工带来薪酬福利、社会地位、个人发展机会等不同的满足，但有的人将薪酬福利作为评价工作的首要因素，有的人将个人发展机会排在首位，因而不同的员工对于工作的满意程度存在差异。

（三）价值观的作用

价值观对人们自身行为的定向和调节起着非常重要的作用。价值观决定人的自我认识，直接影响和决定一个人的理想、信念、生活目标和追求方向。价值观的作用大致体现在以下三个方面。

1. 价值观具有导向作用

价值观作为一种信仰和信念，它与人的行为之间有着密切的联系，人们的行为受价值观的支配和制约。在同一条件下，具有不同价值观的人产生的行为也不相同，只有经过价值判断被认为是可取的目标，才能转换为行为的动机，并引导人们的行为。例如抗日战争时期，抗日女英雄陈康荣被日军俘获严刑逼供，但她在马克思主义价值观的指引下，顽强抗争，不向敌人屈服，最终壮烈牺牲，并说出"青春无价比，团聚何须提，为了伸正义，岂惧剥重皮"的豪迈誓言。

2. 价值观反映人们的认知与需求状况

价值观是人们对客观世界及行为结果的评价和看法，它从某个方面反映了人们的人生观和世界观。例如，每一个求职者由于受教育的程度以及自己所处的生活环境的不同，在职业取向上的目标与要求也是截然不同的：是希望工作轻松自在，或是希望高昂的工资报酬；是希望稳定安逸，或是重压忙碌。当存在选择时，内心的价值观就会起决定作用。

3. 价值观具有动力作用

价值观的动力作用体现在信念和信仰上，尤其是个人和组织有相同价值观念时，往往能推动个人或组织克服困难，实现最终目标。例如，BE医疗集团创始人的创业初心是当他看到很多农村出来的工人在工厂里因为事故而断手断脚，没有钱治疗，落下终身残疾，所以想开医院，把最好的医疗技术带到基层，帮助到这些人。正是由于程栋的价值观与其创建的BE医疗集团的价值观一致，促使企业不断发展，帮助更多需要帮助的人。

二、价值观的分类

根据核心内容、表现形式等方面的不同可以将价值观划分成为不同的类别。

（一）奥尔波特的价值观分类

美国心理学家奥尔波特（G. W. Allport）及其助手对价值观的分类是该领域中最早的尝试之一，他们根据斯普朗格尔的著作《人的类型》中对于人的6种分类，将价值观划分为6种类型。

（1）理论型　这类人以知识和真理为中心，能客观而冷静地观察事物，力图探寻事物的本质，如爱因斯坦、牛顿等科学家。

（2）审美型　以形式和谐为中心，强调对审美、对美的追求，对现实不太关注，富于想象力，如达·芬奇、梵高等艺术家。

（3）政治型　重视权力的获取和影响力，倾向于权利意识和权利享受，支配性强，其全部的生活价值和最高的人生价值就在于满足权力追求，如政治家。

（4）社会型　这类人以群体和他人为中心，强调人与人之间友好、博爱，把为群体、为他人服务看作是最有价值的，如社会公益者。

（5）经济型　以有效和实惠为中心，比较现实，注重实效追求经济利益，如商人、实业家。

（6）宗教型　以信仰、教义为中心，关心对宇宙整体的理解和体验的融合，这类人信奉宗教，把信仰视为人生最高价值，如牧师。

 拓展阅读

奥尔波特价值观分类下不同职业的价值观倾向

奥尔波特等人除了将价值观划分为6种类型之外，还经过研究发现，一个人并非绝对的只具有某一种价值观，实际上每个人有着不同的价值观体系。不同职业的人对这6种价值观的重视程度不同，形成了不同的优先次序，反映了不同的价值体系，比如牧师、采购代理商、工业工程师这三种不同的职业，他们的价值观倾向就截然不同，见表4-4。

表4-4 三种职业的人对价值观重要性的排序

排序	牧师	采购代理商	工业工程师
1	宗教	经济	理论
2	社会	理论	政治
3	审美	政治	经济
4	政治	宗教	审美
5	理论	审美	宗教
6	经济	社会	社会

（二）罗克奇的价值观分类

米尔顿·罗克奇（M. Rokeach, 1973）对于价值观的分类最为经典。他编制的价值观调查表是目前国际上广泛使用的价值观问卷，即罗克奇价值观调查表（Rokeach Value Survey, RVS）。罗克奇认为，各种价值观是按照一定的逻辑意义联结在一起的，它们按一定的结构层次或价值系统而存在，价值系统是沿着价值观的重要性程度的连续排列形成的层次序列。罗克奇认为存在两类价值系统：终极价值观和工具型价值观。终极价值观指的是个人价值和社会价值，用以表示存在的理想化终极状态和结果；工具型价值观指的是道德或能力，是达到理想化终极状态所采用的行为方式或手段。

罗克奇在价值观调查表设计时，每种类型的价值系统都包含有18项具体的内容（表4-5），终极价值观的18项内容是一种理想化的价值观组合，多数人终其一生难以实现和达到这些目标。

表4-5 罗克奇价值观调查表

终极价值观	工具型价值观
舒适的生活（富足的生活）	雄心勃勃（辛勤工作奋发向上）
振奋的生活（刺激的、积极的生活）	心胸开阔（开放）
成就感（持久的贡献）	能干（有能力、有效率）
和平的世界（远离战争与冲突）	欢乐（轻松愉快）

续表

终极价值观	工具型价值观
美丽的世界（自然与艺术之美）	清洁（卫生、整洁）
平等（手足情谊、机会面前人人平等）	勇敢（坚持自己的信仰）
家庭和睦（互助互爱）	宽容（谅解他人）
自由（独立、自由抉择）	助人为乐（为他人的福利工作）
幸福（满足）	正直（真挚、诚实）
内部和谐（无内部矛盾）	富于想象（大胆、有创造性）
成熟的爱（性和精神上的亲密）	独立（自力更生、自给自足）
国家安全（免遭攻击）	智慧（有知识的、善于思考的）
快乐（快乐的、闲暇的生活）	符合逻辑（理性的）
救世（救世的、永恒的生活）	博爱（温情的、温柔的）
自尊（自重）	顺从（有责任感的、尊重的）
社会承认（尊重、赞赏）	礼貌（有礼的、性情好的）
真挚的友谊（亲密关系）	负责（可靠的）
睿智（对生活的成熟理解）	自我控制（自律的、约束的）

　　RVS对于测试员工的个性、喜好、价值观具有一定的参考价值，根据问卷的调查，可以判断答卷人的基本价值观。通过RVS调查发现不同职业的人群在价值观上存在很大的差异。如一项研究对公司经营者、钢铁业工会成员和社区工作者进行罗克奇价值观调查表的测试，结果表明三组人的价值观虽然存在部分的重叠，但差异显著。社区工作者的价值偏好与其他两类人存在很大的差异，认为平等是最重要的终极价值观，而公司经营者和工会成员却分别将平等排在末尾；社区工作者将"助人为乐"排在工具型价值观类型的前列，其他两类人都将它排在倒数。这些差异是至关重要的，因为经营者、工会成员和社区工作者价值观的差异反映了他们所处的群体的既定利益存在差异。

📖 拓展阅读

陶勇医生和他的故事

　　陶勇医生身上的头衔有很多：著名眼科专家、主任医师、大学教授、博士生导师……为了研究眼睛，提升技术水平，他经常在周末的大清早，长途跋涉，跑到郊外的屠宰场买猪眼来研究。陶勇对物质和名利看得比较淡，他的一位患者视网膜脱落加白内障，情况危急，患者一时又拿不出那么多的手术费。陶勇二话没说就拿出2万元，给患者垫付了手术费，让患者及时做了手术。陶勇去故乡江西义诊时，遇到了一位最特殊的病人，她是一位孤寡老人，丈夫和儿子都早早去世，自己也患病。她唯一的愿望，就是治好自己的白内障。王阿婆的情况复杂，且义诊条件简陋，陶勇医生完全有理由拒绝手术，可当王阿婆用方言说了一句："我想临终前，亲手给自己做一件寿衣"时，陶勇一下子就被击中了。原本犹豫不决的陶勇，下定决心放下冰冷的职业规则，他决定要克服所有困难，为王阿婆完成手术。手术很成功，王阿婆视力恢复到0.6度，也完成了临终遗愿。她还托人转告陶医生说："谢谢你，帮我找到回家的路。"

根据奥尔波特的价值观分类，陶勇医生属于哪一种类型呢？

（三）格雷夫斯的价值观分类

行为学家格雷夫斯（F. W. Graves）为了把错综复杂的价值观进行归类，曾对企业组织中各类人员做了大量调查，分析了其价值观和生活作风，把他们的价值观按其表现形式分成以下7种类型。

（1）反应型。这种类型的人并不意识自己和周围的人是作为人类而存在的。他们照着自己基本的生理需要做出反应，而不顾其他任何条件。这种人非常少见，实际上等于婴儿或神经受损的人。

（2）部落型。这种类型的人依赖性强，服从于传统习惯和权势，循规蹈矩、按部就班，喜欢友好而专制的监督。

（3）自我中心型。这种类型的人个性粗犷、精力充沛，为了取得自己所希望的报酬，能够做出一些牺牲。信仰冷酷的个人主义，自私和爱挑衅，主要服从于权力，自私而富有攻击性。

（4）坚持己见型。这种类型的人不能容忍模棱两可的意见，很难接受不同的价值观，却强烈希望别人接受他们的价值观。

（5）玩弄权术型。这种类型的人通过摆弄和操纵他人或事物以达到个人目的，非常现实、世故、有目标，乐于追随和奉承些有前途和对自己重要的上级，愿意积极争取地位和社会影响。

（6）社交中心型。这种类型的人重视集体的和谐，喜欢友好、平等的人际关系，把被人喜爱和与人和善相处看得重于自己的发展，常常受到现实主义、权力主义和坚持己见者的排斥。

（7）存在主义型。这种类型的人极其重视挑战性的工作和学习成长的机会，喜欢自由灵活地完成有创造性的任务，能高度容忍模糊不清的意见和不同的观点，对制度和方针的僵化、空挂的职位、权力的强制使用能直言不讳。

在一般企业之中，员工的价值观集中分布于部落型和社交中心型之间；对于管理人员，过去其价值观类型大多属于坚持己见型和玩弄权术型，现在逐渐被社交中心型和存在主义型取代。

三、工作价值观

（一）工作价值观

工作价值观（work value）衍生自价值观，是个人价值观结构中的重要组成部分。工作价值观是人们衡量某种职业的优劣和重要性的内心尺度，是个人对待职业的一种信念，支配着个人的择业心态、职业认知以及自我定位。从广义上看，工作价值观包括了从职业伦理到工作取向的一系列概念。工作价值观可分为目的价值和工具价值两大类，前者可细分为自我成长取向、自我实现取向、尊严取向3个层面，后者可细分为社会互动取向、组织安全与经济安定取向、安定与远离焦虑取向、休闲健康与交通取向4个层面。

（二）当代中国的工作价值观

对中国当今劳动力中占主导地位的价值观进行了解，有助于改善组织管理活动。表4-6列出了中国不同时期劳动力的一些主要价值观。

表4-6 中国当今劳动力中占主导地位的价值观

阶段	进入劳动力领域的时间	目前所处年龄时间	主导价值观
崇拜主义	新中国成立初期	65~80岁	追求工作的稳定，工作踏实，只有少数20世纪60年代出生的人敢于追求
文化革命	20世纪70年代	50~65岁	一半人依旧追求稳定的工作，一半人敢于冒险，比较上进，敢于创新
文化精英主义	20世纪80年代	35~50岁	忠诚、勇敢、传统，但向往自由，追求财富，上进，敢于创新
物质主义	20世纪90年代	小于35岁	对组织忠诚度减弱，喜欢思考和有竞争力的环境，取得了一定的成就，有较强的独立性
享乐主义	21世纪	小于30岁	有个性，不愿被束缚，责任心较差，不墨守成规，创新度较高

企业和组织了解不同年龄阶段员工的工作价值观有助于管理与培养。从不同阶段的劳动力主体持有的工作价值观可知，目前劳动力市场的新生力量基本处于"物质主义"和"享乐主义"阶段，对组织忠诚度减弱，重视提高个人能力和实现个人成就，有较强的创新意愿和能力。企业在招聘时，要根据价值观进行选择。

📖 **拓展阅读**

医务人员工作价值观

梁时荣（2001）等在对新时期医务人员价值观的探讨中提到：医务人员的价值导向和道德观念的变化趋势，表现在以积极因素为主导并伴随消极因素面。积极因素表现在以下几个方面。

1. 效益观念浓厚

医务人员把经济效益作为衡量自己工作得失的标准，他们清醒地认识到，经济效益取决于除技术水平外的社会效益。因此，在日常工作中他们能够加强品质修养，主动处理好医患关系。

2. 渴望表现

大部分医护人员追求上进，强调自我能动性，注重在工作中实现自我价值。

3. 注重提高自身素质

对本学科的发展表现出强烈的求知欲，留心与专业有关的书籍，善于从临床时间中，从同事身上总结经验教训，主动寻找学习、进修的机会充实自己。

对医务工作人员价值观的引导要注意以下几个方面。

1. 进行人道主义、为人民健康服务的宗旨教育

无论是社会主义计划经济还是市场经济条件下，这一宗旨都必须是医务人员始终遵守和继承的优良传统。

2. 进行爱岗敬业的教育

从不同方面，激励医务人员热爱本职工作，钻研业务，使他们全身心地投入到医疗卫生事业中去。

3. 医务社会工作价值观念的培育

激励医务人员转变升级为关爱帮助病人的"社会医生"，体现对弱势群体的人文关怀。这是现代社会对医护人员的新要求，也是医学专业精神的客观要求。

第四节　人　　格

PPT

"富贵不能淫，贫贱不能移，威武不能屈，此之谓大丈夫。"

—— 孟子

 开篇案例

秦末有个叫季布的人，一向说话算数，信誉非常高，只要是他答应过的事，无论有多么困难，他一定要想方设法办到。为此，许多人都同他建立友谊，当时流传着一句谚语："得黄金百斤，不如得季布一诺。"

一、人格概述

为什么有些人安静和被动，而另一些人却声音洪亮甚至咄咄逼人？是否存在一些适合于某些特定岗位的特定人格类型？在回答这些问题之前，我们首先需要明确一个基本概念，什么是人格？

（一）人格的定义

人格，指的并不是一个人的个人魅力或总是面带微笑，人格描述的是一个人的整体心理特征。本书采用戈登·奥尔波特（G. Allport）对人格的定义：人格（personality）是个体诸多心理特征中的动态组织形式，决定了个体应对环境时呈现的独特反应形式。例如我们评价一个人踏实刻苦、勤奋好学等，这些特征都是他的人格。

（二）人格的影响因素

一般认为影响人格形成的因素主要有两类：一是先天遗传因素，包括遗传、先天素质和成熟度等；二是后天环境因素，如家庭、学校和社会等。此外，还有一些心理学家提出了影响人格的第三个因素：情境因素。

1. 遗传因素

遗传因素是指个体由基因决定的与生俱来的生理特点，例如身材、相貌、性别等。这些因素很大程度上受遗传的影响，遗传因素为人格的形成提供了物质基础，同时还对人格的发展产生制约作用。研究表明，同卵双胞胎出生时即使被分开，在完全不同的环境下被抚养成人，他们仍然有一些共同的人格特质和职业偏好。还有研究发现，50%的人格差异与30%的职业选择和业余爱好方面的差异是由遗传因素造成的。

2. 环境因素

环境因素是指个体成长过程中的外部因素，包括当时的社会、文化、政治、经济背景、家庭和学校教育的影响等。不同的社会组织方式对个体角色的规范有所不同，在长期的社会实践中，个体的人格特征也逐渐被规范；家庭对人格有着强大的塑造力，父母的人格、教育方式和教育态度会直接影响孩子人格特征的形成；学校教育能够排除和控制环境中不良因素的影响，在学生人格的形成和发展中起主导作用。有些环境因素的影响会随年龄的增长而衰退或消失，而有些则会留下持久甚至终身的烙印。

3. 情境因素

人格特征在特定情况和环境中会表现出一定的特殊性。一般而言，个体的人格是稳定且持久的，但在不同的情境下可能会发生改变，从而表现出不同的侧面。例如，一个平时柔弱温顺的女孩子，在遇到危险时可能表现出非同寻常的勇敢和坚强；突然遭遇亲人亡故、下岗失业等重大不幸事件也会对人格的形成有较大的冲击。为探究情境对人格的影响，1961年耶鲁大学教授斯坦利·米尔格兰姆（S. Milgram）进行了著名的"电椅实验"，发现尽管被试者看到假装被电击的人痛苦的样子，还是有近乎三分之二的被试者会将电压强度增加到危险值及以上。实验结果表明，在某种情境下，即使非常善良的人也会做出一些失去理智的事情。考虑到情境因素的影响，我们对人格的认识不能孤立，而要结合当时的情境，客观、全面地看待。

由此可见，遗传因素为个体人格的形成与发展构建了前提条件，社会环境决定了人格的发展方向和发展水平，而情境因素会对人格的形成和发展起制约和影响作用。但是，在人格的形成过程中，个体也不是消极、被动地接受先天遗传和后天环境的影响，而是在与外界环境相互的过程中充分发挥自身的主观能动性，最终形成人格。因此，在大体相同环境中生活和成长的人，由于实践活动的不同以及主观努力的倾向不同，也会形成不同的人格。

二、主要人格特质

接下来我们考察一些具体的人格特质：控制点、自尊、马基雅维利主义、自我监控、A型人格，它们都是预测人们组织行为的有力工具。

（一）控制点

控制点（locus-of-control）也叫控制源，最初由美国社会学习理论家朱利安·罗特（J. B. Rotter）提出，指个体意识到的控制其行为结果的力量源泉。如果这种力量源泉来自个体外部，则称为外部控制点（外控），如果来自个体内部，则称为内部控制点（内控）。外控特征的个体认为自己的行为结果受机会、运气、命运等外部力量控制，自己无能为力，缺乏自我信念；而内控特征的个体有强烈的自我信念，并认为自己所从事的活动及其结果是由自身的内部因素决定的，相信自己的能力和所做的努力能控制事态的发展。

事实上，极端的外控者和内控者只是少数，大多数人介于两者之间。在组织中，面对工作时出现的困难，内控者选择相信自己的能力，积极寻求解决措施，加大工作投入；外控者则选择碰运气，消极对待。学者们通过调查研究，得到内控型员工的工作绩效显著高于外控型员工的结果。

📖 **拓展阅读**

你的控制点是什么？

下面是一个简式量表，能让你了解自己的控制点，每个问题，请选择a或b。

（1）a 成功是一项艰苦的工作，运气与个人成功没有关系。

b 得到一份好工作主要取决于在正确的时间出现在正确的地方。

（2）a 普通市民会对政府的决策产生影响。

b 世界是由少数当权的人控制的，小人物对此没多大作用。

（3）a 就世界问题而言，我们大多数人都是无法理解和控制的力量的受害者。

b 通过积极地参与政治和社会事务，人们能控制世界性事件。

（4）a 只要足够努力，我们就能清除政治腐败。

b 人们很难对政治家在办公室做出的行为进行控制。

答案：具有外部控制点的答案是：1a，2a，3b，4a；具有内部控制点的答案是：1b，2b，3a，4b。

（二）自尊

自尊（self-esteem），即自我尊重，亦称"自尊感"，是人格的自我调节结构中重要的心理特质，指个体对自身的社会角色进行自我评价的结果。自尊首先表现为自我尊重和自我爱护，此外，还包含要求他人、集体和社会对自己尊重的期望。且自尊有强弱之分，过强则成虚荣心，过弱则变成自卑。

自尊与心理健康的关系极为密切，过强或过弱的自尊都不利于个体健康。如果个体有过于强的自尊，则很可能形成自恋或自我为中心的行为态度；过弱则有可能产生自轻自减或自暴自弃等想法。而不管是什么情况，显然都会阻碍个体的工作乃至生活。低自尊往往与许多重要的消极可能性如抑郁、焦虑、自杀意念等问题行为等紧密联系在一起，高自尊则经常与积极的心理健康相联系。

📖 拓展阅读

测测你的自尊程度

请仔细阅读表4-7中的问题，选择最符合您情况的选项。请注意，这里要回答的是您实际上认为您自己怎样，而不是回答您认为您应该怎样。

表4-7 测试表

问题	非常符合	符合	不符合	很不符合
1. 我是一个有价值的人，至少与其他人在同一水平	4	3	2	1
2. 我有许多好的品质。	4	3	2	1
3. 我倾向于觉得自己是一个失败者。	1	2	3	4
4. 我能像大多数人一样把事情做好。	4	3	2	1
5. 我感到自己值得自豪的地方不多。	1	2	3	4
6. 我对自己持肯定态度。	4	3	2	1
7. 总的来说，我对自己是满意的。	4	3	2	1
8. 我希望我能为自己赢得更多尊重。	1	2	3	4
9. 我时常感到自己毫无用处。	1	2	3	4
10. 我时常认为自己一无是处。	1	2	3	4

其中：1、2、4、6、7题（正向记分题）；3、5、8、9、10题（反向记分题）。本测验您的得分为： 分。

根据分值，说明您的自尊程度。【较高（66~100）、中等（34~66）、较低（1~33）】。

（三）马基雅维利主义

马基雅维利主义（machiavellianism）是指个体利用他人达成个人目标的一种行为倾向。马基雅维利是意大利政治家，以主张为达目的可以不择手段而著称于世，马基雅维利主义也因之成为权术和谋略的代名词。

它分为高马基雅维利主义和低马基雅维利主义。高马基雅维利主义的个体重视实效，保持着情感的距离，相信结果能替手段辩护，即为达目的不择手段；低马基雅维利主义则表现为易受他人意见影响，阐述事实时缺乏说服力。高马基雅维利主义者想要把控别人的想法或行为，相比被别人说服，他们更多的是说服别人，但这些结果也受到情境因素的调节。

📖 拓展阅读

你是不是高马基雅维利主义者?

你是否经常有以下行为？如果是，那你多半是高马基雅维利主义者。

（1）通过操纵他人来得到我想要的东西。

（2）通过欺骗或谎言来达到目的。

（3）利用阿谀奉承达到目的。

（4）利用他人来达到我的目的。

（四）自我监控

自我监控（self-monitoring）是指一个人为了适应外界的情境因素而调整自己行为的能力。根据这种能力的强弱可以把个体分为高度自我监控者与低度自我监控者。高度自我监控者对外界的信号非常敏感，面临外界情境因素时非常善于调整自己的行为，在不同的情境中可能表现出不同的行为方式，甚至有时候能在公共场合和私人生活中分别展示出截然相反的面孔；低度自我监控者则不善于自我伪装，往往在情境中展示出真实的性情和态度，因此，他们的内心和行为有着高度的一致性。

有证据指出，高度自我监控者应变能力强，在组织中更能得到好的绩效评估结果，也更有可能成为领导者，但是这类人不太轻易对组织做出承诺。此外，由于这种特质，他们在职场中更容易得到晋升，也更容易在组织中获得中心地位，所以他们的职业生涯流动性往往更强。

📖 拓展阅读

你能管好你自己吗?

如果以下情形基本符合你的情况，那你至少是一个中度自我监控的人。

（1）我善于模仿别人的动作和语气。

（2）在聚会的时候，我会去做一些让别人喜欢的事。

（3）有时候我相信我的观点正确，但也不会参加大家的辩论。

（4）对于我不太了解的话题，我也能即席发表观点。

（5）有时候我会特意表现，让别人对我有印象。

（6）我觉得我能做好一个演员。

（7）我善于给别人留下好的印象。

（8）在不同的场合，我的着装风格可以完全不同。

（9）在不同的情景当中，我可以表现得完全是不同的人。

（10）面对我不喜欢的人，我也可以表现得很友善。

（五）A 型人格

美国学者米尔顿·弗里德曼（M. Friedman）等人提出把人的性格分为两类：A 型和 B 型。A 型人格者富有进取心、侵略性、自信心或成就感，时刻保持紧张；B 型人格者则表现出松散、与世无争的态度，对任何事都很淡然。

研究表明，A 型人格者的特质在组织环境中更具适应性。因为这类人总愿意从事高强度的竞争活动，不断驱动自己提高工作效率，并对阻碍自己成功的人或事物进行攻击。市场中，组织时刻处于激烈竞争的环境，要求组织所有员工时刻保持警惕，这显然是 A 型人格者喜爱的氛围。同高自我监控者的特点有相似之处，A 型人格者在职场中通常也与成功者、组织的领导核心等密切关联。

📖拓展阅读

你是 A 型还是 B 型人格?

通常走路、饮食速度都很快
以做多少事、获得多少成果来衡量成就
忙起来可以不顾及闲暇时间

不会感到紧迫性或不耐烦
充分放松而不感到愧疚
再忙也要保证娱乐休闲时间

三、人格的理论

在整个学术界中，学者们都在不断求索如何才能理解人们错综复杂的行为，最终发现我们的很多行为追根溯源都受到人格的控制。学者们各执一词，提出过很多关于人格的理论框架。我们选择了三种在学术界具有权威地位的人格理论,可以帮助我们从多维度深入了解人格。

(一)卡特尔的人格特质理论

人格特质理论认为,特质(trait)是决定个体行为的基本特性,是人格的有效组成元素,也是测评人格所常用的基本单位。卡特尔(R. B. Cattell)是人格特质理论的主要代表人物,对人格理论的发展作出了很大的贡献。他用因素分析法对人格特质进行分析,提出了基于人格特质的一个理论模型。该模型把人格特质分成四层:个别特质和共同特质;表面特质和根源特质;体质特质和环境特质;动力特质、能力特质和气质特质。但层级之间并不是完全割裂开的,每个特质之间都是相互关联、层层递进,如个体的表面特质与根源特质都受到共同特质、个别特质的影响,同时表面特质又影响着根源特质,而根源特质又对体质特质、环境特质发挥着作用,最终联结成个体的整体人格,如图4-4所示。

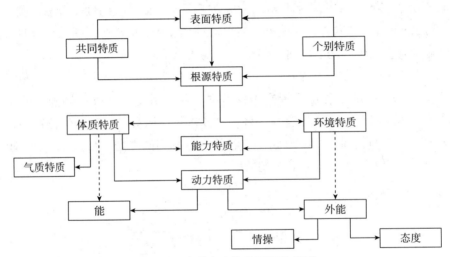

图4-4　卡特尔人格特质理论模型

1. 共同特质和个别特质

共同特质是指在某一社会文化形态下,多数人或一个群体所共有的、相同的特质,可以在研究人格的文化差异时,通过比较不同文化影响下的人格特质得到;而个别特质是一个人相对稳定的思想和情绪方式,是其内部的和外部的可以测量的特质。

2. 表面特质和根源特质

表面特质是指外部行为能直接观察到的特质,表面特质不会随时间的改变而改变。根源特质是指内在的决定表面特质的最基本的人格特质,也是作为人格结构的基本因素的特质。表面特质和根源特质既可能是个别的特质,也可能是共同的特质。它们是人格层次中最重要的一层。

3. 体质特质和环境特质

根源特质中可以再分为体质特质和环境特质两类。体质特质是由先天的生物因素决定；而环境特质则由后天的环境决定。

4. 动力特质、能力特质和气质特质

动力特质是指具有动力特征的特质，它使人趋向某一目标，如新员工为了升职加薪在工作上会格外认真；能力特质是表现在知觉和运动方面的差异特质；气质特质是决定一个人情绪反应速度与强度的特质。

（二）大五人格理论

学者们一直没有停止过对人格理论的研究，也在人格描述模式上形成了相对一致的共识，即大五人格理论。大五人格理论（OCEAN）提出，大约有五种特质可以涵盖人格描述的所有方面，分别是开放性、责任心、外倾性、宜人性、神经质性（或情绪稳定性）。

1. 开放性

开放性（openness）是指想象、审美、情感丰富、求异、创造等特质。开放性维度强调人们对待新颖事物的兴趣和关注程度，极度开放的人更具创造力和好奇心，开放性不高的人则表现得相对传统。

2. 责任心

责任心（conscientiousness）是指公正、尽职、自律、谨慎、克制等特点。责任心维度能够测量某人是否具有可靠性，具有高度责任心的人工作负责有条理并且有毅力，往往是可信赖的，低责任心的人恰恰相反。

3. 外倾性

外倾性（extraversion）是指热情、社交、果断、活跃、冒险、乐观等特质。外倾性通常用来测量个体处理人际关系的能力，外倾性人格表现为活泼、合群，善于人际交往，内倾型人格显得相对安静、谨慎和胆小。

4. 宜人性

宜人性（agreeableness）是指信任、利他、直率、谦虚、移情等特质。宜人性维度可以衡量个体是否习惯服从他人的指令，高宜人性的人易于合作，令人感到温暖并值得信任，低宜人性的人比较冷淡、难以相处。

5. 神经质性

神经质性（neuroticism）是指难以平衡焦虑、压抑、冲动、脆弱等情绪的特质，即不具有保持情绪稳定的能力，形容一个人的抗压能力强弱。情绪稳定的人遇事冷静、自信并充满安全感；情绪不稳定的人遇焦虑不安、不知所措。

大五人格理论在组织管理层面显示出广泛的应用价值。如组织的人事选拔与岗位匹配，该理论给组织选拔合适的人才提供了重要依据，也很大程度提高了组织的人岗匹配度。

（三）霍兰德人格–工作适应性理论

人格–工作适应性理论（personality–job fit theory）是美国心理学家约翰·霍兰德（John Holland）提出的一种职业人格理论。该理论指出，员工对工作的满意度和流动倾

向性取决于个体的人格特点与职业环境的匹配程度。

根据职业兴趣，霍兰德把人格类型分为六种：现实型（R）、研究型（I）、艺术型（A）、社会型（S）、企业型（E）和常规型（C）。表4-8描述了这六种人格类型和它们分别代表的人格特征，并给出了一些相匹配的岗位。

霍兰德认为，每一种人格类型都有与其相适应的工作环境和职业。当人格与职业相匹配时，则会产生最高的满意度和最低的离职率。他还开发了职业偏好量表，其中包括160种职业名称，只要使用者回答一些问题，将答案汇总起来就能形成自己的人格轮廓。

表4-8　霍兰德人格类型与职业范例

类型	人格特征	活动倾向	职业范例
现实型（R）	真诚、持久、稳定、顺从、害羞、实际	偏好能发挥技能、力量的体力活动	农民、一线工人
研究型（I）	分析、创造、好奇、独立	偏好能思考、组织和理解的活动	各个学科领域学者
艺术型（A）	富有想象力、理想化、情绪化、不切实际	偏好能表达创造性、模糊且无规则的活动	画家、音乐家、作家
社会型（S）	好交际、合作、理解	偏好能够帮助和提高别人的活动	社会工作者、教师
企业型（E）	自信、进取、精力充沛、盛气凌人	偏好能影响他人和获得权力的言语活动	律师、法官、企业家
常规型（C）	顺从、高效、缺乏想象力与灵活性	偏好规范、有序且清楚明确的活动	会计、出纳、档案管理员

量表的研究结果强力支持了图4-5中的六边形模型。在六边形中，两个领域或取向越接近，职业人格类型就越趋于一致，例如现实型（R）、研究型（I）的人都喜欢独立完成工作，而社会型（S）、管理型（E）的人更喜欢通过与他人合作的方式完成工作。对角线上相对的类型则反差很大，例如社会型（S）的人喜欢群体社交活动，但是不喜欢与机器打交道，而现实型（R）的人与之相反，更喜欢独自活动，并且喜欢与机器和工具打交道。各职业个性之间的距离大小，能够反映出二者间相似或相异的程度，例如现实型（R）与研究型（I）相邻，因而它们拥有更多的相似性，虽然两者也有差异，但这种差异远远不如现实型（R）和社会型（S）之间的差异大。

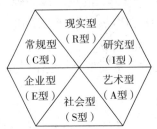

图4-5　职业人格类型之间的关系

★ 本 章 小 结

　　传记特征通常指可以直接从员工的人事档案中直接获得的信息，比如性别、年龄、种族、教育背景、工作经历等，个体的传记特征能够对组织行为结果造成一定的影响。

　　能力是个体在完成一项目标或者任务的过程中体现出来的综合素质，这种素质可以通过后天的努力获得提升，可分为一般能力、特殊能力和创造力。与能力相关的理论包括能力结构理论和能力素质理论。能力发展在随年龄变化、发展速度、结构成分、个体等方面都存在差异。

　　价值观是指个人对外界客观事物（包括人、事、物）及对自身行为结果的重要性、意义、价值的总体评价，是推动并指引一个人采取决定和行动的原则、标准。价值观具有稳定性、选择性和主观性。工作价值观是人们衡量某种职业的优劣和重要性的内心尺度，是个人对待职业的一种信念，支配着个人的择业心态、职业认知以及自我定位。

　　人格是个体在实践活动中对他人的反应和与他人互动时经常表现出来的稳定的、独特的各种各样的心理特征的总和。人格受遗传、环境和情境等多种因素的影响。卡特尔的人格特质理论把人格特质分成四层：个别特质和共同特质；表面特质和根源特质；体质特质和环境特质；动力特质、能力特质和气质特质。大五人格理论提出，有五种特质可以涵盖人格描述的所有方面，分别是开放性、责任心、外倾性、宜人性、神经质性。人格-工作适应性理论指出，员工对工作的满意度和流动倾向性取决于个体的人格特点与职业环境的匹配程度。

题库

» 复习和讨论题

　　1. 你认为性别、年龄、教育背景等传记特征的差异对组织管理存在影响吗？

　　2. 参考胜任力冰山模型或洋葱模型，根据自己对目标职业已有的了解，制作一份有针对性的能力素质表格。

　　3. 根据鲍莫尔的领导特质理论，优秀的领导需具备哪些特质？你认为最重要的特质是什么？

　　4. 举例说明情境化能力测验如何运用在组织管理中。

　　5. 下列名人语句体现了怎样的价值观？

　　（1）人生在世，不出一番好议论，不留一番好事业，终日饱食暖衣，不所用心，何自别于禽兽？——苏辙

　　（2）一个人的生命是可宝贵的，但是一代的真理更可宝贵，生命牺牲了而真理昭然于天下，这死是值得的。——鲁迅

　　（3）人们所努力追求的庸俗的目标——财产、虚荣、奢侈的生活——我总觉得都是

可鄙的。——爱因斯坦

6. 依据霍兰德人格–工作适应性理论，判断自己适合什么样的职业。

7. 组织管理中的哪些方面也体现了对"人格"的运用？试举例说明。

课堂游戏：价值感"大拍卖"

1. 游戏步骤

（1）活动前教师先制作"价值观项目表"，并将这些项目另外书写于黑板上。

（2）教师发给每位学生一张"价值观项目表"及一张A4纸。

A. 学生将A4纸做成总金额为一万元的纸钞，面额为5000元、2000元、1000元及500元（也可是其他面值，只是单位越小，所花时间越多），张数不限，但总金额须为一万元。

B. 请学生预想：若一万元代表人一生的所有时间及精力，他会花多少钱来买"价值观项目表"的项目？

（3）教师身份转换成银行，担任拍卖工作（拍卖工作也可让学生轮流担任）。

A. 教师说明拍卖规则；

B. 进行拍卖。

2. 思考与讨论　拍卖完毕可让学生分组讨论，或在班级中分享此次游戏的心得。

第五章 激 励

学习目标

解释：需要、动机、行为的概念。

阐述：需要、动机、行为的关系；激励的定义与过程。

描述：内容型激励理论、过程型激励理论、综合激励理论的代表理论及其应用。

德育目标：人能够能动地改造世界；坚持理论联系实际，正确使用方法论。

D制药建立福利和绩效激励机制

D制药加入辽宁F集团后，建立起"创造分享、干到给到"的全新激励机制。

在F集团的建议下，为提高员工的工作满意度，D制药全面落实一系列员工福利。全员定岗工资上涨50%，匹配惠及员工配偶、子女和父母的医疗资助福利，为7000多名员工配发新手机并每月补贴话费等共计9项福利政策，涉及员工工作与家庭的方方面面，无微不至。近万名员工表示感受到企业站在员工的角度上考虑的良苦用心，愿意降本增效凝心聚力助企业加速发展。据了解，国企混改以来，该公司累计奖励提奖9000多万元，涉及采购绩效、生产绩效、销售绩效、科研成果、小改小革创新、降本增效等各个方面，助力D制药向创新型企业转型。

D制药还在公司内部设置了绩效管理体制，以具体绩效指标衡量员工工作完成度，形成的"赛马"机制。该机制分阶段、分层次、分专业按创造效益实行按绩提成，最高可按30%~50%的比例对员工进行奖励。在"赛马"机制促进下，员工的自我实现需要被激发，工作积极性增强，为提升企业质量、促进企业转型提供良好的内部环境。

第一节 激励概述

PPT

"道者，令民与上同意也，故可以与之死，可以与之生，而不畏危。"

——《孙子兵法·计篇》

开篇案例

1996年前QS医疗优秀员工大量流失，新管理者上任后，大力改革员工激励制度，为员工提供丰厚的福利待遇，对员工病假处理极其人性化。管理者准确把握员工心理特点，不仅有物质奖励，还用美好愿景来激励员工斗志。7年之后，QS医疗在《哈佛商业评论》主办的"2003年度中国最佳雇主"评选中跻身前十。

一、需要、动机与行为

（一）基本概念

1. 需要

需要（need）是客观的刺激作用于人的大脑时引起的个体缺乏某种东西的状态。例如，当一个人感到身体不适的时候，就产生了对就医的需要。人的需要既可以是生理或物质上的（如对食物、水分、空气等的需要），也可以是心理或精神上的（如追求社会地位、事业成就以及荣誉感等）。

在各种刺激的作用下，人们会产生种种不同的需要。通常情况下，可以将刺激划分成两种：一种刺激是源于人们内部，这种刺激反映在内在感受中，例如情感、疲倦以及疼痛等；另一种刺激则是源于外部环境，可以被外部感官感受到，如看到、听到、闻到的。总的来说，人们的需要可能因为内部刺激也可能是外部刺激，亦或是两者的共同作用。

2. 动机

动机（motive）是引起并维持个体行为满足需要的外在反应。它是在需要刺激下推动人们进行活动的内部驱动力。动机是由需要产生的，如果个体的某种需要没有得到满足的话，他就会产生满足这种需要的动机。动机是组织行为学中的一个重要概念，因为它对员工的工作行为提供了解释。对于同样的工作，为什么有的人干劲十足，而有的人却士气消沉？同一个人，为什么在一个岗位上消极怠工却在另外一个岗位上朝气蓬勃，这些都与动机有密切的关系。概括地讲，工作动机可以被定义为一种心理内趋力，这种内趋力决定了个体在组织中的行为方向、努力的水平以及面临困难时坚持的程度。

3. 行为

行为（behavior）是人们有意识的活动，它不仅是人的有机体对外界刺激做出的反应，也是人通过一连串动作实现其预定目标的过程。行为产生的原因一直是心理学家争论的焦点。有人认为根据动机的特点和性质，可以看出动机是行为产生的直接原因，即人们的行为都有某种动机和目的，因此人的行为都是由动机来支配的；有人强调行为是由社会环境来决定的；也有人认为行为是环境外力和个体动机相互作用的结果。

（二）需要、动机与行为的关系

需要、动机与行为存在着直接的因果关系，人的任何动机与行为都是在需要的基础上产生的。没有需要，也就无所谓动机和行为。

但是，需要并不必然产生动机。一个人可以同时存在多种需要，任何时候只有最重要、最强烈的需要（即优势需要）才可能转化为动机并引起行为。同样地，不是每个动机都必然引起行为，在多数情况下，一种需要会形成多种动机，通常只有最强的动机（即优势动机）才会引发行为。比如企业拟定了奖励方案，一旦员工完成方案目标即可获得全家免费旅游的机会。对于仅靠一人工资养家糊口的员工来说，生理需要是最急迫满足的优势需要，那么这个方案对于他来说完全没有吸引力，也就无法产生工作动机。但是对于正计划一家出游的员工就是很好的刺激，可以产生努力工作的动机并努力达成目标，也就是说员工受到了激励。

二、激励的定义与过程

（一）激励的定义

激励（motivation）是创设满足各种需要的条件，激发员工的工作动机，使之产生实现特定组织目标的行为的过程。不同的员工会产生不同的需要，也就会产生不一样的工作动机，组织要想最大化地利用好个体的能力，应该将员工的动机与组织目标的实现结合起来，让员工意识到只有通过有助于组织目标实现的行为，才可以满足个人的需要和动机，从而激发员工为实现组织目标而努力工作。

（二）激励的过程

激励是一个循环往复的过程。人的需要不是凭空产生的，前文中已经介绍，在各种刺激的作用下，人们会产生多种不同的需要。但需要并不必然产生动机，任何时候只有最重要、最强烈的需要（即优势需要）才可能转化为动机并引起行为，向目标前进。如果目标达到，紧张不安的心理状态就会消除，由于该需要被满足，后面就可能会产生满足更多需要的愿望和刺激，由此产生新的需要；如果未实现目标，员工可能会出现积极或消极行为，例如总结未达到目标的原因或迟到早退等，同样也会引起新的需要。激励的过程如图5-1所示。

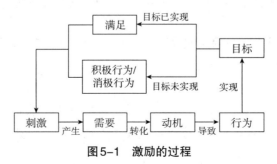

图5-1　激励的过程

PPT

第二节　激励理论

"不劳不得，多劳多得。得的定义，不再是生活上的需求，而是指工作上的成就。衣食不忧，却没有精神寄托，也很苦闷。"

——亦舒

 开篇案例

　　礼来投资创建了 Inno Centive 公司，这家公司的名字中包含了激励（incentive）一词，是全球第一家以激励为基础，促进全球性科学研究的电子商务公司，主要通过互联网悬赏的方式寻求科研解决方案，以足够的物质激励将人们的好奇心转化为生产力。现在它已成为全世界各领域天才的创新平台，波音、陶氏化学、宝洁等公司都在这个平台中受益匪浅。

一、内容型激励理论

（一）马斯洛的需求层次理论

需要层次理论（hierarchy of needs）是由美国社会心理学家亚伯拉罕·马斯洛（A. Maslow）提出来的，他认为人类具有普遍需要满足的五种需要：生理需要、安全需要、归属需要、尊重需要以及自我实现需要。

1. 生理需要

个体最基本的需要是为了维持生存，包括对食物、水、住房等的需要。例如能够买到维持生计的食物、衣服、稳定的住处等。

2. 安全需要

对自身安全和稳定性的需要，包括劳动安全、环境安全、财产安全、工作稳定、心理安全等的需要。例如拥有充足的医疗保障、安全的工作环境等。

3. 归属需要

既包括对社会交往、情感和爱的需要，又包括对归属感的需要。例如与同事和上级建立良好的关系，成为关系密切的团队成员之一等。

4. 尊重需要

自我认可以及被人尊重，得到认可的需要，包括自尊、独立、成就感等内在尊重需要和社会地位、威信、受到别人的尊重与关注等外在需要，例如工作职位得到提升，工作成绩被认可。

5. 自我实现需要

个体最高层次的需要，想要充分发挥自己的潜能，实现自己的理想和抱负。例如在团队工作中将自己的能力发挥到极致，追求事业的成功以及实现自己的梦想等。

马斯洛提出的五种需要是按从低到高层次排序的，如图5-2。他认为，基本的需要必须首先得到满足，高层次的需要才会成为主导需要。他提出的需要层次理论首次系统地将人的需要归纳为五个层次，模式直观，富有逻辑而且便于理解。同时马斯洛的需要层次理论也存在着一些局限：没有实证研究能够证明人的需要可以按照马斯洛划分的五个层次会单独出现，也没有证据证明某一层次的需要满足后会产生更高层次的需要，人的需要的变化比马斯洛预想得要快。

图5-2 马斯洛的需要层次理论

（二）奥尔德弗的ERG理论

耶鲁大学的克雷顿·奥尔德弗（C. Alderfer）教授在大量研究的基础上对马斯洛的需要层次理论进行了修订，从而提出了生存-关系-成长（existence-relationship-growth，ERG）理论。奥尔德弗的理论以马斯洛的思想为基础，但是将需要减少为三种，并且各种层次之间的关系更为灵活。他认为低层次的需要得到满足时，员工便会被激励去满足更高水平的需要（在图5-3中用实线箭头表示）。即使低层次的需要没有完全满足，一个高层次的需要也可以成为激励源。而且在给定时刻，不同层次的需要可以同时成为激励源，并且认为当个体在满足更高层次的需要过程中受挫时，对低层次需要的渴望也会增加（在图5-3中用虚线箭头表示），从左到右需要层次升高。

图5-3 奥尔德弗的ERG理论

1. 生存需要

包括了对衣、食、住、行等基本生存条件的需要，大致对应于马斯洛需要层次理论中的生理需要和安全需要。例如得到足够的工资、必要的生存必需品和安全的工作环境。

2. 关系需要

指人对社会交往的需要，对和谐人际关系和相互尊重的需要，大致对应于马斯洛需要层次的归属需要和尊重需要。例如在工作中与同事、上下级建立良好的关系，并得到别人积极的评价。

3. 成长需要

指个人对自身发展的需要，对应于马斯洛的自我实现需要。例如从事非常有意义的工作，能够让自己的能力得到充分发挥。

（三）麦克利兰的成就需要理论

美国哈佛大学的心理学家戴维·麦克利兰主要研究了人在生理和安全需要得到满足后的需要情况，特别对人的成就需要进行了大量的深入研究，提出了成就需要理论（achievement need theory）。麦克利兰认为，人在生存需要基本得到满足的前提下，最主要的需要有三种：归属需要、权力需要和成就需要。

1. 归属需要

归属需要指的是注重融洽的社会关系，建立友好亲密的人际关系的愿望。这种类型的人经常渴望从友爱、情谊、友谊交往中得到欢乐和满足，并尽可能设法避免因被某个组织或社会群体拒之门外而带来的痛苦。他们喜欢保持一种融洽的社会关系，享受亲密无间、相互谅解的乐趣，随时准备安慰和帮助危难中的伙伴。高归属需要的个体往往喜欢合作性而不是竞争性的工作环境。

2. 权力需要

权力需要指想要使他人按照自己的意愿行事，即想要影响或控制他人且不受他人控制的需要。这种类型的人一般都对领导地位表现出较强的兴趣，他们喜欢承担责任，寻求竞争性的工作，常常表现出喜欢争辩、健谈、强有力、直率和头脑冷静等行为特征，并且善于提出问题和要求，也常常喜欢教训别人，并乐于演说，力图对别人施加影响。

3. 成就需要

成就需要指希望自己做的事情尽善尽美、达到标准、追求卓越、争取成功的需要。成就需要强的人经常考虑个人事业的前途及发展问题，经常揣摩如何把事情做好并超过他人，他们把做好工作、取得成就看作是人生最大的乐趣。他们无论干什么都不甘人后，并甘冒适度的风险，渴望成功但也非常担心失败，他们努力奋斗是为了个人成就而不是成功后的奖励。麦克利兰认为，一个人成就需要的高低，直接影响着他的进步和发展。

麦克利兰经过研究发现，成就需要较强的人往往选择适度的风险，有较强的责任感，并且喜欢得到及时的反馈，看到自己工作的绩效和评价，因为这是产生成就感的重要方式。员工的成就需要还可以通过培训得到提高。值得注意的是，高成就动机的人，不一定是最优秀的管理者，因为他们往往只关心个人的成就，不能够影响其他人。此外，有研究表明，最优秀的管理者往往拥有较低的归属需要和较高的权力需要。

（四）赫兹伯格的双因素理论

双因素理论（two-factor-theory）由美国的行为科学家弗雷德里克·赫茨伯格（F. Herzberg）提出。20世纪50年代末期，赫茨伯格和他的同事在美国匹兹堡地区作了一项大规模的访问调查研究，研究对象是匹兹堡地区11个行业的200多名工程师与会计人员。该调查研究所涉及的问题包括："在工作中，哪些事让你感到特别满意？""哪些事让你感到非常不满意？""满意和不满意的原因包括哪些？"等。通过调查，他们发现导致员工对工作感到满意和不满意的因素各不相同，因此，赫茨伯格从"满意"和"不满意"两个维度出发，对调查结果进行了分类，并将与工作有关的、能够令员工满意并激发其工作积极性的因素称为激励因素；将与环境相关、易引起员工不满、打击其工作热情的因素称为保健因素，即为著名的双因素理论。保健因素和激励因素如表5-1所示。

表5-1　保健因素和激励因素

保健因素	激励因素
技术监督	成就
薪水	认可
工作条件	工作自身
人际关系	责任感
公司的政策和管理	发展
地位	成长

赫茨伯格的双因素理论突破了传统的观点。他认为，满意和不满意是两个不同的事物。管理者应该认识到满足保健因素是必须的，但即使它能降低不满意度，也无法产生激励的效果，只有满足员工的激励因素才能更好地激发员工的工作热情。

（五）内容型激励理论的对比

马斯洛的需要层次理论、奥尔德弗的ERG理论、麦克利兰的成就需要理论和赫兹伯格的双因素理论在研究对象、需要来源、发展机制、需要层次方面存在不同，如表5-2所示。

表5-2　四种内容型激励理论对比

激励理论	研究对象	需要来源	发展机制	需要层次
需要层次理论		先天的、内在的	满足-上升	每个时期只有一种突出的需要
ERG理论	各种需要	既有先天的，也有后天学习的	既有满足-上升，也有挫折-倒退；需要可以越级发展	在任何时间内可以有一个或以上的需要发生作用
双因素理论	/		没有发展顺序之分	没有层次之分

激励理论	研究对象	需要来源	发展机制	需要层次
成就需要理论	生理和安全需要以外的需要	教育和培训能造就具有高成就需要的人才	人能同时有多种需要	不同人对三种需要的排列层次和所占比重不同

1. 研究对象不同

需要层次理论、ERG理论和双因素理论研究人的各种需要；成就需要理论主要研究在人的生理和安全需要基本得到满足的前提条件下，人还有哪些需要。

2. 需要来源不同

需要层次论认为人类有五种需要，它们是生来就有的、内在的需要。ERG理论将人的需要分为三类，其中有生来就有的，也有经过后天学习得到的。成就需要理论明确指出，通过教育和培训可以造就出具有高成就需要的人才。

3. 发展机制不同

马斯洛的需要层次论是建立在满足–上升的基础上的，也就是说一旦较低层次需要已经得到满足，人们将进到更高一级的需要上去；并且人的需要是严格地由低到高逐级上升的，不存在越级，也不存在由高到低的下降。

ERG理论不仅体现满足–上升的方面，还提出了挫折–倒退这一方面。挫折–倒退说明在较高的需要未满足或受到挫折的情况下，个体会把更强烈的欲望放在较低层次的需要上；并且人的需要并不一定严格按由低到高发展的顺序，而是可以越级的。

成就需要理论认为人可以同时有多种需要，没有发展先后之分。

双因素理论中的两种因素代表的是不同角度的需要，因此无发展先后之分。

4. 需要层次不同

需要层次理论认为每一个时期只有一种突出的需要。ERG理论指出在任何一个时期内可以有一个或一个以上的需要发生作用。成就需要理论认为，不同的人对这三种基本需要的排列层次和所占比重是不同的，个人行为主要决定于其中被环境激活的那些需要。

二、过程型激励理论

（一）弗鲁姆的期望理论

激励的期望理论（expectancy theory）最早由美国心理学家维克特·弗鲁姆（V. Vroom）在20世纪60年代提出。他关注的是"员工如何在多种行为方向以及多种努力水平中进行选择"，该理论假设员工是趋利避害的，他们想要得到积极的结果（例如工资，奖金或分红），并且避免消极的结果（例如被训斥、降职或解聘），它还假设员工是有理性的，能够对信息进行认真的加工并且会对自己所拥有的关于工作、能力和愿望等方面的信息进行分析，最终决定他们在工作中选择做什么以及付出多少努力。弗鲁姆认为，某一活动对人的激励力量M取决于他所能得到结果的全部预期价值（效价V）乘以他认为达成该结果的期望E，用公式可以表示为：

$$M = V*E$$

式中，M为激励程度。V、E分别对应以下两种要素。

1. 效价（V）

效价（valence）是指达到一定的工作绩效时，员工所获得的结果或奖赏对他的重要性程度，或者说员工对工作报酬感到的价值，即奖赏与个人目标的关系。组织提供的奖赏能否满足个人的目标？吸引力有多大？即使员工相信努力工作会导致良好的绩效，并且报酬一定与绩效相挂钩，但假如那些报酬对他们来说效价很低的话，他们也不大可能会努力工作。例如，当一位正在温饱线上挣扎的医药销售人员得知，达到一定的销售任务自己所能得到的只是一朵大红花时，他就不太可能为此而奋力工作；相反，如果他得知达到指标就可以得到双倍的工资，那么他的激励水平将会相当高。可见，只有员工对工作结果的效价较高的时候，他们才有可能为此而努力工作。

2. 期望（E）

期望（expectancy）指的是员工感觉到通过一定程度的努力达到工作绩效的可能性，或者说员工对其努力将产生绩效的信念，即努力与绩效之间的关系。如：医药销售人员这个月能否达到公司的定量指标？期望理论认为，不管结果多么富有吸引力，如果员工认为即使自己全力以赴也没有能力达到一定的绩效水平，那么他们为此而努力的动机往往非常微弱。如果医药销售人员觉得公司制定的定量指标是不可能完成的，他就不太可能努力去达成，因为他一开始就觉得自己完成不了。

只有当期望和效价都高的时候，才可以产生更好的激励效果。假如任何一个要素是零的话那么激励水平也将为零。例如，即使一名员工深信自己的努力一定能够达到较高的绩效（高期望），但是该报酬对他没有吸引力（效价为零），他的激励水平也将是零。

期望理论告诉我们只有当员工相信自己的努力能够在绩效中体现出来，好的绩效评估可以得到组织奖励，并且组织所赋予的奖励是员工所重视的，才有可能达到激励水平的最大化。期望理论有助于我们理解为什么面对同一种工作，有的员工情绪高昂，有的则无动于衷。因为对不同的员工来说，期望和效价是不同的。

📖 拓 展 阅 读

皮格马利翁效应

皮格马利翁是古希腊神话中塞浦路斯国王。他性情孤僻，常年独居。他善于雕刻，曾经用象牙雕刻了一座他的理想女性的雕像。久而久之，他竟对自己的作品产生了爱慕之情。爱神阿佛罗狄忒为他的真诚所感动，就使这座少女雕像活了起来。后人就把由期望而产生实际效果的现象叫作皮格马利翁效应。

1964年美国著名心理学家罗森塔尔（Rosenthal）组织对某校全体学生进行可以预测学生学业提高程度的"哈佛习得变化测验"。夏末新学期开始后，他们在学生名册上随机确定每个班级学业"激增者"儿童名单，分别交给班级新的任课教师，并使教师相信这是上学期测验的"科学"结果。一段时间后，他们发现被定为"激增者"的儿童，成绩都有了较大的进步，且性格活泼开朗、求知欲旺盛，更乐于与别人打交道。显然，罗森塔尔的"权威性谎言"发挥了作用。罗森塔尔认为在学校，如果教师相信他们的学生是更聪明的，那么学生也可能因为教师的信念，真的变得更加聪明。虽然教师们对这份名单进行保密，但由于他们受到"权威"的心理学家的暗示，对名单上的学生充满信心，对他们有更高关注度和期望并通过行为举止体现出来。学生们潜移默化地受到影响，因此变得更加自信，更有助于自身发展。借用希腊神话中出现的主人公的名字，罗森塔尔把它命名为皮格马利翁效应。

（二）亚当斯的公平理论

激励的公平理论（equity theory）是美国心理学家亚当斯（J. S. Adams）在1965年首先提出来的。他认为，员工不仅关心自己所得报酬的绝对量，而且关心自己所得报酬的相对量，由此产生的公平或不公平感将影响到他们以后在工作中的努力程度。员工认为的公平来自外部和内部两个方面。

一是外部公平，主要来自横向比较，员工将自己与其他人的投入和产出进行比较，只有相等时，员工才认为实现了外部公平。二是内部公平，主要来自纵向比较，指员工将目前自己的投入和产出与过去进行对比，以确认是否实现了内部公平。投入指的是员工对工作的努力程度、投入的工作时间等，产出包括工作满意感、得到的报酬福利和发展机会等。需要注意的一点是，个体并不是就产出和投入的客观水平进行对比，而是员工对于产出投入比较的主观感知，这种感知很可能不精确甚至与客观事实不相符。

进行比较之后，员工会得出公平或不公平的结论。员工若想改变这种不公平的状态，可以通过以下几种方式。

1. 改变自己的投入或产出

当员工感到报酬过低时，他们可以通过减少自己的投入来恢复公平感，例如怠工、迟到、早退、延长休息时间、少干活或降低工作质量等方式减少自己的投入，比较极端的情况是辞职。此外，他们也可能尝试去增加自己的产出，比如要求加薪，或者要求更高的住房补贴等。

2. 改变参照对象的投入或产出

感觉到不公平的员工可能会向自己的上司打小报告，抱怨参照对象在工作中的不良表现和失误，从而寄希望于上司改变他人的投入（可能会要求返工或加班）或他的产出（削减他的工资或裁员）。

3. 改变对于投入和产出的观念

有时候，针对内心的不公平感，员工的反应可能并没有直接体现在行为上，而是通过改变自己对当前状态的想法来恢复内心的公平感。前面提到，员工的公平感或不公平感是基于自己的主观感知而不是客观事实，因此，他们完全可以通过改变自己的观念来恢复自己内心的平衡。例如相信报酬高的同事确实比自己优秀，这样会逐渐减少因为不公平而带来的痛苦。

（三）洛克的目标设置理论

目标设置理论（goal-setting theory）关注的是如何激励员工在工作中做出自己的贡献。艾德温·洛克（E. A. Locke）认为目标设置是管理领域中最有效的激励方法之一，绩效目标是员工工作行为最直接的推动力。管理者应当为员工设置合适的目标。

1. 目标设置的意义

首先，目标可以引导员工的行为指向正确的方向。一方面确保了员工的贡献是有利于组织目标的，另一方面明确的目标减少了日常活动的不确定性。例如，医药企业的销售部门经理根据组织目标和部门目标为每位销售人员确立了每周的销售目标之后，这个目标将指引员工做出有助于该目标实现的行为。

其次，目标可以激励员工在更高的水平上努力。洛克的基本思想是：目标之所以能作为一个激励的来源，是因为它能使人们对其当前的能力与完成目标所需的能力之间做出比较。对大多数员工来说，如果他们认为自己与目标有差距的话，那他们会感到不满并更加努力工作以实现目标。当然，前提是他们相信自己通过努力是有可能达到目标的。当员工成功地实现了一个目标时，他们会感到成功和对工作的胜任。这种感受本身便成为一种正向的强化因素，激励他们为了实现下一步目标而继续努力。值得注意的是，有研究表明即使员工没有被给予外在的奖励，目标设置依然会影响激励和绩效。

最后，目标有助于员工在面对困境时坚持不懈。目标往往被比作灯塔，它使得员工在困境中看到希望，这种希望可以焕发出他们的潜能，使之坚持不懈地突破难关。

2. 目标设置的原则

（1）设置具体的目标　指目标能精确观察和测量的程度。研究表明，具体、明确的目标要比笼统、空泛的要求或无目标产生更高的绩效。具体的目标往往是定量化的，例如销售人员每周卖出价值1万元的商品。而模糊的目标，比如对销售人员来讲"尽量多卖一些"。这种目标由于没有为员工指出明确的努力标准，因而激励效果有限。

（2）设置有一定难度的目标　研究结果表明，有一定难度的目标比唾手可得的目标更能产生高绩效。但是，难度过大、根本无法达到的目标却不能产生预期的绩效，它比容易达到的目标所产生的绩效还要低。

（3）员工参与目标的制定　当管理者为员工设定目标的时候，员工对目标的接受以及员工对于实现目标的承诺非常重要。多数学者认为，让员工参与目标的制定比指令性的方法更好。这是因为通过参与目标制定，可以使员工看到自己的责任和价值，同时可以使目标定得更合理，从而提高目标的可接受性和承诺。

（4）目标实施中的及时反馈　在实现目标的过程中，如果员工能够得到及时、客观的反馈信息，目标设置的激励效果往往很好。同时，员工获得行动效果的信息后，会主动调整下一步的行动，以便更有利于取得高绩效。

（四）过程型激励理论的对比

过程型激励理论着重研究人们选择其所要进行行为的过程，即行为怎样产生、行为如何发展以及行为能否保持。根据分析，期望理论、公平理论和目标设置理论在上述三个方面之间存在区别，如表5-3所示。

表5-3　过程型激励理论的对比

激励理论	行为的产生	行为的发展	行为的保持
期望理论	受效价和期望的共同影响	个体受激励程度与效价和期望均呈正比关系	保持高效价和高期望
公平理论	/	横纵向对比判断出是否分别体现外部公平和内部公平，否则引起个体作出相应的改变	内部公平且外部公平
目标设置理论	受绩效等目标的影响	目标可以引导员工做出正确行为并激励员工在更高的水平上努力	设置的目标具有科学性、合理性

1. 行为的产生机制不同

弗鲁姆的期望理论表明，当行为者认为某种行为及其结果的效价很高，且期望很大时，那么领导者可以使用这种结果来激励个体实施该行为。公平理论是对个体行为的投入与产出进行研究，属于行为后的研究，因此不涉及行为的产生。目标设置理论认为，绩效目标是员工工作行为最直接的推动力，因此，个体的行为会受到管理者设置的激励性目标的影响。

2. 行为的发展机制不同

期望理论认为，个体行为受激励程度影响，而受激励程度与效价、期望均呈正比关系，即高效价、高期望导致高激励程度，效价和期望任一因素为零导致个体行为被抑制。公平理论则强调从个体的公平感出发，个体通过当前行为与过去行为、他人行为的投入与产出情况对比，来决定下一步实施何种行为："公平"时，则继续保持当前行为；"不公平"时，则采取削弱"不公平感"的行为。目标设置理论提出可以通过具体目标的设置情况引导员工做出正确行为并提高员工努力程度。

3. 行为的保持机制不同

通过行为的产生和发展机制，我们可以清楚地看到三种理论是如何影响员工保持行为的。期望理论强调努力与绩效、绩效与奖赏之间的关系，只要始终保持高效价和高期望，就能积极地影响员工的工作态度，使其保持当前行为。公平理论提出员工的公平感或不公平感将影响日后的努力程度，一般来说，公平感会促进员工的积极行为，而不公平感导致的多数为消极行为，因此内部公平和外部公平同时实现有助于个体积极行为的保持。目标设置理论侧重目标如何制定，科学且具有激励性的目标能有效激励员工保持努力。

三、综合激励理论

（一）波特–劳勒的综合激励模式

这是美国行为科学家爱德华·劳勒（E. Lawler）和莱曼·波特（L. Porter）提出的一种激励理论。激励的关键是必须处理好努力与绩效、绩效与报酬、报酬与满意的关系。只有这样，才能充分调动人的积极性。激励模式如图5-4所示。

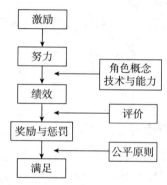

图5-4　波特–劳勒的综合激励模式

波特和劳勒认为，激励导致努力，努力导致绩效。激励的方式多种多样，程度有强有弱，在一般情况下，激励、努力、绩效三者是正比例关系。但这种关系也不是绝对的，有时在某些人身上激励很强，努力程度也很高，但绩效却相对较低。这是因为在努力与绩效之间还有两个十分重要的因素，即"角色概念"和"技术与能力"。"角色概念"是指个人对所承担角色的理解程度，包括是否了解自己的职责和任务以及努力的方向等。"技术与能力"主要表现在完成特定任务所需的必要业务知识和技能。

衡量绩效的指标根据工作和目标灵活制定。经过评价之后，某人会对自己得到的相应的奖励和处罚加以衡量，如果他认为符合自己的公平原则就会感到满意。满意会激励他努力工作，创造绩效；否则就会影响工作，造成不良后果。

（二）迪尔的综合激励模式

迪尔（Dir）认为，人总的工作激励水平（M）应该是其内在性激励（$M_内$）与外在性激励（$M_外$）之和。其中，内在性激励本身又分为过程导向的、任务本身的内在效价所激发的任务内在激励（$M_{效价}$）和由任务完成时的成就感激发的任务完成激励（$M_{成就}$）这两种成分；而外在性激励主要指由于工作任务完成后的奖与酬带来的任务结果激励

（M$_{奖酬}$）。该模型的具体表达式可以概括为：

$$M = M_内 + M_外 = （M_{效价} + M_{成就}）+ M_{奖酬}$$

由公式可见，该激励模型以期望理论为基础，概括了内、外在激励因素，它相对于其他理论的优势在于采用了数学方程式的表达形式，将激励模型数字化地表现了出来。由于方程式并无定量分析和计算功能，所以到目前为止还不能仅通过方程式对五种变量进行量化。但它为我们提供了一套系统化、逻辑化的分析线路和思维程序，有助于我们找出改进激励功能的有效策略。

（三）综合激励理论的对比

两种综合激励理论都综合了之前学者的研究成果，提出了更具实际意义的理论。不同点在于波特–劳勒期望激励理论更偏重于定性分析，而迪尔则提供了更逻辑化的分析思路，形式更加新颖，并且更注重完成目标的过程给个体带来的满足感。

四、激励理论在组织管理中的应用

（一）目标激励

目标是组织对个体的一种心理引力。设置适当的目标，激发人的动机，达到调动人的积极性的目的，称为目标激励。由管理者为员工设置合理的目标，或员工自己根据组织目标为自己设置目标，达到目标时就会收获满足感。这是员工自我激励的一部分，完成目标的员工会增加自豪感从而增加工作热情。完不成目标的员工在心理调整后也会更加努力工作。

（二）薪酬激励

薪酬激励就是组织通过提供一定的薪酬来激发组织成员努力完成一定的工作任务，以达到组织目标。薪酬激励有两种形式：一是外在薪酬激励，即组织通过提高工资、奖金、福利和社会地位等对员工进行激励；二是内在薪酬激励，即通过工作任务本身（如成就感、影响力、胜任感等）来进行激励。

调查研究表明，外在薪酬因素虽然不是决定人们工作中表现的唯一主导因素，但是会直接影响员工对自己工作的满意程度，通常都能起到比较明显的激励效果。有效的薪酬激励要求对组织成员工作绩效进行客观公平的鉴定，并给予应有的报酬。

（三）员工参与激励

参与激励强调鼓励员工参与企业的管理决策，尊重员工权利，充分满足员工的归属需要。员工参与决策最常见的形式为职工代表大会制度，由所有员工进行民主选举选出职工代表，行使属于职工的民主管理决策权利。参与激励有助于使员工融入集体，将个人目标与组织目标结合并为之奋斗。

（四）危机激励

危机激励意为用危机意识刺激个体，激发个体为脱离危机做出努力，常见的用于刺激的危机意识有以下三种。

1. 企业前途危机意识

在竞争激励的市场中，企业随时都有被淘汰的危险，要想规避这种危险，就要求全体员工都努力工作，跟上市场发展，才能使企业更加强大，永远处于不败之地。

2. 个人前途危机意识

企业的危机和员工的危机是连在一起的，所以所有员工都要树立"人人自危"的危机意识，无论是公司领导班子还是普通员工，都应该时刻具有危机感。告诉员工"今天工作不努力，明天就得努力找工作"，如果员工在这方面形成共识，那么他们就会主动营造出一种积极向上的工作氛围。

3. 企业产品危机意识

企业领导要让员工们明白这样一个道理：能够生产同样产品的企业比比皆是，要想让消费者对企业的产品情有独钟，产品就必须有自己的特色，这种特色就在于可以提供给顾客的是别人无法提供的特殊价值的能力，即"人无我有，人有我优，人优我特"。

本 章 小 结

需要是客观的刺激作用于人的大脑时，所引起的个体缺乏某种东西的状态。动机是引起并维持个体行为满足需要的外在反应。行为是人们有意识的活动，它不仅是人的有机体对外界刺激做出的反应，也是人通过一连串动作实现其预定目标的过程。需要、动机与行为存在着直接的因果关系，人的任何动机与行为都是在需要的基础上产生的，但需要并不必然产生动机。需要、动机与行为之间的关系就是激励的本质。激励是创设满足各种需要的条件，激发员工的工作动机，使之产生实现特定组织目标的行为的过程。

激励理论是关于如何满足人的各种需要、调动人的积极性的原则和方法的概括总结。常见的激励理论可以分为内容型激励理论、过程型激励理论和综合激励理论。激励理论运用在组织管理中主要表现为目标激励、薪酬激励、员工参与激励和危机激励。

» 复习和讨论题

题库

1. 简述需要、动机和行为的定义及三者之间的关系。

2. 论述内容型激励理论、过程型激励理论、综合激励理论之间的联系和区别。

3. 讨论激励理论是如何指导组织管理实践的？

4. 医药组织中有哪些常见的激励方法？

课堂游戏

请同学们分享一下自己印象深刻的受到激励的小故事，并结合本章内容分析具体是在哪个方面受到激励。

第六章　组织中的群体行为与管理

◎ **学习目标**

解释：群体、群体冲突、群体决策的定义、特征及其分类。

阐述：群体结构、群体规范以及群体的相关发展理论。

描述：群体冲突的阶段和管理、群体决策的常用技术。

德育目标：培养职业精神和职业品格，坚定理想信念、担当责任使命。

A 医药公司的群体凝聚力

A 医药公司在同行业中以超强的员工凝聚力和很低的员工流动率而闻名，近年来的业绩也逐年上升。让人惊讶的是，公司里的员工在必要的情况下，为了公司的利益常常愿意牺牲他们的家庭、爱好和朋友。公司的管理人员说，是公司里一种特殊的加入仪式起了作用，该公司的每位员工在进入公司时都经历了这种仪式，老员工称这种仪式为"签约参加仪式"。通过这种"签约"活动，员工们感觉不再是被强制工作，而是自愿参加工作。一旦他们签约参加了工作，那么就等于他们宣誓"我愿意做这项工作，并且全心全意地把它做好。"

A 医药公司对于年轻的求职者有着什么样的诱惑力呢？很显然，A 医药公司最强的吸引力不是项目本身。一位经理曾经这样叙述过："我们要使我们的公司成为年轻人愿意奋斗的地方，他们在这里有工作动力，认为工作是快乐，要塑造这样的环境，当然不能仅仅靠办公楼和实验室，最主要的是依靠进入公司的每一位员工组成的这个群体。"

对于申请入职的人，公司一般是这样的审查的。

审查员：这件事很麻烦，如果我们雇用了你，你在工作中会遇到很多难题，你可能会加入一个已经工作很久的团队，他们中有很多出色的员工，难免有些自负。

新成员：没关系，我会努力融入他们的。

审查员：我们将要做的这个项目是世界性的，原来国内没有人做过，工作会非常艰苦，而且常常要花费很长时间。

新成员：那正是我想要做的，有意义的事总是要费一些功夫的。我会付诸行动的。

审查员：我们可能只招收今年最好的毕业生，还有很多和你一起应聘的毕业生，他们都很优秀，都有一技之长，我们将在 28 名候选人中选择两位。

新成员：我知道这很困难。如果我被录取，我会感到很荣幸，也会努力珍惜这个机会的。

……

第一节　群体的定义与分类

PPT

"千人同心，则得千人力；万人异心，则无一人之用。"

—— 淮南子

> 　　突如其来的水包围了一小块陆地，那一小块陆地有许多的蚂蚁。蚂蚁不会水，蚂蚁们爬出了洞穴，东走西走，一阵慌乱，过了一会，蚂蚁们突然秩序井然，汇聚成一个大大的蚂蚁团，在水漫上去时，它们就漂在了水面，风吹着蚂蚁团在水面上向前滚动。没有一只蚂蚁松手，最终它们成功抵达陆地。

一、群体的定义

群体是相对个体而言的，群体的心理和行为具有自己的特点。了解群体心理与行为活动的基本规律，可以为我们分析群体行为提供很好的帮助，对组织管理工作具有重要的作用。

本书采用斯蒂芬·罗宾斯对群体的界定，群体（group）是指两个或两个以上相互作用、相互依赖的个体，为了实现既定的目标而组合在一起的集合体。群体可以产生比个体大得多的绩效，产生"1+1 > 2"的效果，例如俗语所说的"兄弟齐心，其利断金"。但是群体的绩效也不是一直都大于个体绩效之和，例如"一个和尚挑水喝，两个和尚抬水喝，三个和尚没水喝"的故事。如何让群体产生更大的绩效？我们需要进一步了解群体的心理行为与管理。

二、群体的分类

群体作为特殊的研究对象，对其进行分类非常有必要，研究不同类型的群体有助于更好地预测群体行为。根据不同的分类标准，可以将群体分成不同的类型，不同类型的群体具有不同的特征和群体心理行为。

（一）大群体和小群体

按照群体规模的大小可以将其分为大群体和小群体。大群体中成员比较多，组织结构较复杂，成员间不一定有直接的接触与交往，而是通过群体的共同目标，或者各层组织机构等建立间接的联系，例如一所医院；小群体则指成员之间的接触和联系方式能够得到直接的心理和行为上的相互沟通、接触和影响的群体，例如医院的某一科室。

（二）同质性群体和异质性群体

按照群体人员的构成特点对群体进行分类，可以将群体分为同质性群体和异质性群体。同质性群体是指群体成员在年龄、知识结构和专业能力上具有较高的一致性，这样的群体适合进行相对单一、服务面窄的活动或任务。异质性群体则指群体成员在上述几个方面差异较大的群体，在这类群体中，成员之间各有所长，在群体活动中能起到取长补短、相互弥补的作用，这种群体可以进行不同种类的活动且服务面较宽，因为在该群体中有各种能力和各种见解的人，有利于解决复杂问题。同时，异质群体往往从多个角度不同侧面分析问题，其决策通常具有更高的科学性和创新性。

（三）正式群体与非正式群体

按照群体的结构可以将其分为正式群体和非正式群体。正式群体是指由组织结构确定的、职责分配明确的群体。在正式群体中，一个人的行为是由组织目标规定的，并且是指向组织目标的。非正式群体是那些既没有正式结构、也不是由组织确定的联盟，它们是人们为了满足社会交往的需要在工作环境中自然形成的。例如，来自于不同部门的三个员工定期在一起共进午餐就属于非正式群体。非正式群体在组织行为管理中有特殊的作用和意义，往往需要进行特殊的管理。

（四）松散、联合和集体

按照群体的发展水平分类，可以将其分为松散、联合和集体三种群体。松散群体是指群体成员之间的关系不密切，来往不多，没有太多的共同目标和共同活动，群体内也没有形成约束力很强的行为规范，比如，一个刚组建或者为了完成某个任务而组成一个临时性的群体。联合群体处于群体发展水平的中间层次，群体成员之间存在着共同的目标、共同的利益和共同的活动，但是成员对群体任务的承担也可以谢绝，例如某些"社团""协会"。集体不同于一般群体，其成员之间不仅有着共同的目标、利益和活动，而且彼此之间联系密切，具有鲜明的组织任务，成员不仅要认识到群体活动对个人和群体的利益，而且还要认识到对组织、对整个社会的意义。医院的科室、工厂的车间等都是集体。集体是群体高度发展的产物，是我们进行管理的根本出发点。

（五）先进集体、一般集体、中间型、一般反社会和黑社会团伙

根据群体对社会发展的作用以及群体与个人联系的程度，可以将群体分为先进集体型、一般集体型、中间型、一般反社会团伙型和黑社会团伙型五种类型，如图6-1。先进集体型群体是指能促进社会发展且群体与个人紧密联系的群体，如社会中存在的大多数优质企业；一般集体型群体是指能促进社会发展且群体与个人联系一般的群体，如学校的社团组织；中间型群体是指既不能促进也不会阻碍社会发展进步且群体与个人联系较低的群体，如操场上打球的学生们；一般反社会群体则指阻碍社会发展进步的且群体

与个人联系一般的群体，如医闹群体；黑社会团伙群体则指阻碍社会发展进步的且群体与个人紧密联系的群体，如涉黑集团、诈骗组织等。

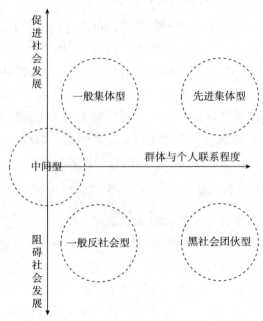

图6-1　依据群体社会性质及与个人联系程度分类

📖 拓展阅读

以下群体属于什么类型?

（1）医师和医药行业协会；

（2）某公司的人力资源部；

（3）医药企业营销部门；

（4）上下班一起等电梯的员工；

（5）"乌合之众"与"坚甲利兵"。

第二节　群体的结构与群体规范

PPT

"离娄之明，公输子之巧；不以规矩，不成方圆。"

—— 孟子

开篇案例

　　诸葛亮北出祁山，街亭乃重要关口，马谡签军令状驻守。马谡虽深谙兵法却无经验，不听诸葛亮的安排，屯兵于山顶，被魏军断水并火攻导致街亭失守，蜀军不得不退守汉中。亮虽不忍失去马谡这个人才，但考虑到军令如山，仍挥泪将马谡斩首示众。

一、群体的结构

　　群体结构（group structure）是指群体成员的构成，群体结构塑造着群体成员的行为，使我们有可能解释和预测群体内部大部分的个体行为以及群体本身的绩效。群体结构的变量主要包括人的传记特征、领导、角色、地位、规模等。

（一）传记特征

　　群体成员的传记特征主要包括性别、年龄、学历、工作经验等，这些变量特征对于群体中的个体行为也产生了一定的影响，例如已有学者在研究这些变量对于员工离职率的影响。

　　本书第四章中介绍过个体的传记特征。本章将在群体背景下来考虑这些因素，分析个体的变量特征与他所在的群体中其他成员的变量特征的关系。例如，一个群体成员为男性，这一特征对预测其群体行为并不重要，但如果一个群体共10个人，9个人为女性，1个人为男性，那这位男性员工离职的可能性较大。

　　除了性别，社会背景方面的差异、教育水平差异、年龄差异甚至个体加入群体的时间差异也对该成员的群体行为形成了影响。在这些变量差异较大的群体中，由于群体成员之间沟通比较困难，群体冲突也较为明显，如果管理不当，就会导致群体成员离职率增加。同理，一个工作群体的成员中，有大部分是同时加入这个群体的，那么这些人之外的群体成员离职率可能较高。因为后加入的成员与先加入的成员会更容易出现摩擦。

（二）领导

1.领导的定义

　　领导在管理中通常有两种含义，一种是对领导者（leader）的简称，还有一种是对领导行为（leadership）的简称。领导者是指群体中有影响力的人，根据是否具有组织赋予的正式职权，可以将他们分为正式领导者和非正式领导者。正式领导者是群体中拥有合法职位的、对各类管理活动具有决定权的主管人员，非正式领导者是群体中没有确定职位的权威人士。领导行为是领导者运用权力或权威对群体成员进行引导或施加影响，以使组织成员自觉地与领导者一道去实现组织目标的过程。

2. 正式领导者与非正式领导者

正式领导通常是由组织指定的，所以其地位相对稳定；非正式领导者不是靠组织所赋予的职权，而是靠其自身的特长而产生的实际影响力进行领导活动。二者既有联系也有区别，其具体关系表现在以下几个方面。

（1）正式领导者一般是工作领袖，非正式领导者往往是情绪领袖。

（2）正式领导者和非正式领导者可以集于一体，也可以分离。

（3）真正有作为的领导者，应该将工作领袖与情绪领袖集于一体。

（三）角色

1. 角色的定义

角色（role）是指个人在特定的社会环境中相应的社会身份和社会地位，并按照特定的社会期望，运用一定权力来履行相应社会职责的行为。每一个群体成员都有一个与其地位相当的角色，这种角色规定着每个成员对其他成员的态度和行为，如公司中有董事长、总经理、经理、职员等，从而构成特定的等级体系或人群关系网络。

2. 角色的种类

根据个体对群体活动参与度以及贡献程度可以将个体角色分为自我中心角色、任务角色和维护角色。

（1）自我中心角色　自我中心角色是指只关心自己、不关心群体利益的成员。根据这类角色的具体行为又可以细分成阻碍者、寻求认可者、支配者和逃避者。阻碍者，习惯性在群体目标的道路上设置障碍；寻求认可者，努力表现个人成绩以引起群体注意；支配者，控制欲较强，总是试图操纵所有事务，不顾影响；逃避者，对群体漠不关心，认为自己与群体毫无关系，不做贡献。这些角色表现对群体绩效通常带来消极作用。

（2）任务角色　任务角色是指为完成群体任务做贡献的人，包括建议者、信息加工者、总结者、评价者。建议者，给群体提建议、出谋划策；信息加工者，为群体搜集有用信息；总结者，为群体整理、综合有关信息，为群体目标服务；评价者，帮助群体检验有关方案、筛选最佳决策。

（3）维护角色　维护角色是指以维护群体团结、协调人们之间关系的人，包括：鼓励者、协调者、折衷者、监督者。鼓励者，热心赞赏他人对群体的贡献；协调者，解决群体内冲突；折衷者，协调不同意见，帮助群体成员制定大家都能接受的中庸决策；监督者，保证每人都有发表意见的机会，鼓动寡言的人，而压制支配者。任务角色和维护角色都起积极作用。

（四）地位

再小的群体也会有其角色、权力和特定的习俗，以使之区别于其他群体，而每一个体也都有其独特性。当群体（或个体）感知到自己的地位和别的群体（或别人）不一样时，就会在行为上做出调整。群体的地位（position）包含两方面含义。

1. 群体在组织的位置

群体在组织的位置是指群体在整个组织体系中的位置，即群体究竟是处于优越的核心地位、中等程度的地位亦或是处于不起眼的边缘地位。这种在组织体系中的位置感会直接或间接地影响群体的士气，进而影响群体的心理与行为。

2. 个体在群体的位置

个体在群体的位置是指群体内部所属成员在群体中的位置，这种位置通常会受到个体的资历、职称、能力等因素的综合影响，其中对个体在群体的位置起决定性作用的因素会对群体行为与心理产生积极或消极的作用。例如，当群体成员的地位主要由能力和贡献决定时，就能刺激其他成员作出同样的努力；但是如果群体成员的地位完全由资历甚至私人关系等因素决定时，则势必会打击群体内其他成员的工作积极性。

（五）规模

简单来说，群体规模（group size）就是指一个群体里包含的个体数量的多少。对群体规模的研究往往涉及人数上下限和总人数奇偶问题，结果发现，工作群体规模应该根据群体任务的性质而定。

任何群体都应该有其最佳的人数，研究发现，十几个人的小群体最适合群策群力；如果群体的目标是发掘某个事实，那么应该是大群体更为有效；而7人左右成员数量的群体在实行生产型任务时更高效。管理者应当明确，不同的工作、不同的任务以及对工作的不同熟练程度等因素，都会影响群体的最佳规模。

二、群体规范

群体规范（group norm）是指群体为达到共同的活动目的所确立的、群体成员共同接受的行为标准，既是对人的行为的某种制约，也是群体成员的工作准则，比如自发形成的企业文化、法律法规、规章制度等，它能潜移默化地影响个人的行为及人格的发展。

（一）群体规范的类型

不同的群体有不同的规范，主要有以下几种类型。

1. 绩效方面的规范

绩效方面的规范会明确地告诉成员，他们应该怎样努力地工作，应该怎样去完成自己的工作任务，应该达到什么样的产出水平和怎样与别人沟通等。这类规范对员工个人的绩效有很大的影响，好的规范可以带来好的绩效。

2. 形象方面的规范

形象方面的规范是关于成员的言行举止的，包括着装、首饰、发型及谈吐等。有些群体制定了正式的形象方面的规范制度，有些则没有，但即使是没有这类制度的群体，成员对于上班时该如何管理自己的形象，也都按照一些心照不宣的标准来执行。

3. 社交方面的规范

社交方面的规范形成于非正式群体，主要用来约束非正式群体内部成员。比如，群体成员应该与谁一起喝午茶，上班时和下班时应该与谁交友、社交、游戏等，都受这些规范的制约。

4. 资源分配方面的规范

资源分配方面的规范主要涉及员工的工资、任务、工具和设备等的分配。在群体内部，成员的职责、效率、成果等因人而异，这就意味着他们需要的帮助、工具以及应该得到的回报也不相同。群体内部必须制定与成员的能力和付出相对等的资源分配制度，如此才能防止群体内部产生心理不平衡，促进群体心理或行为的积极性。

某企业管理岗员工薪资制度

企业规定：管理岗员工薪资由月薪、季度奖及年终奖构成。月薪＝基本工资＋绩效工资＋工龄工资＋补贴＋加班费。如图6-2所示。

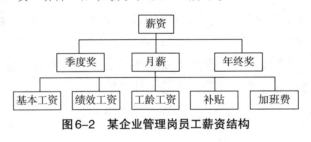

图6-2　某企业管理岗员工薪资结构

（二）群体规范的影响

群体规范对群体的作用是非常广泛的，具体表现在以下四个方面。

1. 维持和巩固群体

群体需要一个支柱来维持，群体规范是一切社会群体得以维持、巩固和发展的支柱。一个群体的规范越是标准化、特征化，其成员之间的关系也就越紧密，反之群体也就越松散。一个群体越有明确而集中的规范，群体成员的认同感就越高，群体表现得越团结。

2. 群体成员行为的评价标准

凡事都需要一个标准，群体规范作为群体成员行为的样本，直接制约着人们在交往过程中对事物的知觉判断、态度和行为，它给群体成员共同的参考样本，成为成员在群体中的规则。群体规范可以约束群体成员的言行，使他们按照群体的要求去工作。

3. 群体行为的动力功能

群体规范可以以舆论的形式对人的行为发生影响，如同社会道德对人的规范一样。

当一个人的行为不符合群体规范时，人们都会去谴责他，自己也会感觉惭愧，从而改正自己的行为。群体舆论会对群体成员产生强大的影响，其积极的作用是能纠正成员的错误言行，加强群体的团结和统一，增强群体的正当行为，给人以正确的标准。其消极作用是可能产生错误的规范，使原本正确的言行导向错误的方向，伤害成员正确的言行，制造成员与群体的隔阂，为群体带来伤害。

4. 社会惰性作用

一方面，规范作为一种多数人的意见，把人们的认识能力限制在中等的水平上（中庸），极容易使人们习惯于在规定范围内思考和活动，由此限制了人们的积极性和创造性。另一方面，作为群体的一员，你一定渴望被群体接受，你会认为群体做出的决定通常是正确的，使得你处理事情开始变得被动消极，倾向于接受群体意见，按照群体规范行事。

📖 拓展阅读

医药代表备案制

2020年12月1日，国家药品监督管理局发布的《医药代表备案管理办法（试行）》正式执行。从提出征求意见再到公布执行，历经4年的时间。这一管理办法的初衷直指规范医药代表的医院内推广行为。

《医药代表备案管理办法（试行）》旨在规范医药代表从业行为，改善医疗服务环境，要求药品生产企业（上市许可持有人）应当公开其医药代表的备案信息。《医药代表备案管理办法（试行）》对医药代表的从业门槛、从业要求、禁止事项等进行了明确规定：医药代表不得承担药品销售任务，不得参与统计医生开具的药品处方数量，不得直接销售实物药品；医疗机构不得允许未经备案的人员在医疗机构内部开展学术推广等相关活动，医务人员不得参与未经医疗机构批准同意的学术推广等活动。医药代表备案制的推进，进一步削减医药代表的生存空间，部分医药代表商业贿赂、误导用药、歪曲疗效、隐匿不良信息等与其工作无关的行为都将被纳入"禁区"，"带金销售"也将成为过去式。

第三节 群体的发展理论

PPT

"草不谢荣于春风，木不怨落于秋天。谁挥鞭策驱四运，万物兴歇皆自然。"

—— 李白

开篇案例

> 春秋时期，宋国的一个农夫担心自己田里的禾苗长不高，就天天到田边去看。三天过去了，禾苗没见动静。他想出一个办法，就急忙奔到田里，把禾苗一棵棵拔高一些，回去对儿子说禾苗长高了一大截。儿子跑到田里一看，禾苗都枯死了。

任何事物都有其自身的生命周期，都会有一个从产生到成长、到成熟、最后衰退的过程，自然万物都遵循着这个趋势。一直以来，人们认为大部分群体的产生与发展应该也遵循某种特定的规律，但是直到现在，人们发现群体产生与发展过程并没有标准的规律和模式，人们提出了很多不同的理论，如三阶段说、四阶段说、五阶段说，甚至六阶段说等，可见群体产生与发展的基本规律从不同的角度研究，可以得到不同的发展阶段。本书主要介绍的是群体产生与发展的五阶段模型及最新的研究成果——群体的间断–平衡模型。

一、五阶段说

布鲁斯·塔克曼（B. Tuckman）1965年在发表的《小型团队的发展序列》（Developmental Sequence in Small Groups）中提出团队发展的四个阶段，即组建期（forming）、震荡期（storming）、规范期（norming）、执行期（performing）。1977年，他在与Jensen合作的另一篇文章中加入第五阶段：中止期（Adjourning）。目前，大家所普遍接受的就是这五个阶段，如图6-3所示。该模型可以被用来辨识团队构建与发展的关键性因素，并对团队的历史发展加以解释。

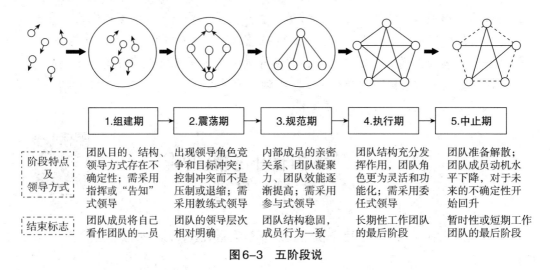

图6-3　五阶段说

（一）组建期

团队成员最初聚在一起时，重点在于相互认识、沟通信息、互相试探，这一阶段是项目小组的启蒙阶段，被称为组建期。此阶段团队目的、结构、领导方式存在着大量不确定性。为辨识团队的人际边界以及任务边界，团队成员开始试探、摸索，自发地形成测试，逐渐建立起团队成员的相互关系、团队成员与团队领导的关系、团队标准等。这一阶段，团队成员行为具有较强的独立性，既可能表现出温和的跃跃欲试的感觉，也可能因缺乏团队信息而表现出不稳定、忧虑的特征。此时团队领导需采用指挥或"告知"式领导，与团队成员分享团队发展阶段的概念，达成共识，并确保团队成员之间建立起相互信任、互相合作的工作关系。当团队成员开始把自己看作是团队的一员时，这个阶段就结束了。

（二）震荡期

团队组建完成后，团队成员普遍接受了团队的存在，但由于团队成员要提高各自在组织中的地位和影响力，要对团队规范和角色形成、发展施加影响，在面对其他成员的观点、见解时，更想要展现个人性格特征，从而在组织内部会发生高度的冲突，对于团队目标、期望、角色以及责任的不满和挫折感随之表露出来。这一阶段的主要矛盾是领导角色竞争和目标冲突，在这些冲突下容易形成各种观念，出现激烈竞争、碰撞的局面。在震荡期，一些成员会退缩，努力使自己远离这种紧张情绪，与此同时，团队试图明确其目标，领导者需采用教练式领导，强调团队成员的差异，相互包容，来指引团队度过震荡转型期，获取团队发展的信心。该阶段的关键是控制冲突而不是压制或退缩。当这个阶段结束时，团队的领导层次就会相对明确。

（三）规范期

经过一定时间，团队开始形成自己的身份识别，指导成员行为的规范开始出现，并发展出约束团队成员的系统目标。此阶段以团队内部成员的亲密关系与团队凝聚力为特点。在这个阶段中，团队的规则、价值、行为、方法、工具等均已建立，团队成员通过调适自己的行为，有意识地合作、解决问题，使得团队发展更加自然、流畅，实现组织和谐。在规范期，团队成员不满意程度减小，期望与实际之间的差异减小，树立和谐和信任、支持与尊重，变得更加开放并给予反馈，同时随着成员动机水平的增加，团队效能也逐渐提高。此时，团队领导需采用参与式领导，允许团队有更大的自治性，让团队成员有更多自由发展的机会。当团队结构比较稳固，团队成员对于正确的成员行为达成共识时，这一阶段结束。

（四）执行期

在这个阶段中，团队成员已经接受了团队的规范，团队结构充分发挥着最大作用，并得到广泛认同，团队角色更为灵活和功能化。团队成员的注意力已经从相互认识和理解转移到完成当前的工作任务上，即便在没有监督的情况下自己也能做出决策。在执行期，团队成员互相合作、相互依赖地进行工作，感受到团队的优势，展示出积极的工作态度、圆满完成任务的能力及信心，团队运作犹如一个整体，工作顺利、高效完成，没有任何冲突，不需要外部监督，大家都在最佳状态下进行工作。此时，团队领导需采用委任式领导，让团队成员自己执行必要的决策，支持并帮助个体成长。

（五）中止期

对于长期性的工作团队而言，执行期是最后一个发展阶段，而对暂时性或短期的工作团队而言，还存在一个中止期。在这个阶段中，团队的目标已经实现，团队准备解散，高绩效不再是压倒一切的首要任务，大家将注意力放到了团队的收尾工作上。团队成员此时反应差异较大，有的成员比较乐观，沉浸在团队的成就中；也有的成员比较悲观，惋惜在团队中建立起的友谊关系不能再延续下去。有些学者将第五阶段描述为"哀痛期"，反映了团队成员的一种失落感。此时，团队成员动机水平下降，对团队的解体各持己见，关于团队未来的不确定性开始回升。

📖 **拓展阅读**

西游团队的"五阶段"

国外有学者认为，最早阐述"团队"这一理念的是中国人。《西游记》里唐僧所率领的取经队伍，就是经典得不能再经典的团队。这支西游团队具备了现代管理学中团队所必备的一切要素。从组织行为学的角度来看，西游团队的建设符合五阶段说。

组建期：唐僧寻找到孙悟空、猪八戒、沙悟净三人，组成一支西天取经的队伍。师徒四人想法各异，互相试探。唐僧是团队的领导，目标就是西天取经，而徒弟三人更多是为了自由或"赎罪"。

震荡期：师徒四人经常产生分歧。孙悟空几次三番因妖怪的事情与唐僧闹翻，经常与猪八戒吵架；猪八戒也老是处处与孙悟空作对，一直想着解散团队，各回各家。

规范期：师徒四人关系日趋良好，都开始关心团队其他成员，逐渐形成一起西天取经的目标。

执行期：师徒四人团结一心，历经千险完成西天取经。

中止期：取经目标实现，各自封为神仙，各自为政去了。

二、间断 – 平衡模型

有学者认为，群体发展的过程在群体如何形成和变化的方式上有一个明显一致的地方，在此基础上提出了间断–平衡模型。该模型认为，群体发展的过程可以分为四个阶段，其中又以接近整个群体发展过程中间的中间阶段作为分水岭，前后群体运行方式有明显不同，如图6-4所示。

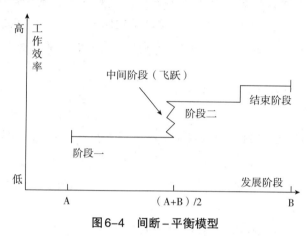

图6-4　间断 – 平衡模型

在阶段一中，群体首先确定目标，界定任务，且定下的目标和任务在这一阶段中基本不变，即使有的成员提出新的想法，也很少会被付诸行动，因此，这个阶段的群体的运行是处于一个平衡的阶段，工作效率一般。

当群体发展到它的寿命周期的中间阶段［（A+B）/2］时，群体成员会感受到时间的压力和完成任务目标的紧迫，为此群体认识到必须对原有的运作方式做出某些改变并迅速采取行动。于是，群体放弃了旧的思维模式，采纳新的见解，进入效率更高的阶段二（新的平衡阶段）。阶段二发展到最后，以冲刺速度迅速完成任务宣告结束。

研究发现，每个群体都在其寿命周期的同时间点上发生转变——正好在整个群体发展周期的中间阶段［（A+B）/2］，出现一个危机阶段或冲突最活跃时期。每个群体在其存在时间的中间阶段都要经历"中年危机"，这个危机点似乎起着警钟的作用，促使群体成员认识到，时间有限必须迅速行动。此时，群体变得更开放、虚心接受批评意见并改革一些不合理的地方，使群体继续发展下去。如果改革成功了，那么群体也将能完成较高水平的目标。

在结束阶段，群体将对最后的遗留问题进行讨论和总结，并最终达成一致意见。总之，间断–平衡模型的特点是：群体在其长期的依惯性运行的存在过程中，会有一个短暂的变革时期，这一时期主要由群体成员意识到他们完成任务的时间期限和紧迫感而引发。这个中间变革非常重要，它决定了能否产生有助于群体发展的建议和方案，使群体能进入一个高速发展的阶段。

医药代表的发展路径

医药代表首创于20世纪初期瑞士汽巴公司（简称CIBA，后山德士和汽巴合并建立诺华），首创了医药代表职业指导医生用药，这一方法效果很好，其他药厂也纷纷效仿，从此医药代表走上了历史舞台，并对健康事业的发展起到了非常积极的作用。《中华人民共和国职业分类大典（2015年版）》正式出版发行，把"医药代表"纳入新职业，并定义为"代表药品生产企业，从事药品信息传递、沟通、反馈的专业人员"。

一般来说，医药代表的发展路径分为以下几种。

1. 普通医药代表–高级医药代表–大区经理–地区经理–销售总监
2. 普通医药代表–高级医药代表–小型代理（小包商）–大型代理（大包商）
3. 普通医药代表–（高级医药代表）–非一线销售岗

第四节　群体的心理行为特征

PPT

"榜样的力量是无穷的。"

—— 毛泽东

开篇案例

孟子的母亲深知好的成长环境对孩子教育的重要性。在孟子小时候，因为住在墓地或是集市旁，就模仿别人玩起办理丧事或做生意的游戏。为了给他寻找一个合适的榜样，孟母最终搬到学校边上。孟子受学校影响，变得守秩序、懂礼貌、喜欢读书。这就是"孟母三迁"的故事。后人用这个成语来强调成长过程中榜样的重要性。

一、从众行为

当群体成员的思想或行为与群体意见或规范发生冲突时，成员为了保持与群体的关系而需要遵守群体意见或规范时所感受到的一种无形的心理压力，叫作群体压力（group pressure），它使成员倾向于做出为群体所接受的或认可的反应。

个体在群体中受到压力影响，惮于表达自己的真实想法而服从于群体中大多数人的想法，就产生了群体从众行为（conformity behavior），也称群体从众性。群体对于个体的影响与权威命令的作用不同，群体的影响不是事先规定好的，也不会强制改变个体的行为反应，但个体在心理上往往难以违抗，因此它改变个体行为的效果，有时反而强于权威命令。

（一）影响从众行为的因素

影响从众行为的心理因素有很多，主要有如下六个方面。

1. 对群体的信任度

个体对群体越信任，越觉得群体是一个可靠的信息来源，就越会遵从群体的意见。

2. 对偏离的恐惧

几乎在任何群体中都有强大的压力要求每位成员保持一致性，不从众的人就会受到惩罚。个体害怕若与群体意见不一致，群体会排斥、虐待或驱逐他，每个个体几乎都想要被群体喜欢、接受。

3. 群体的规模

个体对群体行为的遵从性随群体规模的增长而提高，因为与他人一致的意见比一个人的意见更值得信赖，不相信一个群体比不相信一个个体困难。对于个人来说，一个群体越有规模，他对群体就越信任，也就越把群体的意见当作有价值的信息，从而越容易遵从。

4. 个体的自信心

个人的自信心越缺乏，他遵从他人判断的可能性就越大。一个视力较好的人在视觉辨别方面，要比近视的人有信心，不会轻易相信别人说看到的但是自己没看到的事物。面临问题时，问题的难度也会影响自信心，问题越困难，个人的自信心就越弱，对群体遵从的可能性就越大。

5. 责任感

责任感降低遵从。一个人如果对某件事产生责任感，他就更不愿意屈服于群体的压力，遵从性也随之减小。

（二）从众行为的作用

1. 积极作用

利用从众行为进行规范可以约束群体内成员的行为，使其保持一致，从而提高群体的效率和配合度，有利于组织目标的实现。

从众行为一定程度满足了心理不确定性的需求。个人从事任何行为，面临的约束条件无非有两种情况：一种是确定性，另一种是不确定性。在满足确定性的条件下，就无所谓从众的问题。因为情况是确定和清楚的，用不着去从众。如果约束条件是不确定性，这时从众的心理就强于不从众的心理。在撒哈拉沙漠的一个绿洲上有两口井，一位口渴的旅行家路过，看到阿拉伯人从其中一口井里打水，却不选择另一口井，由于对撒哈拉沙漠并不了解，即使不知道为什么阿拉伯人有这样的行为，但他最终也只喝这口井里的水。所以，在不确定状况下，从众可增加一定程度的安全感。

2. 消极作用

人们常常有一种盲目从众心理。从众压力可能导致人云亦云影响个体的创新精神，影响群体对变革、不确定性和复杂问题进行决策的能力。

从众心理和行为可能使人产生依赖思想，凡事不喜欢自己思考，总是跟着群体在行动，缺少了创造力。从众心理使群体中的成员千人一面，没有个性，缺乏激情，不利于群体的发展。在这种群体中，人人可能隐瞒自己真实的想法，加剧群体内部死板压抑的气氛，一旦遇到刺激容易引起群体的极端行为，给群体带来巨大的损失。从众行为还容易滋生官僚作风，出现人浮于事，没有责任心等现象。

二、社会促进效应

（一）社会促进效应的定义

社会促进效应（social facilitation effect）是一种集体效应，指人们在共同工作或有人在旁边观察的时候，活动效率会比单独进行时更高或更低的现象。

（二）社会促进效应的作用

1. 正向作用

社会促进效应又称为"社会助长作用"，是指由于他人在场或与他人一起活动时所带来的效率或绩效的提高。1898年美国心理学家特里普里特（N. Triplett）在《美国心理学杂志》发表了一项实验报告，实验中设置了三种情境，第一种情境是骑手单独骑车完成25英里的路程；第二种情境是让一个人跑步陪同完成25英里的路程；第三种情境是与其他骑车人竞赛完成25英里的路程。结果，在单独骑时，平均时速为24英里；有人跑步陪同时，平均时速为31英里；在竞赛的情况下，平均时速为32.5英里。这个报告引起了社会心理学家极大的兴趣。为了证实实验结果的非偶然性，他找来一些小孩，分成两组绕鱼线，一组是每个孩子单独绕，另一组是集合起来一起绕。结果发现，一起绕线比单独绕线的效率要高百分之十。他据此得出结论：个人在集体中活动的效率要比单独活动的效率高。

2. 反向作用

社会促进效应发挥反向作用时又被称为"社会抑制作用"（social inhibition），是指由于他人在场或与他人一起活动时所带来的效率或绩效的降低。根据扎荣克（Zajonc）的理论，环境中他人的存在可能会降低工作效率，如果某人所从事的活动是正在学习的、不熟练的，或者是需要费脑筋的，他人在场会产生干扰作用。如果和别人一起做，或者做的时候旁人盯着看，反而会感到心慌意乱，从而降低活动效率。在群体中工作时，对于较难完成的任务，可以让员工单独去完成；对于容易完成的任务，可以让员工和他人在一起来完成，这样可以提高工作效率。

三、竞争

（一）竞争的定义

竞争（competition）是指群体中个体之间或群体与群体之间为一定的目的而产生的争夺。"适者生存，物竞天择"的竞争法则也是人的"争先意识"动机的具体表现。没有竞争就没有动力，也就没有了发展。竞争既是群体的压力，也是群体发展的动力，不仅可以促进群体成员的主动性、创造性，还可以促进人类社会的进步。

竞争作为一种社会性刺激，会对个体产生一系列心理需要和行为活动。个体的需要多种多样，处于竞争条件下，人们的自尊需要和自我实现的需要更为强烈，对于竞争将会产生更加浓厚的兴趣，克服困难、争取成功的信念更加坚定。个体将动员一切力量，全力以赴，充分发挥内在潜力与创造力，力争使自己在竞争中立于不败之地。但在竞争中，由于一心想战胜对方，经常将自己与对手进行比较，甚至对对手采取妒忌、贬低和仇视的态度，不利于与他人建立良好的人际关系。在有些场合，如职业技能竞赛等活动，参加者心理压力特别大，由于求胜心切，反而会产生怯场与失误，从而影响正常水平的发挥，而且对个体的心理健康也会产生长期影响。

（二）竞争的特征

1. 它必须是对于一个相同目标的追求，目标不同就不会形成竞争。

2. 这个追求的目标必须是较少的和比较难得的。对于数量很多、轻而易举即可得到的目标的追求，不能构成竞争。

3. 竞争的目标主要在于获取目标，而不是反对其他竞争者。竞争虽然是人或群体之间进行争夺的关系，但是一种间接的反对关系，而不是直接的反对关系。

竞争按照一定的社会规范进行。为了防止竞争发展成为人们之间的一种直接反对关系，就必须制定一些各方都必须遵守的规则。

第五节　群体影响与人际互动

PPT

"众人拾柴火焰高。"

—— 中国古代俗语

一群大雁要飞到暖和的地方过冬，它们排成整齐的"人"字形队伍。有一天，一只年轻的大雁突然离开队伍，自己飞走了。它一边飞一边想："我为什么一定要跟着队伍呢？多不自由呀！"它飞呀，飞呀，渐渐地感到吃力，身体也越来越重。正在后悔不该离开集体时，一只年长的大雁飞来接它，它奇怪地问："为什么离开队伍，就飞不动了呢？"年长的大雁和蔼地告诉它："大家排队飞行，把周围的空气扇动起一股向上和向前的气流，借着这股气流，每只大雁飞起来就省一点力。你离开队伍，没法利用气流帮忙，所以很快就累了。"年轻的大雁明白了，它跟在年长的大雁后面，去追赶队伍。

一、群体对个体的影响

群体对个体的影响主要表现为四种形式，分别是社会助长作用、社会抑制作用、社会惰化、去个性化。其中社会助长作用和社会抑制作用在前文已有详细介绍，此处不再赘述，主要介绍社会惰化和去个性化。

（一）社会惰化

社会惰化（social loafing）是指许多人在一起工作，会降低个人活动积极性的现象。即群体一起完成一件事情时，个人所付出的努力比单独完成时偏少的现象。

与社会抑制不同的是，社会惰化作用往往发生在那些为一个共同目标而合作，但个人的成绩不能单独计算的情况下；而社会抑制则关注他人在场对个体行为的影响，即使和别人一起工作，也并非共同完成一份工作，而是个人完成自己的工作。可以通过以下途径减少社会惰化。

第一，让每个人的努力和成果都得到区分；

第二，增强成员对组织任务的责任感；

第三，体现任务的重要性和价值；

第四，让个体看到他的贡献是不可为他人所替代的。

此外，控制群体规模，增加工作任务的挑战性，提升群体的内聚力等，都能有效减少社会惰化，提高群体工作效率。

（二）去个性化

去个性化（deindividuation）是指个体在群体中自我导向功能的削弱或责任感的丧失现象，产生一些个人单独活动时不会出现的行为，这主要是由于群体中的责任分担而造成的。例如集体起哄、相互打闹追逐、成群结伙地故意破坏公物、打架斗殴、集体宿舍楼出现乱倒污水垃圾现象等，都属于去个性化现象。

拓展阅读

津巴多：研究去个性化如何产生

1969年，心理学家津巴多（Zimbardo）通过实验试图研究，摆脱正常社会约束和从事极端负面行为的去个性化是如何产生的，为什么有些平时很老实的人，在一群疯狂的人当中也会变得疯狂。他做了一个有趣的电击实验，他召集了一些女大学生作为被试者，对她们说实验要求对隔壁一个女大学生进行电击，不需要负任何道义上的责任，完全是为了科学实验的需要。透过玻璃被试者们可以看到那个被自己电击的女大学生。实际上她是津巴多的助手，她假装大喊大叫，流泪求饶，以使被试者的女大学生们相信她真的非常痛苦。被试者分为两组，第一组被试者都穿上了带头罩的白大褂，每个人只露出了两只眼睛，因此彼此间谁也不认识谁，请她们实施电击时也不叫她们的名字，实验在昏暗中进行。这种情境被津巴多称为"去个性化的条件"。第二组中被试者穿着平常的衣服，每个人胸前都有一张名片，主持人很有礼貌地叫着每个人的名字。房间里的照明很好，每个人彼此都能看得很清楚。这一情境称为"个性化"。津巴多预言说：去个性化条件下的被试比在个性化条件下的被试在按电钮时将表现出较少的约束。实验结果证实了他的预言。去个性化小组与个性化小组相比按电钮的次数将近两倍，并且每一次按下电钮的持续时间也较长。

根据实验结果，津巴多认为，去个性化产生的环境具有两个特点。

一是匿名性。即个体意识到自己的所作所为是匿名的，没有人认识自己，所以个体可以毫无顾忌地违反社会规范、道德习俗甚至法律，做出一些平时决不会做出的行为。

二是责任模糊。当一个人成为某个集体的成员时，他就会发现，自己对于集体行动的责任是模糊的或分散的。参加者人人有份，任何一个个体都不必为集体行为而承担罪责，由于感到压力减少，觉得没有受惩罚的可能，没有内疚感，从而使行为更加放肆。有的成员甚至觉得他们的行动是得到允许的或在道德上是正确的，因为集体作为一个整体参加了这一行动。

值得注意的是，去个性化既可能导致反常或消极的行为，也可能导致建设性或创造性行为，不能仅把去个性化当作消极的现象对待；另外，去个性化的原因除了个体对道德责任的回避外，还有大量的因素也影响到去个性化，如群体规模、情绪的激发水平、情况不明确时的新奇感、参与群体活动的程度等因素。

二、个体对群体的影响

（一）群体凝聚力

凝聚力是指群体中的个体为了同一个目标相互吸引、团结互助的程度。一个群体，

如果凝聚力高，那么就很容易实现其目标，因为凝聚力可以使得"1+1＞2"。

以下措施可以提升群体凝聚力。

1. 树立群体明确一致的目标

群体的目标与个人目标的一致性，有利于提高群体的凝聚力，建立有效的团队目标，可以大大提高群体的生产效率。有效目标的建立一般有如下原则。

（1）建立具体的、可测量的团队目标。

（2）明确时间限制，良好的目标规划具有时效性，不仅需要有明确的时间限制，还有对完成每个小任务的时间进行合理的规定。

（3）合理制定中等目标，将较难的群体目标分化成几个中等目标，有利于整体目标的实现。

此外，定期检查目标进展；运用过程目标、表现目标以及成绩目标的考核组合等等都有利于群体凝聚力的提升。

2. 良好的群体内部管理

群体的内部管理方式对团队凝聚力的形成也非常重要，良好的团队内部管理主要包括以下几个方面。

（1）领导 要增强团队凝聚力，应较多地采取民主型领导方式，在团队决策上应共商共议，力求最大限度反映民意，切忌独断专行，这样可以使成员之间更友爱，思想更活跃，凝聚力更强。

（2）沟通 群体成员之间的沟通与交流既可增强人际凝聚力也可增强任务凝聚力，所以在群体内部应保证足够的沟通时间、适宜的空间或渠道、良好的沟通氛围。

（3）群体规范 群体规范是群体成员认可并普遍接受的规章和行为模式，它可以具体化为群体成员对某种特定行为的认同或反对，区分出某种行为是有益的或是有害的，以此来规范群体成员的行为，提高群体成员的自我管理、自我控制能力，从而提高团队凝聚力。

另外，根据成员的需要不同，合理、恰当地应用激励方式、举办群体竞赛活动、开展群体拓展培训，提升员工的凝聚力。

（二）群体意识

群体意识是在交往活动中形成的，指群体中所有成员共有的认知、情感和行为等心理特征的总和，包括群体目标认知、群体规范认知、群体归属感和群体观念。其中，群体目标认知指群体成员能够通过交往树立明确的群体目标，全体成员都为这个目标而奋斗；群体规范认知指全体成员一起指定明确的规范，并且为全体成员所知晓并遵守；群体归属感指群体成员依赖群体的存在，并与群体成员友好相处，相互支持，承担自己作为群体成员的责任；群体观念指群体成员有集体意识，主动维护群体的集体利益，坚持集体利益与个人利益相统一。

群体意识对于一个群体至关重要，良好的群体意识有利于推动群体的良性发展。那么如何增强群体意识呢？首先，应当发挥群体之中的优秀成员的积极暗示作用，宣传和鼓动成员为群体的共同目标奋斗。其次，确立一位领袖来领导群体，确立群体的行为规范；通过群体成员之间的认同增强集体归属感；通过积极维系成员的感情以增强集体观念。对于班级来说，班上总有一些乐于助人、学习勤奋的同学，这些同学应配合班长和班委营造和谐温馨、积极向上的气氛；班长和班委是由民主投票选出来的，具有建立共同行为规范的说服力；此外，开展丰富多彩的班级活动、成员之间相互关心爱护都是增强群体意识的有效措施。

📖 **拓展阅读**

广州 BY 制药厂如何提高员工群体意识?

广州 BY 制药厂于 1984 年 7 月成立了公共关系部，当时在我国工业企业中还是首创之举。从广州 BY 制药厂的实践出发，其企业公共关系部门职能中重要的一项就是培养群体意识。

人力是企业经营中最重要的一种资源，要使人力优势能够充分发挥，企业必须创造一种和睦相处、奋发向上的"组织气候"。公共关系部定期出版墙报、编辑企业刊物、业务通讯等，把企业在公众心目中形象及时反映给企业员工，还利用企业周年纪念、产品展览等多种活动来宣传本厂的优势，联络职工感情，激发职工的干劲。药厂在成立十周年纪念活动中，通过公共关系部联系，邀请了东方歌舞团来厂参观访问并进行演出。此事经过电台、电视、报纸等新闻报道，不但将药厂的形象广泛传播出去，更重要的是增强了本厂职工的荣誉感。当然，平时公共关系部还创造条件，鼓励员工提建议，使企业的利害、荣辱与个人结合在一起。企业与职工"同舟共济"，何愁不能渡过急流险滩，由此而产生的经济效益，是很难用金钱来衡量的。

第六节　群体冲突

PPT

"天时不如地利，地利不如人和。"

—— 孟子

▶ **开篇案例**

2000 年初，吴亚军和蔡奎共同接手龙湖地产。龙湖上市后不久，作为公司两大股东的吴亚军和蔡奎因离婚，使龙湖股价遭受重创。二人离婚消息公布当天，龙湖地产的股价应声下跌 4.2%。第二天，股价继续下跌 2.92%。尽管两人仍尽力维护公司利益，但还是给企业带来了短期不可恢复的消极影响。

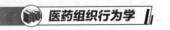

一、群体冲突的定义

群体冲突（intergroup conflict）是在群体之间公开表露出来的敌意和相互对对方活动的干涉。从一个方面看，冲突将妨碍现有组织与人员的运转，但是群体冲突并不总是有害无益的。如果能保持在合理的程度和有限的重要事件上的话，那么冲突实际上能使组织更有效地运行。

群体冲突可分为人际冲突和组织内冲突。

（一）人际冲突

两个或以上的人因态度、行为和目标的不同而产生的冲突称为人际冲突。在组织内部员工与员工之间，可能因为工作或态度而产生冲突。例如企业内主管生产的副总与主管销售的副总之间因为产销问题产生冲突。

（二）组织内冲突

在组织中由于各个成员对问题的认识不同，对组织目标、活动或程序的意见各异而出现组织内冲突。可细分为三种具体模式。

1. 纵向冲突

纵向冲突是指组织内上下级间所发生的冲突，如总经理与中层管理者之间的冲突等。经常发生在上司管得太严而下级不服管的情况中。在这种情况下，下级认为上级对他们的控制严重妨碍了他们开展工作的自由而反抗。同时，当信息交流不充分、信息和价值观不一致或目标严重相斥也可能发生这种冲突。

2. 横向冲突

横向冲突是指平行部门或单位之间的冲突。组织中的工作人员往往因为各自所执行的职能不同而表现出一定的差异，如不同部门人员对时间的看法就不一样，不同部门中人际关系情况也不同，所以容易导致冲突。

3. 一线人员与职能部门的冲突

一线人员与职能部门的冲突即一线人员一般负责组织的专门化业务，而职能部门掌握着一线人员所使用的部分资源，并指定一线人员的工作方式。这种冲突通常是组织内极易发生的现象，其形成原因是职责划分不清，本位主义、立场不同或角色差异等。

二、群体冲突的阶段

罗宾斯认为，冲突主要有五个阶段，分别是潜在冲突、知觉冲突、行为意向、明显冲突以及冲突结果阶段。

（一）潜在冲突阶段

潜在冲突是指群体中存在着可能导致冲突的原因，如上述所说的沟通、个体和组织原因，当这些因素积累到一定程度或有一个促发点时，便会导致群体中冲突的产生。此时可能产生冲突的双方应积极讨论、倾听并理解对方的差异，考察有利于双方的所有可能的解决办法。

（二）知觉冲突阶段

当一方或多方受冲突影响和认识到冲突的情况下，潜在的冲突就会变成现实，进入知觉冲突阶段。冲突的一方或多方意识到上述冲突条件的存在，并进一步引起情感上的冲突，即当个体有了感情上的投入，双方都体验到焦虑和紧张、挫折或敌对时，潜在冲突就可能成为现实。

（三）行为意向阶段

行为意向阶段介于知觉到冲突和产生外显的对抗行为之间，指采取某种特定行为的意图。行为意向导致行为，冲突之所以不断升级，主要原因在于一方对另一方进行了错误归因。行为意向和行为也不尽相同，有时一个人的行为并不能准确反映他的行为意向。

（四）明显冲突阶段

当个人采取明显的行动去反对他人或阻止他人的行动时，就进入了冲突过程的第四阶段——明显冲突阶段。在这一阶段，冲突会公开化。公开的冲突包括行为的整个过程，从微妙、间接、节制发展到直接、粗暴、失控的争论、纠纷甚至斗争。

（五）冲突结果阶段

在冲突导致结果阶段的主要任务是冲突双方进行调整。如果是建设性冲突，会出现较为积极的结局，如提高决策质量、调动群体成员的积极性、激发创新与变革、形成有利于改进和变革的环境等；如果是破坏性冲突，则可能出现沟通不畅、人心涣散、员工满意度下降、组织政治斗争加剧等后果，在极端情况下，会对群体或组织的生存产生消极影响。

三、解决群体冲突的常见方法

管理者处理冲突时需要结合具体情况进行分析，针对不同性质和内容的冲突，采取不同的解决方法。关于冲突的常见处理方法有以下几种。

（一）妥协

这是很多组织中最常见的方法。由于冲突双方看待问题的角度和利益出发点不同，在双方实力相当的情况下，管理者会要求双方采取妥协的方式，尽量满足对方的要求。

（二）拖延

面对不会造成重大损害的冲突，管理者通常会采取拖延回避的方式，等待冲突自然消失，但需要注意的是有些冲突在当前看起来微不足道，但是一经累积会造成重大损失的，应及时解决。

（三）仲裁

仲裁首先要求冲突双方各自阐述自己的观点、立场，然后由第三方（通常是双方的上级）遵循公平公正的原则进行仲裁，从而解决冲突。

（四）和谐相处

和谐相处要求冲突双方求同存异，在这个过程中，管理者可以协助双方分析问题产生的原因，鼓励双方通过协商来处理冲突。

（五）重组

如果群体内的冲突过于激烈又长期得不到有效解决，使得群体作用无法正常发挥时，可以考虑对群体进行重组。

（六）压制

在冲突产生后，可以由管理者使用行政命令限制冲突。但是，这种方法只能暂时停止冲突，不能解决冲突产生的根源，且时机成熟又会引发新的冲突甚至产生更严重的后果。所以，在管理实践中，需要谨慎使用此种处理方法。

拓展阅读

由"猴子和香蕉"的故事谈群体冲突

四只都来自不同地方的猴子被关在一只笼子里，总是接连不断地打架。

两天以后，实验人员在笼子的顶上挂了一串香蕉。一只猴子无法单独拿到这串香蕉的，于是四只猴子开始协作，取下香蕉来大家一起分享。这个阶段，我们可以说四只猴子有了共同的目标，形成了一个团队，形成"组织"。

但一个星期以后，情况发生了变化。不管哪一只猴子，每当它快要取到香蕉的时候，都会有一只高压水枪向它喷水，稍不留神，猴子就会摔落到地上。由于这种情况从无例外，于是，四只猴子都不敢去取香蕉了。过了些日子，笼子里又来了一只猴子。它看到香蕉的时候，非常想去取。但其他的猴子一起来告诉它，香蕉不能取，并且告诉它以前的那些痛苦经历。于是，这只新来的猴子从此就打消了去取香蕉的念头。此时组织的成员之间形成了共识，并且已经通过正式或者非正式的方式延续下去，可类比为企业逐渐形成了企业文化。

又过了几天，来了一只新猴子，而一只第一批入笼的猴子被带走了。这只新来的猴子也很想去取香蕉，但其他的猴子，包括那只从来没有取过香蕉的猴子都来告诉这只新猴子，不能去取香蕉。经过几次轮换，笼子里的猴子越来越多，而第一批被高压水枪喷过的猴子全部都离开了笼子，但笼子里所有的猴子都知道不能去取香蕉。

　　事实上当第二批进入笼子的猴子不再去取香蕉的时候，管理员已经把喷枪取走了。但没有一只猴子敢去尝试。由此可见，企业文化对企业成员的影响未必都是正面的，有时反而需要建设性冲突来打破固有观念。

第七节　群体决策

PPT

"三个臭皮匠，顶个诸葛亮。"

—— 中国谚语

开篇案例

　　美国通用电气公司（GE）被世人尊称为"全球第一CEO"的杰克·韦尔奇（Jack Welch）在1981年刚接任总裁时，对公司的官僚体制深恶痛绝，并一度想辞职。他认为公司管理得太多，领导得太少。他指出，"工人对自己的工作比老板清楚得多，经理们最好不要横加干涉。"针对企业的这一弊端，韦尔奇在公司中实行了"全员决策的制度"，让那些平时没有机会相互交流的职工、中层管理人员都能出席决策讨论会，参与决策。这一制度的实施，克服了公司中官僚主义的弊端，减少了烦琐的办事程序，使公司在不景气的情况下取得了巨大的进展，也为公司后来的发展奠定了坚实的制度基础。

一、群体决策的概念

　　群体决策（group decision）是为充分发挥集体智慧，由多人共同参与决策分析并制定决策的整体过程。其中，参与决策的人组成了决策群体。群体作为社会的一个单位，需要不断地应对社会的各种变化，以调整群体内部以及与其他群体之间的复杂关系，作出新的决策。这就决定了影响群体决策的因素是多方面的，有群体内部、群体外部以及问题本身等。群体决策包括以下三个维度：成员参与决策程度；群体决策内容；群体决策范围，这三个维度决定了群体决策的特点与质量。

　　作为实现群体目标的有效手段，群体决策的过程大致可分为以下三个阶段。

　　第一阶段，问题诊断阶段，群体在此阶段确认问题性质、问题情景和问题产生的原因，提出解决问题的标准。

　　第二阶段，备择方案阶段，群体成员提出多种可采用的解决办法和备选方案。

第三阶段，选择决策阶段，通过群体讨论、分析、比较，权衡不同备选方案的利弊，决策出有可能获得最佳结果的解决办法。

群体决策是相对于个人决策而言的，个体决策由于受决策者个人经验、知识水平、决策能力、思想观点、欲望、意志等多因素的影响，从而使决策带有强烈的个人色彩；而群体决策时由于有多人共同参与决策分析和决策制定，因而可以充分发挥集体的智慧，二者的区别如表6-1所示。在选择使用群体决策和个体决策时，要先对决策的效果和效率进行权衡，若更关注决策效果，那么群体决策能够提供更多可供选择、准确性更强、创造性更高、更具民主性的决策结果；若更关注决策效率，则更适合使用反应及时、迅速的个体决策。

表6-1　群体决策与个体决策的比较

对比项目	群体决策	个体决策
速度	慢	快
准确性	较强	较弱
信息量	大	小
创造性	较高	较低
效率	费时多，效率低	由任务复杂程度决定，通常费时少，效率高
冒险性	视群体（尤其是领导者）性格而定	视个人气质、经历而定
民主性	好	差

二、群体决策的优缺点

一方面，群体决策在整合有效资源、扩展信息的广度和深度、增强民主性、获得民众支持方面有很大优势；另一方面，群体决策也存在着一些缺点和不足。

（一）群体决策的优点

1. 产生更多的可行方案

群体成员来自不同的专业领域，其价值观念、文化程度、道德修养等差异，使得群体成员之间容易形成知识和信息的互补，进而增加观点的多样性，在群体讨论中能挖掘出更多令人满意的行动方案，使得决策更加全面、更具创新。

2. 增强决策的可接受性

由于群体成员具有广泛的代表性，其形成的决策是在综合各成员意见的基础上形成的对问题趋于一致的看法，因而有利于有关部门和人员的理解和接受，在实施过程中也容易得到各部门的相互支持与配合，有利于提高决策实施的质量。

3. 提高决策的合法性

如果拥有全权的个人决策者在进行决策时没有征求他人的意见，会让人感到决策源于个人偏好和独断专行。因此，群体决策制定过程与民主思想是一致的，人们会觉得群体制定的决策比个人制定的决策更加合法。

（二）群体决策的缺点

1. 消耗时间，效率低下

群体决策鼓励各个领域专家、员工积极参与，并力求以民主方式拟定出满意的行动方案，这显然需要花费大量的时间，从而限制了管理人员在必要时做出快速反应的能力。因此，与个体决策相比，群体决策的效率相对低下。

2. 少数人统治

群体决策具有科学性的原因之一在于群体成员在决策中出于同等地位，可以充分发表个人见解，但在实际决策中，很难做到绝对的公平公正，很可能出现以个人或小群体为主发表意见进行决策的情况。如果是由低水平的成员支配和控制局面，则群体的运行效率就会受到不利影响。

3. 责任不清

群体中的责任由成员共同承担，但究竟谁对最后的结果负责却并不清楚，很可能导致群体作出风险较大的决策。一旦出现问题，由于责任界定的不清晰就会导致群体成员相互推卸责任。

📖拓展阅读

一人决策 VS 多人决策：孰优孰劣？

决策模式越来越成为很多制药企业的致命伤。企业的重大决策事宜由最高领导者一人决策，由于领导者的精力有限，容易出现考虑不周、决策失误的现象。尤其是处于跨越式发展期的制药企业，需要更多的专业人才参与决策。通过共商大计的方式，增加决策的权威性和执行力度。

这其实就是决策委员会制，这已经是当今大多数企业采取的决策制度。早在斯隆执掌时的GE，公司的几大业务分别设置执行委员会，委员3~5人，共同负责重大问题的决策；当代还有复星医药以郭广昌为首的五人决策团队，其中一名成员汪群斌是生物制药方面的专家，他的意见对生物制药企业的投资具有重要意义，作为"大老板"的郭广昌并不独断专行。

为什么有这么多组织采用了决策委员会制？我们必须思考，当组织规模足够庞大时，仅凭"大老板"一人是否能够承担所有责任？能够满足进行一切重大决策所需的视野和魄力？

两千多年前，召公、周公二相辅政，被称为"共和"，天下遂大治。决策委员会也有点"共和"的意思，是一种值得尝试的企业决策模式。

三、群体决策技术

群体决策是群体成员相互作用的产物，群体的行为受群体规范、群体规模、领导、目标、成员构成、外界环境等多种变量的影响，群体会对群体成员个人形成压力，迫使他们从众。在组织实践中，人们设计出头脑风暴法、名义群体法、德尔菲法等多种决策技术，以减少群体决策的弱点，提高群体决策的有效性。

（一）头脑风暴法

头脑风暴法（brain storming）最早由奥斯本（A. P. Osbom）于20世纪50年代提出，又称脑力激荡法，其方法是利用产生观念的过程，创造一种进行决策的程序，在这个程序中，群体成员畅所欲言，不许别人对这些观念加以评论，当讨论产品推广方案或创造新产品时可以采用这种方法。

在头脑风暴法讨论中，以6~12人为一组，并设有一名主持人，1~2名记录员，主持人和记录员均不参与会议讨论，先由主持人用清楚明了的方式把需要解决的问题讲清楚，然后在给定的时间内，让每位成员围绕该问题或题目进行自由发言，鼓励群体成员运用创造性思维，尽可能地想出各种解决问题的方案。在这段时间，任何人都不得对发言者加以评价，所有方案均留有记录，直到最后允许群体成员来分析这些建议和方案，综合集体智慧形成最终的决策意见。

头脑风暴法可以克服互动群体中产生的妨碍创造性方案形成的从众压力，在寻找新观念和创造性建设时十分有效。其优点是能够解放思想，勇于创新和深入思考，其缺点是需要花费大量时间整理分析意见，从而使决策进程减慢，与此同时，它更适用于比较单一明确的问题，对于复杂问题而言，实施难度较大。

（二）名义群体法

名义群体法（nominal group technique）又称非交往程式化群体决策术，其特点是群体成员不能进行讨论或言语交流，在会议过程中，群体成员首先进行个体决策，多用于决定某一成员的晋升或罢免，推选组内代表或委员会委员等情形。具体方法是，在问题提出之后，采取以下几个步骤。

（1）在进行讨论前，写下自己对于解决这个问题的看法或观点，时间为10~20分钟。

（2）群体成员聚集在一起，每个群体成员都要依次说明自己的观点，每轮只表达一种观点，直到所表达的观点全部被记录下来，之后再进行讨论。

（3）群体开始讨论每个人的观点，并进一步解释和评价这些观点。

（4）每个群体成员独自对这些观点进行排序，最终决策结果是排序最靠前、选择最集中的那个观点。

名义群体法主要适用于对所需要解决的问题存在分歧严重的决策，其主要优点在于，允许群体成员正式地聚集在一起，但是又不像一般群体那样限制个体的思维，可以使每个参与者都获得平等发言的机会，能够防止能言善辩者操纵讨论，使缺乏自信或表达能力差，但确有真知灼见的人得到充分的发挥。

（三）德尔菲法

德尔菲法（Delphi technique）又称"专家意见法"，是20世纪40年代由美国兰德公司设计的一种决策方法。它依据系统的程序，采用匿名发表意见的方式，即群体成员之间不得互相讨论，不发生横向联系，只能与调查人员产生联系，通过多轮次调查成员对问卷所提出问题的看法，经过反复征询、归纳、修改，最后将群体成员基本一致的看法作为预测的结果。其具有匿名性、反馈性和统计性的特点，不需要群体成员面对面地聚集在一起，而采用背对背匿名通信的方式进行决策。德尔菲法的具体实施步骤如下。

（1）在问题明确之后，要求群体成员通过填写精心设计的问卷，来提出可能解决问题的方案。

（2）每个群体成员匿名并独立地完成第一份问卷。

（3）回收问卷，将第一次问卷调查的结果进行整理归纳。

（4）把整理和调整的结果分发给每个人。

（5）在群体成员看完整理结果之后，要求他们再次提出解决问题的方案，结果通常是启发出新的解决办法，或使原有方案得到改善。

（6）若有必要，重复步骤4和步骤5，直到选出大家意见一致的方案为止。

总体来说，德尔菲法可以使人际冲突趋于最小；能够充分发挥各位专家的作用，集思广益，准确性高；能够把各位专家意见的分歧点表达出来，取各家所长，避各家所短；可以避免权威人士的意见影响他人意见；可以避免有些专家碍于情面，不愿意发表与其他人不同的观点；可以避免出于自尊心而不愿意修改自己原来不全面的意见。当然，德尔菲法也有其不足，因为这种方法需要占用大量时间，不适用于解决需要快速进行决策的问题，同时由于没有面对面的交流和思想碰撞，可能缺乏独具创意的灵感。

四、群体思维和群体转移

群体决策的两个副产品即群体思维和群体转移受到了管理心理学研究者们的高度重视。这两种现象可能会潜在地影响群体客观评估各种方案和达成高质量决策的能力。

（一）群体思维

1.群体思维的概念

群体思维（group think）的概念是由社会心理学家欧文·贾尼斯（I. Janis）提出的，他将其定义为"由于群体压力所导致的思考能力、事实检测和道德判断的退化"（1972）。群体思维在我国又称为"小群体意识"或"小团体意识"，是指在群体决策过程中，成员片面地、过分地追求一致的现象和倾向。具有这种倾向的群体，由于其对维持群体一致的关注程度高于做出最佳决策的关注程度，个人不愿意过多强调自己独特的见解和发表激烈的反对意见，可能阻碍群体对解决办法和行动方案作出准确的评价，从而导致错误的决策。

2. 群体思维的过程

贾尼斯认为群体思维会导致决策缺陷，他分析了群体思维从原因到后果的各个环节，提出了理论分析模型，如图6-5所示。

在该理论分析模型中，引起群体思维的原因有五种，包括群体凝聚力、群体与外界隔绝、缺乏评价备选方案的系统性方法、支配性领导方式，以及群体对寻找解决方法失去信心从而服从于领导或其他有影响力的人所赞同的方案，其中群体凝聚力起着至关重要的作用，当高水平的群体凝聚力和其他影响原因发生交互作用时将更容易引起群体思维。

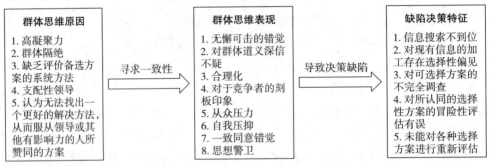

图6-5 群体思维理论分析模型

当群体成员在追求群体意见一致性，或寻求一致性的规范时，群体思维随即产生，可表现为以下八种形式：①无懈可击的错觉，即群体对自身过于盲目自信和乐观，不认为有潜在危险；②对群体道义深信不疑，相信群体所做出的决策是正义的，不存在伦理道德问题；③行为的合理化，指群体将已经做出的决策合理化，忽视外来挑战；④对于竞争者的刻板印象，一旦形成群体思维，群体成员就会倾向地认为任何反对他们的人或群体都是不屑与之争论的，或认为他们过于软弱、愚蠢不能保护自己，而群体既定的方案则会胜利；⑤从众压力，为了获得群体的认可，持有不同观点或意见的人会放弃自己的立场而与群体保持一致；⑥自我压抑，群体成员避免提出与群体不同的看法和意见，压抑自己对决策的疑惑；⑦一致同意的错觉，从众压力与自我压抑的结果，使得群体意见看似一致，造成群体统一的错觉，表面的一致性又会使群体决策合理化，甚至可以使很多荒谬、罪恶的行动合理化；⑧思想警卫，是指群体决策形成后，某些成员会有意地扣留或隐藏那些不利于群体决策的信息和资料，以此来保护决策的合理性和影响力。

在决策过程中一旦出现群体思维，决策将不能按照理性的顺序进行，从问题界定、信息收集、方案生成、评价到最后的决议都会出现很多过程缺陷，如信息搜索不充分、对现有信息的加工存在选择性偏见、不全面研究可选择方案、不考察既定选择的冒险性、不重新评价其他选择等。从理论分析模型可以看出，群体思维对决策结果有着负面影响，它会使决策结果偏离群体最初设定的目标。

3. 克服群体思维的方法

具体而言，要想真正克服群体思维，应从以下六个方面入手。

（1）群体领导者应要求参加决策的人尽可能清晰和合乎逻辑地提出自己的看法，并认真听取和考虑其他人对自己意见的看法，欢迎不同意见。

（2）先把问题告诉大家，让大家独立思考和提出看法，可以采取匿名或书面的方式提意见。

（3）群体决策时，先以小组讨论充分酝酿，然后把不同意见提交至领导者。

（4）讨论初期，领导者应避免表现出对某种方案的偏爱。

（5）领导者可指派一名成员扮演"吹毛求疵"角色参加会议，专门对大家得出的结论和决定进行批评。

（6）尽可能控制群体规模，在保证有效人数的同时防止群体思维的产生。

（二）群体转移

1. 群体转移的定义

群体转移（transfer groups）是指群体决策与个人决策相比，会更加容易出现极端的决策倾向。群体讨论会使得群体成员的观点朝着更极端的方向转移，这个方向是决策前已经倾向的方向，从而使得保守的决策变得更加保守，激进的决策变得更加激进。事实上，群体转移可以看作群体思维的一种特殊形式。群体的决策结果反映了在群体讨论过程中形成的占主导地位的决策规定。

2. 发生群体转移的原因

对于出现群体转移现象的原因，克鲁特（H. Crott）总结认为主要有以下几个方面。

（1）决策责任分散化　决策的风险是由群体成员共同来分担的，即使决策失败也不会由一个人单独承担，因而减轻了群体决策人员的心理负担，所以群体决策会更具冒险性。

（2）群体内的信息交流量　个体处于群体情境下，以为自己可掌握大量的信息，因此对自己的判断格外自信，决策变得更加勇敢和大胆。

（3）群体领导的冒险性　一个有较高凝聚力的群体，其领导者是有威望的，他对群体成员的影响力也是巨大的。因此，如果一个领导是具有冒险性态度的，倾向于影响成员，最终使群体讨论的结果导致极端。

（4）社会的比较作用　社会比较机制使群体成员之间互为影响，每个成员都把别人的意见或态度作为自己表达意见或态度的参照点，于是，个人的判断总是依赖于别人的判断，结果就在不知不觉中造成了群体决策倾向于冒险。

（5）群体气氛鼓励冒险　竞争性群体气氛通常是热烈的，情绪是高涨的，这样的群体气氛容易使得成员热血沸腾，更倾向于冒险。同时，群体成员的关系越融洽，认识越一致，决策时越容易缺乏冲突的力量，更有可能发生群体转移。

📖 拓展阅读

投资"洋保健品"失误巨亏，谁来拯救 H 药股份？

投资有风险，H 药股份或对此有"深刻"体会。2020 年 6 月 21 日晚，H 药集团股份有限公司公告，公司对 G 公司的投资成本总计 20.63 亿元。截至 2020 年 3 月 31 日，账面价值为 8.98 亿元，及因公允价值变动累计产生的其他综合收益损失 11.65 亿元。累计应收股利 1.71 亿元，可能存在部分或全部无法收回的风险。

H 药股份对 G 公司的投资亏损，除了疫情的影响，本身就是一种决策失误。H 药在中国医药变革的大潮流中，没有抓住政策利好，壮大主业，而是将大量资金投向了自己并不擅长的保健品领域，错失了发展机会，并且导致了这一场重大的投资失误。

3. 抑制群体转移的措施

在防止发生群体转移的过程中，组织群体决策活动的领导者起着关键性作用。

（1）鼓励自由发言，提出多种方案　尽管有些成员的意见不同于领导者的想法和观点，但作为组织群体决策活动的领导者，不能轻易阻止其发言，应当让其完整阐述自己的观点，以扩大群体决策的信息量，拓宽群体决策的思路。

（2）让每位成员有充分的问答时间　领导者需要让每一位参与决策活动的成员拥有充足的时间，回答其他参与决策人员的提问以及对自己观点的解释说明，同时应安排相应负责人进行问答记录，做好信息收集工作。

（3）领导者最终决策前保持中立态度　一般不对成员的决策意见提出评论性看法，而是对每位成员的决策意见给予首肯，消除参与决策成员的心理障碍，创造一个有利的决策环境，让大家在决策活动中畅所欲言。

（4）用"不可行性分析"比较代表性方案　根据决策记录，先选出若干具有代表性的决策方案，再用"不可行性分析"方法进行比较、筛选，提出可供领导决策的参考意见，以避免或减少冒险转移倾向。

本 章 小 结

群体是指两个或两个以上相互作用、相互依赖的个体，为了实现既定的目标而组合在一起的集合体。一个群体内部有明确成员关系。成员之间有共同的行为目标、持续的互动关系、共同的约束挑战和一致的群体意识。

群体结构是指群体成员的构成，群体结构塑造着群体成员的行为，使我们有可能解释和预测群体内部大部分的个体行为以及群体本身的绩效。群体结构的变量主要包括人的传记特征、领导、角色、地位、规模等。群体规范是指群体为达到共同的活动目的所确立的、群体成员共同接受的行为标准，可分为绩效方面、形象方面、社交方面和资源分配方面的规范。

群体发展需要经历一定的阶段，不同学者提出了不同的理论，其中最著名的是五阶段说，将群体发展氛围组建期、震荡期、规范期、执行期和中止期。

从众行为指个体在群体中受到压力影响，惮于表达自己的真实想法而服从于群体中大多数人的想法。社会促进效应是一种集体效应，指人们在共同工作或有人在旁边观察的时候，活动效率会比单独进行时更高或更低的现象。竞争是指群体中个体之间或群体与群体之间为一定的目的而产生的争夺。

群体与个体之间会相互影响。群体对个体的影响有社会惰化和去个性化。社会惰化指许多人在一起工作，会降低个人活动积极性的现象。去个性化指个体在群体中自我导向功能的削弱或责任感的丧失现象，产生一些个人单独活动时不会出现的行为。个体对群体的影响表现在群体凝聚力和群体意识。群体凝聚力是指群体中的个体为了同一个目标团结互助的程度。群体意识是在交往活动中而形成的，指群体中所有成员共有的认知、情感和行为等心理特征的总和。

群体冲突是在群体之间公开表露出来的敌意和相互对对方活动的干涉。解决群体冲突可分为事前管理、事中管理和事后管理，可采用妥协、拖延、仲裁、和谐相处、重组和压制等方法。

群体决策是为充分发挥集体智慧，由多人共同参与决策分析并制定决策的整体过程。群体决策能够集中更丰富的信息和知识、产生更多的可行方案、增强决策的可接受性，同时提高决策的合法性；但也存在着效率低下、少数代表多数、从众和责任不清的缺陷。常用的群体决策技术有头脑风暴法、名义群体法、德尔菲法。

» 复习和讨论题

题库

1. 举例说明群体与组织的关系。

2. 医药企业中包含哪些群体类型？对它有什么意义？试举例说明。

3. 如何减弱群体规范在组织中的惰性作用？试举例说明。

4.《三国演义》第四十三回：诸葛亮舌战群儒 鲁子敬力排众议。诸葛亮为联盟孙权抵抗曹操，遭到东吴诸谋士的责难，最后都被诸葛亮一一反驳化解。请同学们思考在这种情况下如何面对来自群体的压力，以一己之力说服多数？

5. 美国社会学家戴伊认为：正确的决策来自众人的智慧。你如何理解这句话？

课堂游戏：海上小岛求生

在9月下旬的某一天，你所乘坐的巨型客轮正在太平洋上航行。突然遇到海上的风暴，你和几名旅客漂流到一个荒岛上。你们来自不同的国家，所使用的语言有英语、德语、汉语和意大利语，但每个人都会讲一些汉语。现在你们并不知道自己所处的位置在哪里，对岛上的情况也并不了解，现在你们每人有一件救生衣，身穿比较轻便的衣服，每人有一条小毛巾，随身携带着一些钱和钥匙。此外，你们还共同拥有一些物品，详见表6-2。

请将用于救援的15件物品以其重要性的大小排出顺序。最重要者写1，最不重要者写15。注意：不可出现同顺位的情形。

（1）个人决策 独立思考15件物品的重要性，并按递减顺序排列。在10~15分钟内完成并说出理由。

（2）小组决策 在由4~7人组成的小组中进行讨论，就15件物品重要性递减所列的合理顺序争取达成共识。既要充分说理，不轻易妥协，又要客观冷静，在放弃己见时，要记下其原因。每组要指派专人记下小组讨论出的最后顺序。此项活动要在40~45分钟内完成。

（3）权威答案 各组都求得小组顺序后，教师宣布总参军训处海岛生存训练专家所列顺序，并以此作为标准答案。

（4）计分 将个人对15件物品中每一件的顺序，与专家所列相应物品的顺序相减，所获差值取绝对值，再将15件的各自差值求和，即为个人决策质量分。若个人所列顺序与专家完全一致，各项差值及总差值和均为零，属完全正确，质量最高。反之，总差值和愈大，距标准越远，质量越差。然后按照相同法算，计算出小组决策的质量。

（5）分析 每组列出每一成员个人决策分及小组决策分，并求出全组平均分，注意观察个人分与小组分之间的关系，以及这些质量分之间的关系与顺序。对于小组质量高于和低于组内最高个人质量的，要追查此人是如何说服或屈从于质量较差成员的。

表6-2 海上小岛求生计分表

15件物品	个人所排顺序	小组所排顺序	专家所排顺序	个人决策偏差	小组决策偏差
一个打火机					
一把瑞士军刀					
一本航海地图册					
一个指南针					
几件厚的外套					
一本英汉法德词典					
一块大塑料布					

续表

15件物品	个人所排顺序	小组所排顺序	专家所排顺序	个人决策偏差	小组决策偏差
一块手表					
每个人两公斤的水					
五袋饼干					
一瓶盐					
三瓶法文标识的药					
每人一副太阳眼镜					
一面镜子					
一段粗绳子					

第七章　组织中的团队建设

学习目标

解释：团队、团队精神和团队士气、高绩效团队的概念和特征。

阐述：团队类型和团队角色理论，团队精神和团队士气的作用。

描述：团队资源配置、高绩效团队建设的原则与方法。

德育目标：培养职业素养与社会责任感。

　　某医药科技股份有限公司前身为某研究所附属实验药厂，后注册成立北京某制药厂。后该制药厂又联合五家企业共同发起设立北京某医药科技股份有限公司。公司设置人力资源部、资金财务部、市场营销部、生产管理部、技术质量部五个部门。员工队伍达500余人，大专以上学历者占60%，专业结构以医学、药学为主，兼有市场营销、企业管理、财务管理等专业。中层以上管理人员大学本科以上学历占94.4%。

　　目前，公司人力资源总监的工作过于繁琐，具体的基层工作无法在基层人事工作人员那里得到落实，不同层次人事管理者的工作权责不够明确。人力资源总监常常困在基础的人事事务中，"刚刚从生产部做绩效考核回来，明天就要负责将考核结果汇总报给财务部……"，而处在基层的人事专员团队却抱怨说"上级布置的绩效指标实施起来太困难，我们公司人力资源管理的绩效考核指标应该彻底改革……"

　　该公司的人力资源总监本应该制定公司的人力资源管理战略，为公司的整体发展和业务领域的发展提供人力资源支持，现实却是被困在基层的人事绩效考核实施事务中；反之，人事专员团队作为一线人员，不但不落实上级的工作部署，还一味抱怨工作难以开展的困难。如此一来，人力资源总监被一线员工"反授权"，该公司出现了基础工作不但无法落实，还被基层管理人员反授权给最高层管理者的现象。

　　思考：该制药公司的人力资源管理团队建设出现了什么问题？

第一节　团队概述

PPT

"轻霜冻死单根草，狂风难毁万亩林。"

—— 佚名

开篇案例

　　为丰富医务人员的业余生活，卫生局进行野外登山比赛，A医院运动队和B医院运动队进行对抗赛。A医院运动队做了充分准备，强调齐心协力，注意安全，共同完成任务。B医院运动队在一旁，没有做太多的士气鼓动，而是一直在合计着什么。比赛开始了，A医院运动队争先恐后，冲在前面，碰到几处险情，大家齐心协力，排除险情，但慢慢地一些体力不支的队员落到了后面，最后因时间过长输给了B医院运动队。那么B医院运动队在比赛前合计着什么呢？原来他们根据队员个人特长和优劣势进行了精心的组合，包括装备的背负、前后的顺序都进行了周密的安排，充分发挥每个人的特长，一路上他们几乎没有险情地迅速完成了任务。

一、团队的概念

　　团队的出现最早可追溯至原始社会，随着社会变革的不断加快，团队作为问题解决与任务完成的一种有效组织形式逐渐被广泛采用。据调查显示，如今近100%的企业都在使用各种不同类型的团队来完成相应的任务。那么，究竟什么是团队呢？戴维·布坎南（D. Buchanan）认为"团队是指某种心理群体，其成员分享一个共同目标，并通过集体活动去寻找目标的实现"。彼得·德鲁克（P. F. Drucker）认为，"团队是一些才能互补并为共同目标而奉献的少数人员的集合"。卡曾巴赫（J. R. Katzenbach）和史密斯（D. Smith）将团队定义为"由少数有互补技能，愿意为共同的目的设立业绩和工作方法、相互承担责任的人组成的群体"。

　　不难发现，团队是以任务为导向，由少数技能互补，有共同奋斗目标，在工作中团结协作并相互负责的成员组成的共同体。由上述定义我们可以总结出，团队具有如下五个基本构成要素。

（一）目标

　　团队存在的价值在于其有一个统一的既定目标（purpose）并为之努力奋斗，没有目标的团队是没有存在意义的。然而，为团队制定一个清晰的奋斗目标是所有团队领导者面临的共同难题，尤其是制定一个真正具有吸引力的、具有正面启发价值的目标。

（二）人员

　　个体是构成团队的细胞，团队目标是通过其成员（person）来实现的，因此，人员的选择是团队建设与管理中非常重要的部分。人员的选择要考虑诸多因素，包括团队的规模、成员的个人能力以及不同成员技巧的互补性、成员的性格特点、工作与生产流程以及团队分工协作等。

（三）定位

团队的定位（place）包含两层意思：一是团队整体的定位，包括团队在组织中的地位、对谁负责、团队成员的选择办法、团队激励方式等；二是团队中个体的定位，包括各个成员在团队中所扮演的角色以及发展机会等。

（四）权责

团队中领导者的权责（power）大小跟团队的发展阶段相关，一般而言，团队越成熟，领导者拥有的权责相应越小；在团队发展的初期阶段领导权是相对比较集中的。团队的权责表现在两个方面：一是整个团队在组织中拥有怎样的决定权；二是组织的基本特征，如组织的规模大小、业务类型等。

（五）计划

这里的计划（plan）有两层含义：实现目标的具体工作程序、按计划进行保证团队的顺利程度。由于目标的最终实现需要一系列具体的行动方案，因此，可以把计划理解成目标的具体工作程序；第二种含义可以理解为，只有在计划的规范下，团队才会一步一步地贴近目标，从而最终实现目标。

二、团队的类型

根据不同的分类方式，可以将团队分为不同的类型，以下是三种常见的分类方式。

（一）按照团队存在的目的和形态

根据团队存在的目的和形态，可以将团队划分为问题解决型团队、自我管理型团队、多功能型团队。

1. 问题解决型团队

问题解决型团队（problem-solving team）是一种临时性团队，通常由来自某一具体部门的5~12名员工组成，他们定期地聚集在一起，针对工作中遇到的问题展开讨论，包括如何提高产品质量、生产效率和改善工作环境等，例如，医药组织中的药品质量管理小组、高校中的课题组等。在问题解决型团队中，成员能够就如何改进工作程序和方法，各自承担的任务和分工，互相交流看法或提出建议，可以促进生产及工作效率的有效提升，但这类团队几乎没有权力根据这些建议单方面采取行动，因而，在调动成员参与决策的积极性方面，稍显不足。

📖拓展阅读

"质量圈"——问题解决型团队

20世纪50年代，美国管理学家戴明到日本，为企业讲授质量管理。戴明提出一个观点，如果我们更信任和尊重员工，那么他们就可以负起责任，并且将更加努力地从事自己的工作。作为这一思潮的一部分，许多企业形成一些机制，鼓励雇员就公司经营方面提出建议。在日本，这一体制逐渐演变为质量小组。最初，质量小组是由同一单位的雇员及主管人员组成，他们定期聚会，讨论研究生产过程中出现的质量问题，提出实际解决问题的建议，并自主采取行之有效的行动。20世纪80年代，这一概念又输回美国，并在全世界推广开来。例如，惠普公司引入"质量团队"的工作方式后，在6个月内，这些团队就使整个公司的工作效率提高了50%。他们对主管人员进行了长达40小时的培训，而后，让他们自己找到了在员工中实施这一做法的恰当方式。团队成员迅速在他们的工作中参与这一改革，他们变得更加负责，生产效率也有了提高。

2. 自我管理型团队

自我管理型团队（self-management team）是一种真正独立自主的团队，通常由10~15人组成，他们不仅探讨解决问题的方法，可以就工作日程、分配任务、培训技能、评估绩效、挑选新人和控制质量等方面进行自主决策，而且亲自执行解决方案，并对工作承担全部责任。不难发现，自我管理型团队能够对组织结构产生变革，与传统组织相比，具有显著差异，如图7-1所示。但需要注意的是，自我管理型团队并不是对所有组织都适用，在设计这类团队之前，应开展组织环境分析，具体应做到以下三点：首先，组织应对团队有明确和具体的要求，并赋予相应的权力和责任；其次，组织的价值观和目标与团队具有一致性，为团队运行提供环境保障；最后，组织的资源、政策和训练需要保证团队具有竞争力，为成功实施自我管理型团队做好充足准备。与此同时，有研究显示，自我管理型团队虽然能够使得员工的满意度随着权力的下放而提升，但是缺勤率、流动率也会有所增加。

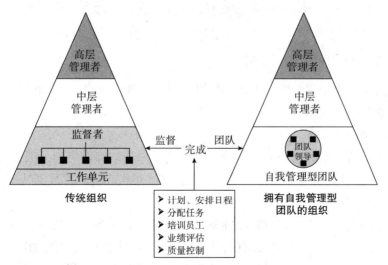

图7-1　自我管理型团队带来的组织结构变革

3. 多功能型团队

多功能型团队（cross-functional team）也称跨职能型团队，是由来自不同部门、不同工作领域，具有不同职能和经验的员工组成的团队，他们走到一起的目的就是为了完成某项任务。它不仅能够使得组织内甚至组织间不同领域的员工交换信息，激发产生新的观点，解决面临的复杂问题，而且能够监督、改善涉及组织中不同部门的工作程序，使之标准化，并有效地提高工作效率。多功能型团队广泛应用于大型项目的开发和管理，实际生活中常见的多功能型团队有委员会，例如临床试验中确保受试者的安全、健康和权益受到保护的伦理委员会等。

📖拓展阅读

医药组织中的多功能型团队——多学科团队

随着医学技术的飞速发展，对于医学学科的分类也愈加细化，为了应对复杂困难的疾病，满足患者对提升治疗后生活质量的需求，一种新兴的诊治团队——"多学科团队"应运而生。多学科团队（multiple disciplinary team，MDT）起源于20世纪90年代，由美国的医疗专家组率先提出，主要由不同科室的医生、相关领域专家、护理人员组成一个比较固定的治疗团队，针对某一疾病、某个患者，通过定期定时的专家会诊形式，提出适合患者目前病情的最佳治疗方案，继而由主管该患者的学科单独或多学科联合严格执行该治疗方案，同时定期对患者的治疗反馈进行质量评估和优化，根据患者疾病进程及个体需求适时地进行团队成员以及诊疗模式的调整。MDT以患者为中心，将多学科的诊治优势强强联合，可以达到临床治疗的最大获益，制定出最适合某个患者的治疗方案。目前MDT广泛应用于肿瘤治疗领域，其团队成员包括来自不同学科的专家以及专业的护理人员，覆盖了疾病的诊断、治疗和护理全过程，提高了肿瘤治愈率和患者满意度。

（二）按照团队的功能进行分类

根据团队在组织中的功能，可以将团队分成生产服务团队、行动协商团队、计划发展团队、建议参与团队。

1. 生产服务团队

生产服务团队通常由专职人员组成，从事的工作是按部就班的，很大程度上是自我管理的。例如生产线上的装配团队、质量控制的QA小组、计算机数据处理团队等。

2. 行动协商团队

行动协商团队由一些拥有较高技能的人员组成，共同参与专门的活动，每个成员的作用都有明确的界定。这类团队以任务为中心，具有不同专门技能的团队成员都对成功完成任务做出贡献。团队面临的任务十分复杂，有时是不可预测的。例如医疗团队、乐队、谈判团队、运动团队等。

3. 计划发展团队

计划发展团队是由技术十分娴熟的科技人员或专业人员组成，并且团队人员来自不同的专业。这类团队的工作时间跨度一般较长。他们可能需要很多年才能完成一项发展计划，他们也可能是组织中承担研究工作的永久团队。常见的计划发展团队有科研团队、生产研发团队等。

4. 建议参与团队

建议参与团队主要是提供组织性建议和决策的团队。大多数建议参与团队的工作范围都比较窄，不占用大量的工作时间，成员在该组织中还有其他任务。例如董事会、人事或财务的专业顾问团队、质量控制小组等。

以上四种团队的主要特点比较见表7-1。

表7-1　四种团队的主要特点比较

团队类型	成员差别度	一体化程度	工作周期	典型产出
生产服务团队	低	高	重复性或持久性的工作	制造加工、零售、顾客服务、修理
行动协商团队	高	高	短期行动事件，往往在新的情况下才能重复进行	竞赛、探险、医疗手术、特殊任务
计划发展团队	高	低	可变的，团队寿命一般较短	计划、设计、调查、创建原始模型
建议参与团队	低	低	可变的，或长或短	决策、选择、建议、推荐

（三）新型团队

1. 创新团队

（1）创新团队的定义　创新团队（innovation team）就是以创新为目的组建的团队。我国在科教兴国、创新驱动等一系列创新政策的指导实践下，逐渐深刻了创新团队这一概念。教育部将创新团队定义为：研究方向属于国家中长期科学和技术发展规划的重点领域或国际重大科技前沿热点问题，主要从事探索未知世界、认识自然规律、揭示客观规律为目的的开创性、探索性研究；对经济增长、社会进步和国家安全有重要战略意义的基础性、前瞻性研究；自然科学和社会科学交叉的前沿研究；有明确的技术路线、能产生重大经济或社会效益的关键技术创新和集成创新的团队。在医药行业中，创新团队的代表是新药研发团队。

（2）创新团队的特征　创新团队具有行业适配性、团队结构中立性、人员结构学术化和学习型团队氛围浓厚四个特征。

①行业的适配性　创新团队的研究必须符合整个行业的发展和需求，只有这样，其成果才能被广泛接受。对于企业研发团队而言，应该清楚地认识到与其他竞争对手的差

异和优势，通过对竞争对手的分析，对市场发展和客户需求的分析，确立研发团队建设的导向。对于医药企业的研发团队而言，药品的创新研发必定是为了保障公民的生命健康，保护患者的用药安全。

②团队结构中立性　对于创新团队的组成人员而言，保持良好的积极工作性和工作创造性十分必要，他们的工作重心应该放在研发工作本身不受到其他组织事务的干扰。所以组织管理者需要注意保持创新团队的中立性。如果创新团队的研究成果受到高层管理者和组织的重视和支持，团队成员会表现出很高的生产力，反之则会限制团队成员的表现。

③人员构成学术化　由于创新团队完成的工作任务对于创造性的要求较高，所以其成员组成的要求也与一般的团队不同。创新型团队的组成人员无论多少，都要由三种不同功能的人员构成：学术带头人或学术决策层；一线指挥人员和实验人员；了解外界研究进展情况并及时发布研究成果的人员。这三种功能不同的人员，要经常交流情况，并参与一线的实验工作。

④学习型团队氛围　创新团队具有高效性，团队成员能从他们过去经历的事情中学到很多东西并能迅速转化为新知识。团队成员经常共享实践经验，这些经验包括他们学到了什么知识，以及如何运用所学的知识来解决实际问题或抓住未来的机遇。团队成员的发展是一个不断学习的过程，创新团队也应该把自己的发展看作是一个不断寻求完美的过程，千方百计地寻求改善的方式，同时通过各种培训学习将创新团队的互动过程进一步完善。

2. 自组织团队

（1）自组织团队的定义　自组织是指一个系统在内部机制的驱动下，从简单向复杂，从低级向高级发展，不断地提高自身复杂度和精细度的过程。自组织团队（self-organizing team）又称"敏捷团队"，是一个自动、自发、有着共同目标和工作文化的群体，如企业中的高层管理团队、研发团队或营销团队，这些团队为了一个共同的目标自发地组织起来，自组织团队是团队工作的一种高级形式，是能够自发地产生新的演化模式的一种复杂适应系统，当环境的条件改变时，它能够自行转变其运行模式，以适应环境的需求。与一般团队相比，自组织团队的结构和状态模式是由团队成员之间的相互作用产生的，而不是由外部力量强制实现的。

（2）自组织团队的特征　自组织团队具有开放性、自主性、适应性和动态性的特征。

①开放性　开放性是自组织产生的基本条件，通过与外界的不断交换，系统内部的涨落和外部环境的干扰能够促使其产生1+1＞2的现象。作为自组织团队，体现开放性的最基本活动是与外界的信息交换，信息互动沟通的模式和效果，不仅影响自组织团队的工作效率，而且会决定自组织团队的演变过程和呈现的结果。阻碍信息交换和沟通的两大主要因素为客观延迟和主观过滤或回避。沟通方式的更新与团队制度的完善可以迅速解决客观延迟问题，而解决主观上的信息交换和沟通障碍就需要形成相互信任的团队氛围。

②自主性　自主性是自组织团队最主要的特征。作为自组织团队，其行为决策完全

由自己决定，而不受外界干预。这既是自组织团队的条件，也是自组织团队的特征。其自主性突出地表现在两个方面：自发地产生和自主决策。前者说明自组织团队的形成是自发的，后者说明自组织团队具有自我管理的属性。

③适应性　自组织团队的适应性是指它能够与外界交流，通过交流来学习或积累经验，并利用学到的经验改变自身的结构和行为方式，推动团队的发展和进步。自组织团队为了适应环境，需要持续不断地学习，这体现在两个方面，其一，团队成员间的相互学习，由于团队成员具有不同的文化背景、专业背景、性格特点，需要相互适应，以形成统一的团队风格；其二，团队成员需要向外界学习，自觉吸取新知识、新经验，并进行自主演化。

④动态性　动态性是指自组织团队从形成、成长、成熟到消亡的整个生命周期过程都是动态变化的，即使在每一个阶段，也是动态变化的。由自组织团队的动态性特征可知，要及时关注团队的动态变化，即变化的类型和方向以及变化产生的条件。其中，自组织团队的动态变化存在着突变与渐变两种形式，正变化和负变化两种方向；变化产生条件可分为团队成员自身条件、任务性质等内部条件，以及外部环境的变化力度、趋势和强势等外部条件。

📖 拓展阅读

医药组织中的"新型"团队——家庭医生团队

家庭医生也叫全科医生，是接受过全科医学专门训练并且在基层工作的新型医生，是全科医疗的卫生服务提供者，是为个人、家庭和社区提供优质、方便、经济有效的、一体化的医疗保健服务，进行生命、健康与疾病全方位负责式管理的医生。家庭医生团队主要由家庭医生、社区护士、公共卫生医师（含助理公共卫生医师）等组成，其中家庭医师是核心。

目前，我国许多城市都在积极实践推广家庭医生团队服务模式，由不同背景的团队成员结合自身专业优势，以社区管理形式，通过建立家庭健康档案，为社区居民提供"六位一体"的综合卫生服务，逐步引导常见病、多发病和诊断明确的慢性病门诊下沉至社区，进而形成经济、连续、快捷、有效的网格化医疗保健服务模式。

第二节　团队内部的心理行为

PPT

"乘众人之智，则无不任也；用众人之力，则无不胜也。"

——《淮南子·主术训》

开篇案例

　　1998年8月28日，济川药业董事长曹龙祥临危受命、走马上任，带领全体济川人攻坚克难、迎难而上，从机制改革、GMP改造、市场开拓三方面入手，走向了济川药业的改革之路。从二十年前一家营业收入不足一亿，亏损额高达2000万元的国营老厂，发展至今日的年营业收入六七十亿，净利润高达十六七亿的一流药企。济川药业从"凤凰涅槃"之年算起，连续八年以30%以上的增长速度跨越式发展，让国内医药界同行惊叹。

一、团队精神

（一）团队精神的定义

　　团队精神（team spirit）是团队的灵魂，是整体意识、大局意识、协作精神和服务精神的集中体现，反映了个体利益和整体利益的统一，进而保证组织的高效率运转。团队精神是组织文化的一部分，良好的团队精神不仅能够培养团队成员之间的亲和力，增强团队责任感，而且能够推动团队运作和发展，提高整体效能。团队精神要求有统一的奋斗目标或价值观，而且需要信赖，需要适度的引导和协调，需要正确而统一的企业文化理念的传递和灌输。团队精神强调的是组织内部成员间的合作态度，为了一个统一的目标，成员自觉地认同肩负的责任并愿意为此目标共同奉献。因此，团队精神的形成并不意味着团队成员牺牲自我，相反，发挥个性、表现特长保证了成员可以共同完成任务目标，而明确的协作意愿和协作方式则产生了真正的内在动力。

（二）团队精神的作用

1. 目标导向功能

　　团队精神能够使团队成员齐心协力，拧成一股绳，朝着一个目标努力，对团队中的个人来说，团队要达到的目标就是自己所努力的方向，团队整体的目标顺势可以分解成各个小目标，在每个员工身上都得到落实。

2. 团结凝聚功能

　　不论是组织、群体还是团队都需要一种凝聚力，传统的管理方法是通过组织系统自上而下地发布任务指令，淡化了个人感情和社会心理等方面的需求，而团队精神则是通过对团队意识的培养，利用员工在长期的实践中形成的习惯、信仰、动机、兴趣等文化心理，来引导人们产生共同的使命感、归属感和认同感，这些情感又会反过来逐渐强化团队精神，进而产生一种强大的凝聚力。

以人为本的 ZB 药业

　　ZB 药业致力为人类健康提供优质产品与服务。经过 20 余年的科学管理与稳健发展，现已形成了集科技研发、制药工业、中药产业、金融投资四大主导产业为一体的国际化全产业链大健康产业集群企业。ZB 药业在发展的道路上，将企业文化建设视为发展的强劲动力，在企业文化的持续影响及感染下，企业内部形成了卓越的团队氛围，员工文化共识及凝聚力得到有效增强。

　　在企业成立初期，ZB 药业的文化总领内容口号被定为"让企业家园充满阳光"。随着企业发展，这一口号内容逐渐地引申与外延。发展成为"务实创新，追求卓越，共建和谐 ZB 药业"，更为切合实际的 ZB 药业企业文化的精髓。在这一文化理念中，既包含了以人为本，建设和谐家园的企业目标，又完美地诠释了 ZB 药业历来所贯彻的"务实创新，追求卓越"的企业精神。如今，ZB 药业明确提出文化总领目标——"建成和谐家园"。在拥有完备的专业化人才队伍和高效管控模式的情况下，将会完全营造出"以人为本"的企业文化氛围和民主化管理氛围；ZB 药业的员工队伍将会成为一支具有高度凝聚力与团结性的和谐、高效团队，全体员工将共享企业经济发展成果。

3. 促进激励功能

　　团队精神要靠成员自觉地要求进步，力争与团队中最优秀的员工看齐，通过队员之间正常的竞争可以实现激励功能。而这种激励不是单纯停留在物质的基础上，更重要的是要得到团队的认可，获得团队中其他成员的尊重。

4. 实现控制功能

　　在团队里，不仅队员的个体行为需要控制，群体行为也需要协调。团队精神所产生的控制功能，是通过团队内部所形成的一种观念的力量、氛围的影响，去约束、规范、控制团队中的个体行为。这种控制是由硬性控制向软性内化控制；由控制个人行为，转向控制个人的意识；由控制个人的短期行为，转向对其价值观和长期目标的控制。因此，这种控制更为持久且更有意义，而且容易深入人心。

二、团队士气

（一）团队士气的定义与特征

　　团队士气（team morale）是指团队中存在的一种齐心合力、高效率的精神活动状态。心理学家克瑞奇（D. Krech）等人总结了士气高昂的团队的特征。

　　（1）团队内部的团结是由于团队内部的凝聚力而不是外部的压力；

　　（2）团队成员关系和谐，不会出现互相敌对的小团体（micro-community）；

（3）团队具有适应外部变化的能力和处理内部冲突的能力；

（4）团队成员具有强烈的认同感与归属感；

（5）每个成员都非常清楚并认同团队的共同目标；

（6）团队成员对团队领导持肯定、支持的态度；

（7）各成员承认团队存在的价值，并具有维护其继续存在的倾向。

一般来说，团队士气高，团队的效率也会比较高，但是这种关系并不是非常绝对的，心理学家戴维斯（K. Davis）研究了团队绩效与士气之间的关系，并提出了三种情况：一是士气高、绩效低；二是士气和绩效都高；三是士气低、绩效高。

"士气高、绩效低"产生的原因是团队的士气没有用在团队的工作上，即团队士气的指向与团队目标出现了偏差，"南辕北辙"反映的就是这种状态。"士气和绩效都高"是一种理想的团队状态，团队士气指向与团队目标高度一致，也是很多团队努力的方向。"士气低、绩效高"的状态一般出现在管理和控制都比较严格的团队之中，这种状态容易在短期内提高团队的绩效，但是不利于团队长期目标的实现，因为容易导致团队成员压力过大，产生不良情绪。

📖 拓展阅读

黑熊与棕熊的蜂蜜对决

黑熊和棕熊喜食蜂蜜，都以养蜂为生。它们各有一个蜂箱，养着同样多的蜜蜂。有一天它们决定比赛看谁的蜜蜂产的蜜多。

黑熊想，蜜的产量取决于蜜蜂每天对花的"访问量"。于是它买来了一套昂贵的测量蜜蜂访问量的绩效管理系统。同时，黑熊还设立了奖项，奖励访问量最高的蜜蜂，但它从不告诉蜜蜂们它是在与棕熊比赛。

棕熊与黑熊不同，它认为蜜蜂能产多少蜜，关键在于它们每天采回多少花蜜——花蜜越多，酿的蜂蜜也越多。于是它直截了当告诉众蜜蜂：它在和黑熊比赛看谁产的蜜多。同时花了不多的钱买了一套绩效管理系统，也设立了一套奖励制度，重奖当月采花蜜最多的蜜蜂。如果一个月的蜜蜂总产量高于上个月，那么所有蜜蜂都会受到不同程度的奖励。

一年过去了，两只熊比赛的结果是：黑熊的蜂蜜不及棕熊的一半。

看完故事，大家有何感想？两个团队同样采用了激励手段，也都尽力完成，但结果却大相径庭。我们在日常工作中，是不是也会遇到同样的问题呢？对于团队士气的鼓舞，大家有何启发呢？

（二）团队士气的影响因素

1. 一致的价值目标

个体目标和团队目标是否保持一致，个人对团队的价值观是否完全认同，这一点最为重要。如果个体目标和团队目标不一致，个体就会认为团队目标和自己无关，团队目标的达成对自己没有任何影响，其表现在个体工作积极性不高，工作任务流于形式，这对于强调团队协作的销售团队而言是最为致命的。

2. 完善的激励机制

团队的薪酬、激励机制的合理性也会影响团队士气。公平、公正和公开是薪酬、激励机制的原则，团队既要讲究整体效能，但又要鼓励表现优异的先进成员，实行按劳分配，而平均主义只能埋没优秀人才，降低团队整体的工作效率。

3. 健全的规章制度

规章制度对于团队的规范化管理是很有必要的，同时它也是团队文化的基础。如果违反纪律的员工得不到应有的处罚，那么团队就会形成一种不良的风气，导致表现优异的员工受到排挤，容易出现拉帮结派的现象，不利于团队士气的增强和发挥。

4. 优秀的团队领导

团队中的领导发挥着非常重要的作用，领导者的领导风格对团队的建设与发展有着深远影响。这要求团队领导不仅要具备出色的业务能力，更要懂得人尽其才，才尽其用的管理方式和领导方法。例如，作为销售团队的领导，首先要具备端正的人品和责任心，能够尽职尽责地做好本职工作，其次要具有组织协调和领导力，能够充分调动成员积极性，发挥团队优势，此外，还应具有超强的学习力，推动个体和团队不断成长进步。

5. 健康的团队文化

团队文化体现在团队成员对工作的满足感，这也是影响团队士气的重要因素之一。很多团队成员做到一定的阶段，就没有了工作上的满足感，这可以分为两种情况：一种是觉得每天的工作都是重复的，呈现出心态上的疲惫；另一种是工作上的挫折对信心的打击，信心不足呈现出迷茫的心态。因此，可以通过形成健康的团队文化来改变这些情况，进而增强团队士气。

（三）团队士气对个体行为的影响

团队士气对个体行为的影响主要表现在两个层面。

（1）对于两个具有相同的潜能和任务目标的人而言，士气低的个体会比士气高的个体更容易感到疲劳。例如，两个实力相当的赛跑运动员，假设这两个运动员在客观环境的影响下共同冲过终点时，但是热情低的运动员会感到更加的疲劳。

（2）对于同一个体而言，如果在特定的时间和场合具有两个动机，一个是非工作相关的优势动机，另一个是工作相关的次要动机，他可能会花更多精力实现非工作相关的优势动机。但是，如果这个人不得不将精力分配到实现工作相关的次要动机上，他就很容易感到疲劳。如果这时把工作性次要动机统一到他的非工作优势动机上，那么他的士气就会提高。例如，"望梅止渴"就是将部队官兵"解渴"这种非工作相关优势动机统一到了"去梅林解渴"这一行军目标上来，从而使"解渴"变成了士气。

PPT

第三节　团队资源的配置与管理

"任人之长，不强其短；任人之工，不强其拙。"

—— 晏子

开篇案例

　　蚁群是典型的社会性团队，在蚁群里，有生殖能力的雌性蚂蚁（蚁后）负责产卵、繁殖后代和统管大家庭；有发达生殖能力的雄蚁负责与蚁后交配，保证后代繁衍；不发育的雄蚁（工蚁）负责建造和扩大巢穴、采集食物等任务；而没有生殖能力，但头大、上颚发达的雌蚁（兵蚁）则成为保卫群体的战斗武器。小小的蚁群有着强大的生存力量，就在于充分利用了各类蚂蚁的特性，团队之间分工明确、合理配置、优势互补。

　　21世纪90年代以来，高新技术的迅速发展与应用使得行业界限日益模糊，市场竞争日益激烈，企业所处的内外部环境也更加复杂多变。在此背景下，企业团队需要持续更新、整合和重构内外部的资源来保持持久的竞争优势。

一、团队资源配置的定义

　　团队从事基本活动所需要的资源，统称为团队资源。团队资源不仅包括看得见的人力、财力等实物资源，也包括知识、技术和信息等无形资源，是团队有效运行的基本条件。在团队运行发展的一定阶段上，相对于成员的需求而言，资源总是表现出相对的稀缺性，从而要求对有限的资源进行合理配置，以便用最少的资源耗费获取最佳的效益。因此，团队资源配置（team resource allocation）是指对相对稀缺的资源在用途上加以比较，合理分配到团队活动以及团队的主体成员之间的过程，它直接关系到一个团队整体绩效的提高。

二、团队人力资源配置

　　团队人力资源配置主要考虑个体在团队中的角色及产生的团队效益，团队中的每一个成员都有分工，所以个体的特征与其在团队定位的适配性是管理者在团队人力资源配置上主要考虑的事情。

（一）团队角色理论

　　团队角色（team role）是指团队成员为了推动整个团队的发展而与其他成员交往时

所表现出的特有态度和行为方式。管理者只有对团队角色充分了解之后，才能合理分配任务，在工作中充分调动其积极性，以便组建高水平、高绩效的工作团队。目前成熟的团队角色理论主要有两个，一是马–麦团队角色理论，二是贝尔宾团队角色理论。

1. 马–麦团队角色理论

马杰里森（Margerison）和麦卡恩（Mccann）认为，在成功的团队中应当有八种角色，有些团队成员会扮演两种以上的角色。八种角色分别是：建议者、联络者、创造者、评估者、组织者、生产者、控制者、维持者。

（1）建议者　建议者（advisor）通常很有主见，善于鼓励别人去寻找更多信息。现实中，大多数团队成员都会在自知或不自知的情况下扮演建议者角色。

（2）联络者　联络者（linker）思维活跃，善于感知团队所处环境的变化，容易产生创新思想，经常能提出一些创新理念，使团队能够时刻保持特殊的竞争力。

（3）创造者　创造者（creator）接受能力强，能发现和接纳团队中时不时产生的新理念并付出实践，倡导和拥护产生新思想的人。

（4）评估者　评估者（promoter）很理性，逻辑能力强，善于深入分析提出的创新理念或措施，并能依据现实情况设计出各种可行方案。

（5）组织者　组织者（organizer）是团队的建立者，是团队的领导核心、精神支柱。团队成员都是因为认可组织者的目标理念才聚集在一起。

（6）生产者　生产者（producer）动力强，效率高，是落实团队构想的人。

（7）控制者　控制者（controller）通常是团队日常工作的管理者，这类人注意细节及规章制度，使团队能够有序并高效运作。

（8）维持者　维持者（maintainer）善于维系团队成员之间的关系，平衡成员之间的利益，能够处理各种内外部冲突和矛盾。

2. 贝尔宾团队角色理论

贝尔宾（M. R. Belbin）将团队角色定义为，个体在团队内的行为、贡献以及人际互动的倾向性。经过深入的研究与实践，贝尔宾提出一支结构合理的团队应该由八种角色组成，后来修订为九种角色：智多星、外交家、协调者、推进者、监督员、凝聚者、执行者、完美主义者、专业师。

（1）智多星　智多星（plant，PL）创造力强，具有鲜明的个性特点，有独到的见解，思维活跃，他们为团队的发展和完善出谋划策。他们通常更倾向于与其他团队成员保持距离，且不善于交流，对于外界的批判和赞扬反应强烈，他们的想法往往很激进，会忽略操作的可行性。

（2）外交家　外交家（resource investigator，RI）性格开朗外向，行动力强，总是充满热情，善于打交道。他们与外界联系广泛，是与生俱来的谈判高手，并且善于发现那些可以获得并利用的资源、挖掘新的机遇、发展人际关系，勇于迎接各种新的机遇和挑战。但若没有他人的持续激励，他们的热情会很快消退。

（3）协调者 协调者（coordinator，CO）最突出的特征是他们能够凝聚团队的力量向共同的目标努力。他们遇事沉着冷静，具有判断是非曲直的能力和较强的自制力。在人际交往中，他们能很快识别对方的长处，由于他们拥有远见卓识，往往能够获得团队成员的尊重，但他们也可能过于注重人际关系而忽略组织目标。

（4）推进者 推进者（shaper，SH）思维敏捷，能从多方面考虑问题，拥有强大驱动力，能快速适应新环境，善于利用各种资源。他们勇于挑战他人，喜欢领导并激励他人采取行动，是团队中最具竞争性的角色。在工作中，他们时刻保持紧迫感，遇困难会积极找出解决办法。但遇事容易冲动，在团队中易激起争端。

（5）监督员 监督员（monitor evaluator，ME）态度严肃，头脑清醒，谨慎理智，极具批判性思维。他们善于在考虑周全之后作出明智的决定，擅长分析问题和情景，对他人的判断和作用作出评价。但是由于他们过于严肃理智，因此在工作上和人际交往中会缺乏想象力和热情，鼓动其他成员和激发他人活力的能力弱，自己也不容易被别人刺激。

（6）凝聚者 凝聚者（team worker，TW）是在团队中获得最大支持的成员，他们性格温和，擅长人际交往，能够快速适应不同的新环境和交流氛围。他们灵活性强，能与其他成员保持和善友好的关系，能够促进团队成员之间的相互合作。还有较强的观察力，作为最佳倾听者的他们通常在团队中倍受欢迎。但在面对危机时表现得优柔寡断，知识储备一般很中庸。

（7）执行者 执行者（implementer，IMP）是实用主义者，有强烈的自我控制力及纪律意识。他们对于新事物从不感兴趣，甚至对新事物存在着一种本能的抗拒心理。他们不会主动寻求改变，偏好兢兢业业并系统化地解决问题。执行者是典型的将自身利益与团队利益紧密相连、较少关注个人诉求的角色。但是他们会因缺乏主动而显得没有灵活性，缺乏想象力和工作激情。

（8）完美主义者 完美主义者（completer finisher，CF）做事勤奋努力，注重细节，对待事情力求完美，不太会去做他们认为完成不了的任何事，无法容忍那些态度随意的人。完美主义者并不喜欢委派他人，而是更偏好自己来完成所有的任务。但是他们在工作中，处理问题过于注重细节，为人处事不够洒脱。

（9）专业师 专业师（specialist，SP）具有专注精神，他们拥有其他成员所不具备的、丰富的专业知识，其地位在整个团队中专业水平最高。他们首要专注于维持自己的专业度以及对专业知识的不断探究，进而专注于在团队中运用这些专业技能和知识去解决较为困难和棘手的问题。但专业师只对专一领域有所贡献，且很少有人能够专心钻研，或有成为一流专家的才能。

团队角色理论系统全面地分析了如何利用个人的行为优势创造一个和谐的团队，并且很好地诠释了团队工作有赖于默契协作，每位成员必须清楚其他人所扮演的角色，才能相互弥补不足，发挥优势。

（二）团队人员配置

1. 岗位分析

（1）分析岗位的工作内容和性质 工作岗位的内容和性质包括工作的目的和任务、工作的责任和权力、工作条件和主要困难、与其他岗位的关系及该岗位在组织中的位置等，先了解岗位的工作内容和性质，才能知道需要什么样的人才。

（2）分析岗位需要的人员素质、条件 工作岗位人员的素质和条件包括他的学历与专业背景、工作经验、工作技能及个性（性格、能力、性别等），依据这些判断是否符合岗位的需要。

2. 候选人分析

团队的工作岗位要求和个人因素决定了团队成员的选择，总要求是：人与事匹配，即工作任务性质与个人因素匹配；人与人和谐，即成员相互的个性匹配。

团队成员的选择应考虑如下因素。

（1）个人的学历和专长；

（2）个人的工作经验；

（3）个人的个性品格；

（4）个人承担具体岗位的意愿；

（5）候选人员相互的人际关系；

（6）候选人员技能的互补情况；

（7）候选人员个性的匹配情况。

我们不能用僵化的观点来看人，特别是关于人的能力和专长，应用发展的眼光看待每个人的能力和技能。如果过分强调一个人当前已经具备的知识和专业能力，就有可能失去一个很好的人选。既要考虑每个人当前已经掌握的知识和技能，也要考虑每个人的发展潜力和发展动力。

3. 确定人员配置方式

团队人员配置有以下几种基本方式。

（1）指派领导 是指根据团队工作岗位和人员分析的结果，由组织管理者征求团队成员候选人的个人意见后，再确定人员名单，然后指定一个团队领导人，再由这个团队领导人分配团队角色给其他成员。这种方式适合组织对候选的团队领导者已有明确人选，且时间比较紧迫的情况。

（2）沟通协同 是指根据团队工作岗位和人员分析的结果，由组织管理者征求候选人意见后去确定团队成员名单，但不指定团队领导人，而是提供条件让候选人互相沟通，自行选出团队领导人，在团队领导人的主持下与成员协商分配角色。这种方式比较适合建立团队的时间进程比较从容而且对领导人的人选一时难以确定的情况。

（3）自荐考核 是指根据工作岗位和人员分析的结果，确定工作岗位和所需人员，且岗位一律公开招聘，由应聘者自荐拟担任的工作，管理者组织专家进行考核。经过组织考核，确认岗位人员配置。这种方式开放程度大，适合组织管理者对组织系统内人才情况不够清楚的情况。

（4）临时组合　是指当面对某个临时问题需要讨论、研究的时候，临时召集一批人组成讨论型团队，除了讨论会的主持人和少数负责记录的工作人员外，不需要具体分配工作角色。这种方式适合需要应用"头脑风暴法"征集各部门尽量多的意见的情况。

📖 拓展阅读

部分药企营销团队配置

市场营销是企业的核心，不同企业的营销部门和营销人员配置情况不同。例如A公司营销管理中心直属于华润双鹤总部，承担公司市场、销售及相关工作。营销管理中心设有6个业务部和8个职能部室。业务部包括：医院推广部、商务推广部、输液销售部、肾科业务部、西北公司、湖北公司。职能部室包括：销售管理部、市场部、财务部、商场准入部、人力资源部、物流部、质量部和办公室。

B产品较多，且多为新特药，所以采用销售人员以地区管理为主，市场人员以产品线为主的分组模式，销售代表分为商业代表和医药代表两类，如图7-2所示。

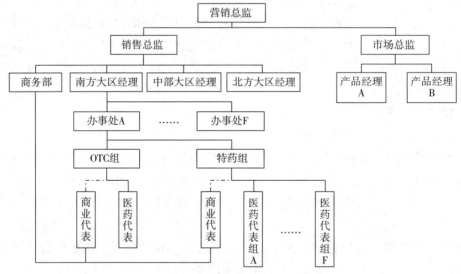

图7-2　B在中国的营销组织架构

另一大制药巨头C产品众多，以处方药为重点，处方药以大区形式管理，产品经理对销售终端队伍只起指导作用，而无直接领导关系，C的营销组织架构如图7-3所示。

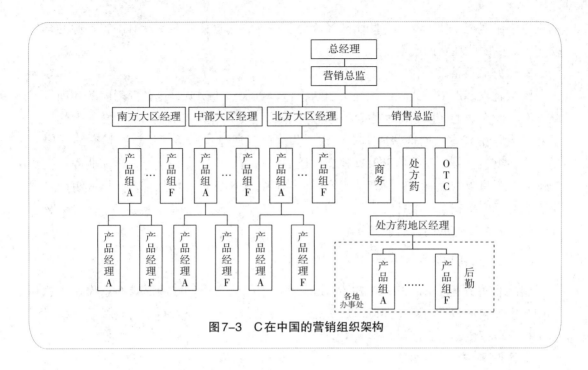

图7-3 C在中国的营销组织架构

三、团队财务资源配置

（一）团队成本效率控制方法

成本效率（cost efficiency）是经济学领域广泛使用的一个概念，一般个体在进行购买决策时，需要综合考虑产品的效用和成本，如何在获得相同效用的情况下付出的成本最少，或在同样的成本下得到的效用最多。在团队的财物资源配置中，首先考虑的是财物的投入与团队的绩效产出之间的关系。

1. 减少团队隐形成本

企业之所以存在，是因为企业生产相对于个体生产来说节约了交易费用。这里的交易费用，包括项目里寻找价格、谈判、签约、交易等的费用。个体在市场交易中的交易成本较高，而个体进入企业后，团队的存在缩短了各个阶段之间的时间及空间距离，降低了很多个体生产之外的成本。但这些的前提是有一个沟通有效的团队，因为团队存在很多隐形成本，如信息分享、成员沟通、问题处理等。通过训练、培训等方式增强团队的凝聚力，提高团队协调效率，减少团队信息分享、沟通及处理问题耗费的时间或物力是重要的团队成本控制途径。

2. 提高闲置资源利用率

研究发现，每个企业的项目团队里都存在着资源闲置的情况，资源可以小到一个设备，大到一个项目的客户资源和工作经验。就设备而言，因为某些设备并不是时时刻刻能用得上，不需要每个团队或是每个团队成员必备，可以设置一个资源共享区，以供团队或团队成员各取所需；而对客户资源或项目经验来说，可以通过加强团队与团队之间的沟通协作实现，比如举办一些团队经验分享交流会，这样就能实现对闲置资源的合理使用，减少团队耗费的成本。

3. 做好项目管理交付

团队有很多形成方式，组织是大团队，包含着很多小团队，比如部门团队和项目团队。有时候企业的团队是随意组合、随意变动的，一个团队从相互生疏到合作无间，需要花费大量的成本。而这些成本中，有一些是可以通过快速整理信息并移交给新成员的，比如项目背景；有些信息就算移交，也需要花费不少精力去学习，比如业务和技术技能。对于可以快速整理并移交的内容，适当进行文档整理、信息录入，形成组织过程资产；对于需要花费较大精力去学习的内容，尽量减少变动，降低学习成本；对于必须亲身经历才能知道的内容，就需要减少变动。

（二）团队利益分配

团队利益分配（team benefit distribution）是指团队合作各方从形成的总收入或总利润中分得各自应得的份额。团队对成员合作产生的价值分配是否科学合理，不仅会对团队工作效率产生影响，甚至会影响团队能否继续存在。

1. 团队利益分配的分类

团队利益的分配可以分为内部利益分配和外部利益分配两种类型。

（1）内部利益分配　内部利益分配主要包括团队成员的福利待遇、资源分配等，如果是创新团队还会涉及研究成果的分配。团队内部利益的分配需要彼此之间的协调，避免成员因不满于内部利益分配而产生异心。

（2）外部利益分配　外部利益分配是相对于团体内部而言的，因为团队的活动有时候不是独立完成，如果有合作方就会涉及到合作方的利益，对合作伙伴也应该利益共享、风险共担。

2. 团队利益分配的原则

团队利益分配的原则根据团队性质的不同会有所变化，以下介绍一些约定俗成的团队利益分配原则。

（1）公平公正原则　团队利益的分配首先要公平公正，根据成员的投入多少给予相应的报酬，而根据投入形式的不同，又可以分为按劳分配和按资分配。

（2）按劳分配原则　按劳分配是指按照成员贡献给团队任务的劳动的数量和质量分配利益，这里的劳动既包括体力劳动，又包括脑力劳动。

（3）按资分配原则　按资分配全称按资本要素或生产要素分配，团队建设初期需要资源的前期投入，可能是资金的投入或者是生产要素的投入，这部分的投入可能是由团队成员或者是组织给予。

（4）渐进原则　渐进原则考虑到团队形成的周期特点。团队建立初期获得的收益肯定是有限的，这时候的收益应该主要考虑到为团队后期发展奠定基础而不是分配给成员，当团队的发展趋于稳定，利益获得形成一定的规律时再考虑到利益的分配。

3. 团队利益分配机制

传统的团队利益分配机制一般考虑团队成员的资历、声望等，依据过去表现来体现现在，更多的是由团队负责人或上级主管确定，不能很好体现成员的实际表现，所以在重要的团队工作中很少采用。这里简单介绍一下团队利益分配机制的评价法。

评价法的基础是确定一套对团队成员的评价指标体系，例如工作热情、专业能力、其专业在团队中的重要性等，根据每个指标的重要程度确定其权重。该指标体系由专家确定，所以其公正性依赖于专家的水平和偏好。在评价指标体系的基础上，可以判断每个成员对团队绩效的综合贡献，据此确定团队的利益分配。

四、团队信息资源配置

（一）团队知识管理

1. 知识管理的定义

知识管理（knowledge management）是通过知识获取、存储、共享、转移、利用和更新等多个环节，达到知识不断创新的目的，并让知识为企业管理决策服务，让企业能够不断适应新的市场环境。知识管理的对象包括显性知识和隐性知识，隐性知识指的是未被表述的知识，如技能、秘诀等；显性知识则是以书面文字、图表和数学公式加以表述的知识，更加直观。

2. 团队知识管理体系的构建

团队知识管理体系的构建分为三步，分别是普及、规划和规范。

（1）普及　知识管理的普及发生在创建团队知识管理体系的前期，要让团队成员认识到知识管理的重要性和有效性，从而愿意来尝试。

（2）规划　知识管理体系的规划是非常关键的一步，需要专人专责制定。在知识体系管理规划时，主要考虑两个重要问题：一是隐性知识显性化，就是怎样把优秀人才的工作经验转化大家看得懂的文字或流程等，隐性知识的挖掘和利用，是个人和组织成功的关键。二是便于查找，需要建立一个合理的分类架构，然后在分类架构的基础上，实时更新知识内容。

（3）规范　规划中制定的规则还需要在后期的实施中持续优化并形成规范。适度的规则很重要，但是也需要辅助一些"软管理"，比如，管理者自己主动分享自身经验、行业观察等，带起分享知识的风气；鼓励有潜力的成员，让员工感到被认可，从而主动分享自己的知识；表扬对知识库贡献比较大的成员，增加他们的成就感，同时也让其他的成员愿意花心思来做这件事。

（二）团队知识共享

1. 知识共享的定义

随着知识管理理论研究的不断深入，知识被认为是企业实现可持续竞争优势的重要战略资源，许多学者认为获取这种竞争优势需要依靠新的创造和共享，把知识体现在产品、服务和系统上——即知识共享（creativecommons）。知识共享和组织绩效息息相关，知识共享活动代表团队成员间的相互理解和尊重，团队成员通过知识共享增加优势，弥补不足。有效的知识共享不仅可以增加团队成员的知识积累和学习能力，还能提高团队整体绩效和创新力。但是一些团队成员可能不愿共享重要的知识，尤其技术行业，如果被他人掌握关键知识，可能会使自己失去工作优势。这就导致人才流失时，关键知识也会随人员流动而流失，降低了企业的竞争优势。

所以为了提高团队成员间的知识共享，促进知识的有效流动，就要了解团队成员知识共享影响因素，以便针对性地构建团队知识共享的管理机制。

2. 知识共享的影响因素

知识共享的影响因素包括个人因素、组织因素和技术因素，可以概括为图7-4。

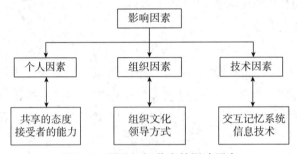

图7-4 团队知识共享的影响因素

（1）个人因素 包括知识共享的态度、接收者的能力等。

知识共享态度 研究表明，知识共享的态度比主观规范更能影响团队成员分享知识的意愿。所以团队管理者应该更关注于培养团队成员对知识共享有一个积极的态度，以此增加知识共享行为。

接收者的能力 有学者研究了知识接收者的反应对知识提供者知识共享意愿的影响。当知识接收者具有认真的学习态度会增加知识提供者知识共享的意愿；当知识接收者有很强的学习能力时会降低知识提供者知识共享的意愿。在实际的管理中，管理者应该鼓励团队成员创造一种学习文化，激发提供者分享知识的意愿，提高接收者认真学习的态度。

（2）组织因素 包括组织文化、领导方式等。

组织文化 组织文化对企业知识管理的成功起着决定性的作用，具有良好同事关系和合作的组织文化可以提高团队知识共享绩效。

领导方式 团队互依性在团队主管知识领导与团队知识分享关系中起显著的调节作用，研发团队互依性越强烈，团队主管知识领导促进团队知识分享的正向关系越明显。

（3）技术因素 包括交互记忆系统、信息技术等。

交互记忆系统 交互式记忆系统是一种知识管理系统，它的提出是基于外援记忆这一概念。交互记忆系统作为团队的信息处理机制，可以根据工作任务的需要，快速地查询和整合团队中的关键知识，同时也可对知识进行存储和编码，有利于提高团队整体的工作效率。

信息技术　信息技术作为知识共享的工具，如果共享知识的工具很耗时，员工就不会使用。员工使用不同的工具，缺乏标准，就不能确保沟通质量。所以信息技术的障碍也会影响团队的知识共享活动。

3. 加强知识共享的管理对策

（1）重视成员知识沟通，加强团队管理指导。沟通可以提高团队成员之间的信任度，建立和谐发展的人际关系，提高成员间的相容性水平。重视团队成员的知识沟通能够降低知识转移成本，加快知识流动速度，从而增进团队知识共享的程度。但在实际情况下，容易发生目标不清、导向不明的现象，团队成员容易缺乏对知识的需求动机与提升动力，因此还需要加强团队管理指导，明确相关管理者的职责，并根据知识的领域和特征，选用合适的传播媒介，辅以必要的实践和反馈，使其全面、完整、立体地进行共享。

（2）疏通正式共享渠道，发展非正式共享途径。研究显示，人们更倾向于与同一个集体中的人员进行知识共享，而且人员空间距离越近、规模越合适，共享效果越理想。因此，可以打破机械式的层级结构，重新构建组织结构进行知识共享，这不仅能够依据团队成员交流共享的能力进行绩效评估，还可以使知识的领域延展，提高成员对知识的吸收能力。此外，对于拥有共同兴趣及技术专长，但空间距离较远的成员，可以借助现代信息技术手段，创建社团小组，成员之间可以通过电话、电子邮件、办公平台等保持联系。

第四节　高绩效团队的建设

PPT

"万人操弓，共射一招，招无不中。"

—— 吕不韦

开篇案例

众所周知，汉高祖刘邦是一位平民皇帝。其中关键在于他知人善用，任人唯贤，组建了一个完美的开国团队。其中最著名的当属"汉初三杰"：萧何，负责全面统筹、治国安邦；张良，负责运筹帷幄、决胜千里；韩信，负责攻城略地、开疆辟土。正是有这几位得力干将的协助，刘邦才能从楚汉争霸中决胜而出。

进入全球化时代后，世界形势更加多变复杂，团队作用的重要性在错综复杂的环境中表现得更为显著。挖掘增强团队效能、促进团队学习和提升团队绩效三者之间的相互关系，增强企业核心竞争力，成为组织学习领域研究的重要内容。

一、高绩效团队的定义

团队是一个独特的整体，在实际发展中，有些团队相比其他团队对成员的个人成长发展格外关注，团队成员彼此相互关心、信任和尊敬，因而能创造出比普通团队高得多的绩效，被称为高绩效团队（high performing team）。罗宾斯认为，高绩效团队在团队输出方面表现为团队有价值的输出，如产品、服务会达到甚至超过团队客户的数量、质量和时间标准；在社会过程方面，表现为团队完成工作的社会过程能够加强以后的相互依存、共同工作；在个人学习方面，表现为团队经验能够对团队成员的个人幸福感和学习产生积极影响。

二、影响高绩效团队建设的因素

研究发现，个体层面、团队层面的要素与组织情境相互作用、相互影响，对高绩效团队的建设产生影响。

（一）个体层面

团队成员的自身状况会对团队协作的效果产生影响。研究者们关注个体层次的不同变量对团队绩效的影响。

1. 能力

一个成功的团队，有了共同的目标之后，就要有优秀的成员加入。挑选团队成员，不能完全根据个性进行选择，还应根据个人掌握的技能和学习新技能的能力来选择。一般来说，这三种技能至关重要：技术性和职能性的技能；解决问题的技能；处理人际关系的技能。当然选择好团队成员之后，还要对团队成员进行有效的培训，使之跟上团队发展的节奏，有更大的收获。

2. 团队成员多样性

团队成员的多样性对团队协作有直接的影响，可能会增加冲突，影响集权程度。早期研究认为职能多样性能够增加成员技能、拓宽分析问题的视角，进而提高绩效。近期研究发现跨职能团队会阻碍有效协作，增加冲突，降低信息共享。

3. 团队成员社会网络

社会网络视角强化了对团队成员社会关系的研究，发现社会关系状况可能影响整个团队的绩效，因为外部联系会为团队带来信息和关系。

📖 **拓展阅读**

螃蟹效应

用敞口藤篮来装螃蟹，一只螃蟹很容易爬出来，但当有两只或两只以上的螃蟹时，每一只都争先恐后地朝出口处爬，当一只螃蟹爬到篮口时，其余的螃蟹就会用威猛的大钳子抓住它，最终把它拖到下层，由另一只强大的螃蟹踩着它向上爬。如此循环往复，无一只螃蟹能够成功，这就是"螃蟹效应"。

螃蟹效应在组织中也有表现，在一个组织里，不可避免地会因为利益的冲突或者观念的差异形成小团体利益或价值观念，进而表现为成员之间相互不配合、甚至"互相拆台"的行为，这样的"内耗"不仅会削弱团队的战斗力，而且会使团队成员之间的关系变得脆弱而紧张。螃蟹效应说明的是组织成员目光短浅，只关注个人利益与眼前利益，相互内斗，进而整个团队丧失前进的动力。

思考：试着从高绩效团队建设的个体影响因素出发，分析螃蟹效应告诉了我们什么道理？

（二）团队层面

在特定的组织情境下，团队的整体状况也会影响团队的绩效。

1. 团队的规模

团队规模对团队绩效的影响成倒U形，即团队规模过大或过小都会降低团队绩效。当团队规模变大时，成员间的心理距离增大，在规模较大的团队中，成员的满意感与参与度较低，相互间的协作少于小型团队。当团队规模变小时，虽然团队成员间的关系较亲密，满意感和参与感都较高，但团队的执行力相对较弱。团队只有在适中的规模下，才能取得最大的团队绩效。研究表明，成员总数为奇数的群体比成员总数为偶数的群体更好，因为团队成员总数为奇数时，可以降低投票时发生僵局的可能性；5~7人组成的团队在执行任务时，会比更大或更小的一些群体都更有效。

2. 团队领导

团队的领导从团队内部对团队施加影响，负责为团队提供指导，为团队制定长远目标。团队领导对于团队工作的有效性与组织中领导的作用机制相似。有学者通过对团队的研究发现，领导命令有助于团队成员形成相似、正确的心智模型，进而通过团队沟通过程影响团队有效性。与组织中变革型领导相似，团队领导通过培养团队自我管理能力、授以自我领导权利或采用分布式领导形式，借此缓解团队冲突，处理团队运作障碍，提高团队凝聚力，进而影响团队效率。

📖**拓展阅读**

阿里为何能成功？

在一个团队里，起到决策性作用的大多是领导者，领导是影响团队成员心甘情愿和满腔热情地为实现群体目标而努力的过程。全球最大的电商平台阿里巴巴自成立以来，一路披荆斩棘、过关斩将，最终成为目前市值几万亿的大集团。阿里巴巴创业团队在中国乃至世界的影响都是巨大的，取得的成就令人侧目。是什么使得阿里如此成功？这一直是业界在探讨的问题。

不可否认的是，阿里创业团队肯定是一个高绩效团队，且有一个卓越的领导者——马云，业界把阿里创业团队戏称为"十八罗汉"，他们各个身怀绝技，各自负责自己擅长的领域。如金建杭，有资深的外贸商务领域经验，负责公司公关及市场活动；蔡崇信，耶鲁大学经济学兼法学博士，有很强的法律及财务背景，任公司首席财务官；彭蕾，有资深企业管理经验，负责公司人力资源部、市场部；而马云在外一直以胆识过人、沉着冷静及头脑过人著称，自建立公司以来，知人善用，带领团队攻坚克难、夙兴夜寐，一步步发展成现在的规模。虽然阿里的成功并不是他一个人的成功，但一个领导者身上体现的素质自然会影响到团队的整体素质。可见，高绩效团队及卓越的领导者在企业的发展中起到了至关重要的作用。

3. 团队训练

团队训练是有计划提升团队成员工作知识、技能和能力的活动。研究发现，团队训练与团队绩效存在比较明显的促进关系，一个经过严格训练的团队可以比未经过训练的团队产生高得多的团队绩效。

（三）组织情境

团队所在的组织情境也会对团队的绩效形成影响，具体包括对团队共同目标的承诺、团队的人力资源管理措施及组织的外部文化等。

1. 组织支持

团队作为组织的基本结构单位，它与组织发生广泛的联系，组织支持也会对团队绩效产生影响。组织支持可以分为组织对个人、组织对团队、团队对个人的支持，这三类支持对团队的绩效都有着不同程度的影响，而其中组织对团队的支持与团队绩效之间的关系最为密切。组织对团队的支持，有利于提高团队成员的积极性，使团队得以顺利开展工作，提高团队的绩效。

2. 人力资源管理措施

不可否认的是，当团队的绩效影响到个体的考评时，个体会把团体的利益跟自己的利益结合在一起。研究发现，基于团队的人力资源管理方式，尤其是基于团队的绩效考评和奖酬制度，能够促进团队成员的协作，同时有利于团队学习。因此，组织在建设高绩效团队时，可以充分发挥利用这一特性。

3. 组织的外部文化

不同文化情境下，团队协作的方式和效果有着显著的差异。在不同国家的文化环境中，团队的职能异质性、协作性以及绩效方面存在显著差异。其实不管是组织外部或是内部的文化，都会潜移默化地影响到组织，文化起到的是导向、引领或是激励作用，且这种内化于心的影响往往更持久。

三、高绩效团队建设的措施

团队的内部合作和高绩效不是与生俱来的，团队的高绩效来自每一个积极因素，我们从团队的构成以及绩效的影响因素出发，探讨如何打造高绩效的团队。

（一）明确团队使命和目标

要想成为一个成功的团队，作为团队成员信念基础的团队使命与目标必须是清晰的。而且，还应该让团队的成员清晰地理解团队的使命与目标，这样才有利于建立共同的信念与承诺。

（二）确定合适的团队规模

最好的工作团队规模一般比较小。研究认为，如果团队成员多于12人，他们就很难顺利开展工作。他们在相互交流时会遇到许多障碍，也很难在讨论问题时达成致。一般来说，如果团队成员很多，就难以形成凝聚力、忠诚感。可以考虑把团队成员人数控制在 5 ± 2 人。

（三）制定合适的团队规范

团队规范表达的是团队的核心价值观和目标，对团队成员具有无形的约束力。团队规范的建立能够刺激员工，激发员工的积极情绪，从而促进员工绩效的提高。这要求在团队中建立合理的规章制度和行为规范。没有规范将导致团队混乱无序，但过度死板的规范可能使其失去创造力，影响到团队成员的个性发挥，甚至是整个团队的发展，这要求团队规范的制定做到与时俱进，稳中有变。

（四）设定适当的绩效标准

有了团队的使命和目标，团队的工作还不具备可操作的控制标准，因此必须将团队的整体目标细化形成适当的绩效标准。合理的绩效标准应符合SMART原则：S指具体（specific），绩效考核要切中特定的工作指标；M指可度量（measurable），绩效指标是数量化或者行为化的，验证指标的数据或信息是可获得的；A指可实现（attainable），避免设立过高或过低的目标；R指相关性（relevant），绩效指标是与本职工作相关联的；

T指有时限（time-bound），注重完成绩效指标的特定期限。

（五）培养团队成员信任感

高绩效团队的成员之间高度信任。但信任需要很长时间才能建立起来，又很容易被破坏，因此，维持信任关系需要管理人员处处留意。研究发现，正直程度和能力水平是判断一个人是否值得信赖的两个最关键的特征。一般人把正直看得更重，因为如果对别人的道德品质和基本的诚实缺乏把握，就可能失去信任的基础。另外，管理人员和团队领导对于团队的信任气氛具有重大影响。因此，管理人员和团队领导之间首先要建立起信任关系，然后才是团队成员之间的相互信任关系。

★ 本 章 小 结

团队是以任务为导向，由少数技能互补，有共同奋斗目标，在工作中团结协作并相互负责的成员组成的共同体。团队具有目标、人员、定位、权限和计划五个基本构成要素。按照团队存在的目的和形态、团队功能可以将团队分为不同的类型，此外还有新型团队，本文主要介绍了创新团队和自组织团队。

团队精神是团队的灵魂，是整体意识、大局意识、协作精神和服务精神的集中体现。具有目标导向功能、团队凝聚功能、促进激励功能和实现控制功能。团队士气是指团队中存在的一种齐心合力、高效率的精神活动状态。组织中，一致的价值目标、完善的激励机制、健全的规章制度、优秀的团队领导和健康的团队文化有助于团队士气的形成。

团队从事基本活动所需要的资源，统称为团队资源。团队资源配置是指对相对稀缺的资源在用途上加以比较，合理分配到团队活动以及团队的主体成员之间的过程。马-麦团队角色理论和贝尔宾团队角色理论是团队人力资源配置中有名的理论。团队财务资源配置要从成本效率控制和团队利益分配两个方面考虑。团队信息资源管理包括团队知识管理和共享。

在实际发展中，有些团队相比其他团队对成员的个人成长发展格外关注，团队成员彼此相互关心、信任和尊敬，因而能创造出比普通团队高得多的绩效，被称为高绩效团队。高绩效团队的建设受个体、团队和组织三个层面的影响，想要建设高绩效团队，首先需要明确团队使命和目标，其次确定适合的团队规模，并且制定合适的团队规范，此外，还要设定适当的绩效标准，培养团队成员信任感。

» 复习和讨论题

题库

1. 选择一家医药企业，选择该企业中的某一种团队类型，分析该团队的基本情况，介绍其具有哪些特征，了解该团队成长的各个阶段特征，并评价每位团队成员的技能优势及其在该团队中发挥的积极作用。

2. 医药行业中有哪些新型团队？试进行介绍和举例。

3. 美国微软公司联合创始人比尔·盖茨曾说，"团队合作是企业成功的保证，不重视团队合作的企业是无法取得成功的。"如何理解这句话的深层含义？

4. 除了团队人力、财务和信息资源，一个团队还要合理配置哪些资源？

5. 通过本章内容的学习，简要说说怎样开展一个团队的人力资源配置工作？

6. 高绩效团队都具有怎样的特点？

7. 如果你加入一个工作团队，你喜欢怎样的团队工作氛围？团队的领导方式对你的工作努力程度影响大吗？

课堂游戏：拍手训练

1. 游戏规则

（1）将班级同学分成3~4个小组，所有学员在游戏过程中都必须闭上眼睛。

（2）由第一组开始，第一组全部成员开始拍手，通过倾听使第一组拍手的节奏逐步的一致。

（3）第一组的拍手节奏保持一致后，第二组全部成员开始拍手，第二组拍手必须在第一组两次拍手之间拍两下，直到第二组的拍手节奏一致。

（4）第二组的拍手节奏保持一致后，第三组全部成员开始拍手，第三组拍手必须在第一组两次拍手之间拍4下，直到第三组的拍手节奏一致。

（5）以此类推，第四组拍6下。

2. 思考与讨论 如果想使所有节奏一致，需要团队具备什么条件？

第八章 组织中的沟通管理

　　T医药公司员工说老板庄先生性子急、要求严，喜欢发脾气，所以一些员工与他沟通时很紧张，甚至尽量躲着他。庄先生说员工不明白他的意思，做出来的东西和他想要的不一样，有些没必要犯的错误经常重复地犯，做错了还不能说重话，个别员工会顶嘴，甚至有女员工会哭起来。

　　某天快下班了，庄先生发现一位员工提交的资料有错误，便进行纠正，该员工试图解释，但庄先生认为该员工不应该犯这样基础的错误，不听该员工的解释，而该员工也急着说明自己的做法，两人都没有停下来听对方说，声调都开始提高，语速加快，庄先生习惯性地伸出手指，该员工感觉被指着鼻子当众挨训，认为受到侮辱，便大声嚷道："你觉得我不好，那开掉我好了！"然后背起包就往外走。庄先生非常生气。

　　事后庄先生伤感地说："我创立这个品牌就是为了让人们生活更好，我们的品牌就是因为注重品质和客户体验才得以发展壮大，我给没有读过对口专业、没有相关经验的员工机会，教他们怎么做事情，他们不但不听，不感谢，还不尊重我！"该员工也很委屈地说："这个产品和以前的有些不一样，所以我想尝试不同的做法。当时都下班了，我还打算加班做好了再走。但庄先生什么都不问就骂我，还指着我的鼻子，我长这么大都没人指着我的鼻子。我又不是不感谢，又不是不尊重，但尊重是相互的！"

　　是什么导致了庄先生和员工间的相互不理解呢？

第一节　沟通的定义、过程和作用

PPT

"沟通是心灵传递的桥梁，是爱意表达的彩虹，是信息传递的网络。"

—— 佚名

开篇案例

有一个秀才去买柴，他对卖柴的人说："荷薪者过来！"卖柴的人听不懂"荷薪者"（担柴的人）三个字，但是听得懂"过来"两个字，于是把柴担到秀才面前。秀才问他："其价如何？"卖柴的人听不太懂这句话，但是听得懂"价"这个字，于是就告诉了秀才价格。秀才看了看木柴，接着说："外实而内虚，烟多而焰少，请损之（你的木柴外表是干的，里头却是湿的，烧起来会有很多浓烟但是火焰却很小，请减些价钱吧）。"卖柴的人因为听不懂秀才的话，担着柴转身就走了。

一、沟通的定义

沟通是信息从发送者到接收者的传递过程。在这个过程中，人们通过语言、文字等信息符号进行交流，取得彼此的了解、信任，从而建立良好的人际关系，完成某种任务或达成特定的目的。基于管理界和公众对于沟通的本质理解，本书将沟通（communication）定义为：为了特定目的，通过某种途径和方式，将以符号为载体的信息在个人、群体或组织间从发送者传递给接收者并获得理解的过程。具体而言，沟通包括以下三层含义。

首先，沟通是双方的行为。必须有信息的发送者和接收者，其中双方既可以是个人，也可以是群体或组织。

其次，沟通要有信息内容。在沟通过程中信息的传递是通过语言、文字、表情、动作等符号来实现的，这些符号附加了发送者和接收者的态度、思想或情感，使得传递的信息内容更加丰富多彩。

最后，沟通不仅是信息的传递，还包括意义的理解。只有当信息经过传递后，接收者感知到的信息与发送者发出的信息完全一致时，才是一个有效的信息沟通过程。

二、沟通的过程

沟通需要借助一定的渠道进行，发送者首先要将信息编码，转化为可传递的物质形式，通过某一途径传递到接收者，再由接收者进行解码，了解信息内容后予以反馈。在这个复杂的过程中，可能会存在许多干扰因素，从而导致信息的传递出现偏差。一个完整的沟通过程模型如图8-1所示，共包括八个关键部分：发送者、信息、编码、渠道、接收者、解码、噪音、反馈。

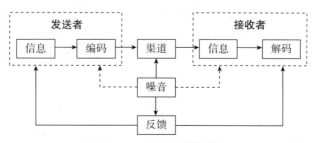

图8-1　沟通过程模型

（一）发送者

发送者是信息沟通的发起者，是信息的来源。信息发送者发出信息是希望接收者了解某些事情，在形成有效沟通前，发送者首先应明确沟通的信息内容，并将其转化为信息接收者所能理解的形式。

（二）信息

信息是指经过编码，进入沟通渠道的有用信息，是发送者进行编码后产生的一种物理产品。组织中沟通的信息是多样化的，它包括正式组织中上级下达的命令、计划及决策，下级按规定需要上报的报告和反映的情况；也包括非正式场合中成员之间的思想碰撞和情感交流。

（三）编码

编码是发送者将头脑中的想法进行符号化，将其意义以相应的语言、文字、图形或动作、表情等其他形式表现出来的过程。有效沟通应当是信息发送者发出的信息和信息接收者收到的信息完全吻合，这就要求信息发送者在编码过程中要充分考虑接收者的自身特点，注意信息内容和符号的可读性和准确性。

（四）渠道

渠道是信息发送者选择用来传递信息的媒介，分为正式渠道和非正式渠道。正式渠道由组织建立，传递的是与工作活动相关的信息，主要用于组织内部的行政指令、规章制度等，如进行报告、组织演讲、召开新闻发布会等。非正式渠道传递的是个人、社交等其他形式的信息，主要用于获取新信息，如面谈闲聊、电话沟通、小道消息等。

（五）接收者

接收者是信息发送的对象和目的地，是信息发送者的沟通对象。接收者会将信息发送者编码后的信息进行接收，并翻译成自己的理解，即信息接收者在接收过程中通常会采取听觉、视觉、触觉等方式进行感知和理解。由于接收者自身的态度、知觉差异，以及角色的不同，会造成对信息的不同理解，进而影响沟通的整体效果。

（六）解码

解码与编码相反，是信息接收者收到信息后，将符号化的信息还原为思想，并理解其意义。由于接收者的文化背景、主观认识等因素会对解码过程的正确性造成一定的影响，因此，信息接收者在解码过程中必须结合发送者的自身特点，才能更为准确地理解对方想要表达的真实意图。

（七）噪音

噪音代表着能使信息失真的沟通障碍，是指沟通过程中对信息传递和理解产生干扰的一切因素，例如知觉问题、信息超载、语意不清、文化差异等。在沟通的整个过程中都会受到噪音的影响，并且沟通的任一要素出现的干扰现象都会影响信息的传递效果，导致信息失真，使得沟通的效率大为降低。

（八）反馈

反馈是指接收者把对信息的理解和态度返回给发送者，供发送者核查并在必要时做出修正。当接收者收到信息并做出反馈时，信息接收者就变成了下一个沟通环节的信息发送者，沟通过程形成了一个循环。反馈可分为正反馈和负反馈，并会对发送者的行为和态度产生不同影响。例如，如果听众对演讲者喝彩或点头示意，演讲者就会充满热情，即形成了正反馈；反之，嘘声、打呵欠或不专心会对演讲者形成负反馈，会使演讲者在一定程度上产生失望情绪。

在沟通的八个关键部分中，信息的发送者、接收者和信息的传递渠道最为重要，被称为沟通的三要素。在沟通过程中，每个部分都很重要，任何一个环节出现问题，都达不到信息沟通的效果。

三、沟通的作用

沟通是一切工作得以开展的基础。有效沟通不仅能够增进成员情感的表达，加强成员对组织的认同感和忠诚度，还能帮助组织解决工作中的矛盾，处理日常事务中遇到的难题。具体而言，沟通的作用主要表现在以下四个方面。

（一）沟通是组织进行决策的基础

沟通能够为决策提供帮助，它通过传递数据或资料为个体或组织提供决策所需要的信息，从而使决策者确定和评估各种备选方案。管理者可以从广泛的组织内部沟通中获取大量的信息进行决策。下属人员也可以主动与上级管理者沟通，提出自己的建议，供管理者决策时参考。例如，销售部门通过小组讨论的方式制定出产品的营销方案供销售经理进行选择，从而确定合适的营销方案。

（二）沟通有助于组织的协调与控制

管理的实质是协调，由于个体的地位、能力、对组织目标的理解和所掌握的信息不同，使得个体目标与组织目标出现偏差，而沟通能够促进组织成员互相交流意见，以保证组织目标的顺利实现。同时沟通能够控制员工的行为，员工必须遵守组织中的权利等级和正式指导原则。例如，当工作群体因为某个成员工作懒散而对其议论纷纷时，他们就是在进行沟通，并控制着该成员的行为。

（三）沟通可以激励员工使其获得需求动机

除了技术性和协调性的信息外，组织成员还需要鼓励性的信息，它可以使管理者了解成员的需要。在沟通过程中，管理者可以通过以下途径来激励员工：明确告诉员工应该做什么；当没有达到标准时应如何改进工作；具体目标的设置、对实现目标过程的反馈以及对理想行为的强化等。这些过程激发了员工的动机，激励着个体在工作的过程中努力实现自身价值，为实现组织目标做出更多的贡献，而这些行为都需要沟通来确定和实施。

（四）沟通是组织与外部环境之间建立联系的桥梁

在当今社会中，任何组织都不可能孤立于社会而存在，必然会与公众、政府、竞争者等发生各种各样的联系。尤其在复杂多变的市场经济条件下，与外界保持良好的沟通状态，处理好与外界各方的关系，及时把握机会、应对风险，将成为企业成败的重要因素。对于医药组织而言，企业需要与外部环境进行沟通，获得关于生产技术、产品价格、市场竞争以及政策动向等方面的信息，从而为企业开展产品研发、确定生产数量、制定市场策略以及各项内部决策奠定基础。

📖**拓展阅读**

耕柱与墨子的沟通

春秋战国时期，耕柱是一代宗师墨子的得意门生，不过，他老是挨墨子的责骂。有一次，墨子又责备了耕柱，耕柱觉得自己非常委屈，因为在许多门生之中，大家都公认耕柱是最优秀的人，但又偏偏常遭到墨子指责，让他面子上过不去。一天，耕柱愤愤不平地问墨子："老师，难道在这么多学生当中，我竟是如此的差劲，以至于要时常遭您老人家责骂吗？"墨子听后，毫不动肝火："假设我现在要上太行山，依你看，我应该用良马来拉车，还是用老牛来拖车？"耕柱回答说："再笨的人也知道要用良马来拉车。"墨子又问："那么，为什么不用老牛呢？"耕柱回答说："理由非常简单，因为良马足以担负重任，值得驱遣。"墨子说："你答得一点也没错，我之所以时常责骂你，也只因为你能够担负重任，值得我一再地教导与匡正你。"

第二节　影响沟通的因素

PPT

"语言的意义不在语言中，在语言者的心中。"

—— 佚名

开篇案例

　　1990年1月25日，由于阿维安卡52航班飞行员与纽约肯尼迪机场航空交通管理员之间的沟通障碍，导致了一场空难事故，机上73名人员全部遇难。

　　25日晚7点40分，阿维安卡52航班飞行在南新泽西海岸上空，机上的油量可以维持近两个小时的航程，对于飞机安全降落是完全足够的。但此后由于交通事故，飞机在机场上空盘旋了1小时40分钟。盘旋过程中52航班的飞行员曾向机场两次报告"燃料快用完了"，但对于机场管理员来说早已司空见惯，因为当飞机延误时，每架飞机都可能存在燃料问题。但若飞行员发出"燃料危机"的呼声，管理员有义务优先为其导航，并尽可能迅速地允许着陆；若"情况紧急"，那么所有的规则程序都可以不顾，将以最快的速度引导降落。遗憾的是，52航班的飞行员从未说过"情况紧急"，所以机场的管理员一直未能理解飞行员所面对的真正困境。因此管理员未能及时批准降落，最终飞机因为燃料耗尽坠毁于长岛。

　　在现实生活中，从信息发送者到信息接收者的沟通过程并非都是畅通无阻的，其结果也并非总是如人所愿。相反，由于诸多沟通要素的存在，致使沟通过程中出现多种影响因素，主要包括信息源特征、信息特征、渠道特征、情景特征、反馈特征五个方面，如图8-2所示。

图8-2　影响沟通的五个因素

一、信息源特征

（一）信息源的可靠度

　　在沟通过程中，信息来源的可靠度是人们考虑的首要因素，如信息发布者的身份、信誉、权威程度等。通常而言，信息来源的可信度不高会导致信息接收者怀疑甚至拒绝接收信息。因此，组织管理者在与他人交往时需努力做到"言必信"，以便获得良好的信誉。

（二）发送者的表达能力

　　信息发送者在表达上的明确性和准确性也会对信息沟通产生影响，这主要取决于信息发送者是否对沟通的内容进行清晰有逻辑的思考。此外，由于客观事物和思想意识的复杂多变，以及语言多义性的存在，如果发送者与接收者的语言不通，则容易造成沟通困难。

二、信息特征

（一）信息的复杂程度

信息的复杂程度主要体现在信息数量和信息内容两个方面。信息数量过多时，信息接收者需要对其进行筛选，这增加了接收者的工作量，却依然不能避免部分信息被忽略的现象，同时经过多层次的信息过滤后，接收者对信息理解的正确度会脱离允许的差异范围。此外，信息的内容过于复杂也会影响沟通的效果，例如，在医患沟通中，医生的发音是否标准影响着患者能否接收到正确的诊断信息。

（二）信息的表现方法

沟通效果受表现方法的影响，例如单双面论证、恐惧诉求。其中，单面论证是指仅提供单方面的信息，而双面论证则既对事物表达肯定，也适当阐述其缺点。在选择单双面论证时，需要根据信息接收者的受教育水平和知识经验进行考虑。例如，当信息接收者对事物印象不佳，适当暴露事物的缺点能够消除接收者的抵触心理；接收者受教育水平越高时，对待事物会更加客观，更宜采用双面论证。恐惧诉求是指通过营造紧张、可怕的情景或氛围来吸引信息接收者的注意，从而增强沟通的有效性，但需要把握好恐惧的程度，否则会引起相反的效果。

三、渠道特征

（一）渠道的选择方式

在现实沟通中，我们需要根据具体的沟通内容、对象、情景等选择不同的沟通渠道，并根据实际情况灵活进行各种渠道的组合。如果沟通内容正式，对时间的要求较高，则需要选择书面文件或电子邮件等渠道进行沟通，例如组织下达官方文件对外发布重要通知；如果沟通内容非正式，并且没有迫切的时间要求，则可以选择电话、微信等渠道进行沟通。当沟通对象是与上级领导、下属、合作方等人时，则需要选择较为正式的渠道进行沟通。此外，情景也会影响渠道的选择，如果在安静整洁的办公场所进行沟通，则需要采用正式沟通、浅层沟通等方式；如果在轻松悠闲的环境中进行沟通，选择非正式沟通、深层沟通等方式能够更好地达到沟通效果。

（二）渠道冲突与长度

当信息通过多种形式进行传递时，如果相互之间不协调，就可能产生渠道冲突，接收者将难以理解发送者传递的信息内容。例如，当领导表扬下属时面部表情严肃甚至皱着眉头，会使下属感到迷惑，无法理解领导的真实想法。当组织机构庞大，内部层次过多时，信息从最高层传递到最底层，或者从底层汇总到最高层所经历的中间环节会更多，所需要的时间也更长，因而容易使信息失真，降低信息沟通的时效性。针对渠道长度问题，管理者需要优化组织内的管理结构，构建扁平化的管理模式，进而减少组织内部的管理层级，提高信息的准确性与及时性。

四、情景特征

（一）人际关系与社会网络

人际关系对沟通过程的影响主要表现为对沟通对象的反感程度以及沟通双方的地位差异。一方面，如果对沟通对象有着强烈的反感，那么这些带有偏见的看法会直接影响接收者对于信息的接收程度。另一方面，由于阶级地位的不同，阶级意识、价值观念、道德标准等都会存在差异，不同阶级的成员，对同一信息会有不同甚至截然相反的认定。社会网络与知识经验的局限性往往通过发送者与接收者的文化差异体现出来，只有沟通双方存在共同的知识和经验，信息才能被传达和接受，从而进行有效的沟通。

📖 拓展阅读

面对特殊患者的护患沟通方式

一、面对发怒患者

患者愤怒都有自己的原因，多数情况下不是患者无端的指责护士或者医务人员，而是患者知道自己患了某种严重的疾病，感受到了身心的痛苦，以愤怒来发泄自己的害怕、悲哀、焦虑或者不安全感。护理人员沟通的重点是对患者的愤怒做出正面的反应，视患者的情绪为一种健康的适应反应，不要对患者采取任何个人攻击性或指责性行为，尽量为患者提供发泄的机会；也可应用倾听技巧，了解患者的感受。

二、面对哭泣患者

患者哭泣表明悲伤，也是一种对健康有益的反应。首先了解患者哭泣的原因，可以鼓励患者表达自己的悲伤，有时患者不愿意诉说原因，可以与其家人沟通；允许患者独处、发泄、倾听、移情、沉默等。

三、面对抑郁患者

此类患者一般是在承受了巨大打击或其他原因后出现反应，认为自己失去价值，悲观失望，表现为漫不经心、注意力不集中。护士面对这类患者，应尽量表现出体贴及关怀，以亲切、和蔼的态度，使患者感受到护士的关心及重视；简短地提问，并及时地回应。

（二）沟通氛围与组织环境

沟通氛围不和谐也会影响沟通的效果，一个相互高度信赖和开诚布公的组织发布的信息，比那些来自相互猜忌、互相提防的组织的信息更易被接收。命令和请示是否拘泥于形式是判断沟通氛围是否和谐的标准之一，如果除例行公事外，任何工作都必须下达正式命令来完成，那么该组织中，一般性或非正式传达的信息则比较难以被接受。此外，组织结构也会对沟通产生一定的影响，如果组织机构臃肿，各部门之间职责不清，就会给沟通双方造成一定的心理压力，引起信息传递的失真和歪曲，从而失去信息沟通的有效性。

五、反馈特征

（一）沟通过程的反馈机制

媒介在信息沟通过程中起着至关重要的作用。在反馈过程中，由于媒介运用不当或者沟通渠道受阻，会出现反馈客体接收不到信息或者信息接收不全面，使得沟通不能顺利完成的情况。反馈是一个逆向过程，和正向沟通过程相比较为被动，因此反馈机制需具有以下三个特点：一是简单方便，如组织设置专门用于内部反馈的电子邮箱、意见箱等；二是保密性，例如设置匿名评价；三是多样化，建设多种渠道，激励组织成员进行有益的反馈，以保障反馈机制顺利实施。

（二）沟通双方的反馈障碍

反馈障碍存在于两个方面，一是信息接收者在发送反馈时的障碍。最大障碍是接受者受限于与发送者之间的地位差异，不敢轻易发表意见，或者对与自己无关的人和事倾向于保持沉默，具体表现为：报喜隐忧型，个体倾向于隐藏坏消息，报告好消息；畏惧上级型，上级严格的命令制度会导致下属畏惧向上级提供反馈；趋向沉默型，由于人的惰性及明哲保身等传统思想，使得人们对于不关己尤其是不利己的人和事倾向于袖手旁观。二是信息发送者在接收反馈时的障碍，体现在发送者刻意逃避坏消息，在心理上形成一种排斥，拒绝接收建设性反馈，具体表现为：逃避坏消息型，当收到坏消息的反馈时，反馈客体容易在心理上形成一种排斥，进而通过语言或非语言的方式表露出来，如打断对方讲话等；以自我为中心型，反馈客体以原来的思维模式考虑问题，采取主观做法，不顾及反馈主体的感受；抵触倾听型，管理者认为倾听需要花费大量时间，从而会不经意地流露出自己很忙，不想被打扰或者对反馈没有回应。沟通双方反馈障碍的存在会在无形中抑制建设性反馈信息的发送，减少信息反馈的机会，降低反馈者的反馈热情，进而阻碍管理者获得有价值的信息，使得沟通难以持续进行。

第三节　沟通的类型与沟通网络

PPT

"上能通，下情可至；下不隐，上令必达。"

—— 佚名

俄罗斯商人巴卜耶夫是做国际贸易的，有一次，公司与巴西顾客谈下了非常重要的合作项目，可在签署合同当天，巴卜耶夫生病了，躺在医院里不能下床。于是，他让儿子代替自己签约——这样也算是非常有诚意的做法。

巴卜耶夫却有些担心，对儿子说："你既不了解公司合作的内容，也听不懂巴西语，虽然有翻译，但我还是怕你将事情搞砸，毕竟交流也是合作的一部分。"儿子却笑着说："您放心吧，我们除了说话，还有其他交流方法。"儿子故作神秘地走了。

至下午时分，儿子得意满满地回到医院。巴卜耶夫更加好奇，问身边的人儿子表现如何？身边的人说："真奇怪，他没说太多，倒是不断在做一个手势，结果，巴西商人对他赞赏有加，还夸他非常有教养。"

巴卜耶夫更迷糊了，追问是怎么回事。站在一边的儿子示范了一下：伸出右手，然后握拳，将大拇指夹在食指、中指中间，用力晃动一下。"这不是侮辱人的意思吗？"巴卜耶夫一脸茫然。儿子却笑了："国家之间的文化是有差别的。这个手势在我们这里是侮辱的意思，在巴西却是赞美、交好运的意思。我在他介绍自己国家、家庭的时候不断这样夸他，祝福他，他自然要说我有教养。"

一、沟通的类型

（一）言语沟通和非言语沟通

根据沟通发生的信息载体不同，可将沟通分为语言沟通和非语言沟通。

1. 语言沟通

语言沟通建立在语言文字的基础上，可细分为口头语言沟通和书面语言沟通。

（1）口头语言沟通　是以口头语言为媒介的信息传递，在组织内部有面对面的访谈、讨论会、授课演讲、电话联系等形式；对外则以营销推广、拜访客户、口头调查、商业洽谈等形式进行。口头语言沟通的优点是效率高，可立即获得对方的反应；同时较为生动，可以用表情、手势等辅助手段来增强沟通效果。缺点是易受时空限制；沟通效果易受发送者表达能力和接收者理解能力影响；同时口头沟通不利于信息的记忆和保存，接收者可能会遗漏某些重要信息。

（2）书面语言沟通　是以书面文字为媒介的信息传递，在组织内部有文件、通知、备忘录、公告、展板、刊物、建议信等形式；对外则有市场调查、广告、招聘信息、合同、报告等形式。与口头语言沟通相比，书面沟通的信息具有权威性和准确性；并且书面形式较为规范、严肃，具有可追溯性。但同时也存在着沟通成本较高，反馈速度较慢；沟通效果受接收者文化水平的限制等缺点。

2. 非语言沟通

非语言沟通是指通过语调、肢体动作、空间距离等形式进行的信息传递，主要包括身体语言沟通、副语言沟通和情景沟通三种类型。语言学家艾伯特·梅瑞宾（A. Merubin）对语言沟通和非语言沟通在沟通中的使用比例进行了研究，总结出下列公式：

$$沟通的总效果 = 7\%语言 + 38\%音调 + 55\%态势$$

其中，非语言沟通占据了93%的比例，由此可见，非语言沟通在信息传递过程中起着非常重要的作用。

（1）身体语言沟通　是指将人的身体作为信息载体所实现的沟通，包括目光、表情、手势、身体姿态等。握手是最常见的一种身体语言，也是表达尊敬、仰慕之情的方法；谈话时的目光接触，说明心情愉快，愿意进行深入交流。国外研究表明，人们从非语言暗示中获取的对他人态度和情绪的解读，要远远多于语言，如果讲话者的非语言暗示与语言信息相矛盾，人们可能更相信非前者所提供的信息。

（2）副语言沟通　是指通过改变说话的语气、声调、语速、节奏等传递一些附加信息的沟通形式。语言的真实含义不仅取决于其字面意思，而且决定于它的弦外之音。语音表达方式的变化，尤其是语调的变化，可以使相同的一句话具有完全不同的含义。例如，同样一句"真棒"，当音调较低、语气肯定时，表示由衷的赞美；当音调升高、语气否定时，则表示冷嘲热讽和幸灾乐祸。另外，通过声调、语速可以判断出一个人的心情，也可以反映出他的精神状态。

（3）情景沟通　是指借用一些经过专门布置的物体、环境等手段来进行沟通。例如，总是把物品摆放很整齐、房间打扫得整洁有序，可以看出主人是个干净利落、讲效率的人。此外，人际距离和空间也是情景沟通的重要表现之一。美国心理学家爱德华·霍尔（E. T. Hall）为人际交往划分了四种距离：亲密距离、个人距离、社交距离和公共距离，每种距离都与对方的关系相当。其中，亲密距离为小于0.5米，多用于恋人、夫妻，也可以用于父母与子女之间或知心朋友之间；个人距离为0.5~1.2米，表现为伸手可以握到对方的手，但不易接触到对方身体，一般的朋友交谈多采用这一距离；社交距离为1.2~3.5米，属于礼节上较为正式的交往关系，多用于一般的工作场合；公共距离为3.5~7.5米，适用于演讲者与听众、庆典、商务活动及一些非正式场合。

（二）正式沟通和非正式沟通

根据组织结构的特征，可将沟通分为正式沟通和非正式沟通。

1. 正式沟通

正式沟通是指按照组织规定的渠道、内容和范围进行信息的传递与交流，组织结构图能够完整地显示出组织中的正式沟通路径。按照信息的流向，正式沟通又可分为上行沟通、下行沟通和平行沟通三种类型。

（1）上行沟通　是指在组织中信息从较低层次向较高层次流动的一种沟通，即沿着组织结构图自下而上的沟通。主要是下属依照规定向上级递交的正式书面或口头报告，此外，上行沟通的形式还包括意见箱、员工座谈会等。上行沟通有利于管理者了解下属的需求，能够为员工提供表达意见、释放情绪的机会。但是，当组织层级较多时，会产生员工有意避免将不利信息传递给上级的沉默效应。

（2）下行沟通　是指在组织中信息从较高层次向较低层次传递所形成的一种沟通方式，即沿着组织结构图自上而下的沟通。下行沟通是组织中最主要的沟通流向，上级领导一般以命令、指示的方式向下传达决定的政策、计划或规划等信息。例如，在药品生产企业中，新版《药品生产质量管理规范》的实施就是由高层管理者向中层管理人员发布命令，然后由中层管理人员向基层传达，并指导和监督基层工作者执行。下行沟通的运用，可以增强组织内各层级之间的联系；随着管理层次的增多，会加剧信息被误解、曲解所造成的损失。

（3）平行沟通　是指组织中同层次不同部门之间以及同级人员之间的沟通，也称横向沟通。平行沟通的主要目的是协调组织业务，加强部门之间的互相了解，增强组织内部凝聚力，减少部门冲突和矛盾，营造和谐的组织氛围。例如，公司市场部通过前期市场调查，制定出合理的营销方案，并将完整的营销策略传递给销售部门，指导销售工作顺利展开；销售部也会将市场信息和竞品情况及时反馈给市场部，以便市场部准确预测产品需求走向，进一步完善营销策略。

2. 非正式沟通

组织中存在大量的非正式沟通，它往往比正式沟通更需引起关注。非正式沟通是指在正式沟通渠道以外的信息传递，是无须通过领导批准或认可、不受等级结构限制的沟通。在非正式沟通中，组织成员不作为其在组织中所担任的某一角色（如领导与被领导）进行沟通，传递的内容更多是关系到组织或组织成员的环境、背景，或个人之间的事务问题。

"小道消息"是非正式沟通的代表产物，具有三个特点：首先，它不受管理层控制，不受其他组织成员的监督；其次，大多数员工认为它比通过正式渠道发布的信息更加可信可靠；最后，它主要服务于内部人员的自身利益。霍捷茨（R. M. Hodgetts）认为，小道消息有时是组织成员的想象和忧虑心理的一条出路，通过传言，管理者可以了解到成员的心理状态。美国心理学家戴维斯（K. Davis）认为，小道消息的产生通常源自于组织信息的不透明，员工的不安全感和抵触情绪。因此，要消除小道消息的消极作用，管理人员可以采用合理的管理方式，将小道消息转化为正式沟通的辅助方式，利用非正式沟通提供在正式沟通中难以获得的某些信息。例如，通过小道消息的传播，可以使管理者了解到员工的真实想法和意愿，进而做出更加公正、完善的决策和行为。

📖 拓展阅读

TL医药的临床试验项目沟通管理之沟通渠道

TL医药拥有专业的临床试验课程开发中心（training R&D unit），是国内唯一致力于临床试验项目管理和质量管理体系研究的机构。TL医药在既往组织了多次临床试验项目经理（CPM）培训中，对CPM花费在沟通上的时间做了同级，近一半的CPM花费在沟通的时间为75%~90%，可见沟通管理在项目管理中的重要性。优秀的CPM，需要具备卓越的沟通技能，可以灵活运用不同的沟通渠道进行项目沟通管理。

1. 正式沟通渠道

◇Email邮件。

◇Meeting会议：包括面对面（F2F）会议、电话会议（T-Con）和网络会议（WeBex）。

◇FAX传真。

◇Progress report项目阶段性绩效报告：汇报项目阶段进展，例如周报、月报、年度报告等。

◇We-media自媒体：newsletter、微信、微博和短信平台。

◇Documents sharing文件共享：如server、Cloud、e-room等形式。临床试验项目文件繁多，且要经常更新，汇总所有文件定期更新和共享是对于复杂度高、文件多的项目最有效的沟通管理方式。

2. 非正式沟通渠道

◇Oral communication口头沟通：口头沟通虽然是非正式沟通，但在项目沟通管理中是非常重要的角色。例如电话、直接的谈话等形式，常见于紧急情况或者要求立即回复的情况。但注意，需要将关于操作和范围的重要决定或行动通过电话沟通报告或者其他书面形式记录下来。

二、沟通网络

现实中群体的沟通不是单一渠道和单一形式的沟通，而是将各种沟通方式组合起来，形成沟通网络（communication networks），包括正式沟通网络和非正式沟通网络两种类型。

（一）正式沟通网络

正式沟通网络（formal communication networks）是根据组织结构、规章制度来设计的，用以交流和传递与组织活动直接相关的信息。美国心理学家莱维特（Leavitt）通过实验提出了六种正式沟通网络：链式、轮式、环式、全通道式、Y式（包括Y式和倒Y式），如图8-3所示。

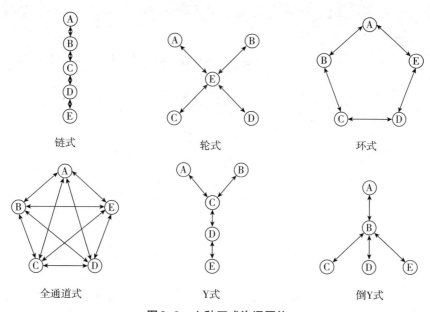

链式　　　　　　　　　轮式　　　　　　　　　环式

全通道式　　　　　　　Y式　　　　　　　　　倒Y式

图8-3　六种正式沟通网络

1. 链式沟通网络

链式沟通网络表示信息传递按照沟通层级逐一进行，信息可由上而下传递，也可由下而上传递，还可以表示主管与下级部属间有中间管理者的组织系统。链式沟通网络适合结构庞大，需要分层授权管理的组织。

2. 轮式沟通网络

在轮式沟通网络中，主管人员位于沟通的中心位置，负责向各个下级传递信息，而下级相互之间不进行沟通。

3. 环式沟通网络

环式沟通网络是一个封闭式的控制结构，它表示没有领导者，信息在各个成员之间依次流通，所有成员都在进行双向的信息交流。

4. 全通道式沟通网络

组织内每个成员相互之间都可以直接地自由沟通，并无中心人物，所有成员都处于平等地位。该沟通网络代表着民主气氛很浓的领导集体或部门，一般适用于委员会等组织结构。

5. Y式沟通网络

Y式沟通网络融合了链式和轮式沟通网络，表示信息逐级传递给多个上级的过程。

这种沟通网络适用于企业规模较大、管理水平不高的大中型企业。

6. 倒Y式沟通网络

倒Y式沟通网络表示主管通过第二层级人员与第三层级的下属进行沟通联系，处于第二层级的成员能够获得最多的信息情报，往往会掌握真正的权利从而控制组织。实践证明，掌握情报资料越多的人，越容易成为核心人物。

各类沟通网络都有其优点与缺点，对组织活动也有着不同的影响效果，它们之间的具体区别如表8-1所示。

表8-1　正式沟通网络类型的比较

网络类型	解决问题速度	信息精确度	组织化效果	领导人的产生	士气	工作变化弹性
链式	较快	较高	产生组织化速度慢，组织稳定	较显著	低	慢
轮式	快	高	迅速产生组织化，并稳定下来	显著	很低	较慢
环式	慢	低	不易产生组织化	不发生	高	快
全通道式	最慢	最高	产生组织化速度最慢，组织稳定	不发生	最高	最快
Y式 倒Y式	较快	较低	不一定	会易位	不一定	较快

组织的沟通网络十分复杂，并不存在一种万能的沟通模式，组织要进行有效的沟通管理，应当根据组织规模、成员特征、工作性质等选择恰当的正式沟通网络。例如，组织关注员工的满意度，那么全通道式沟通网络更为有效；组织更关注集权和命令，那么轮式沟通网络更加合适；追求高昂的团体士气，运用环式沟通网络较为理想；组织规模很大，需要分层授权管理，链式沟通更为有效；主管的自身工作非常繁重，需要有人协助筛选信息，则宜采用倒Y式沟通网络。

（二）非正式沟通网络

非正式沟通网络（informal communication networks）不是由组织固定设置的，而是在组织成员进行非正式沟通时自然形成的。美国心理学家戴维斯（Davis）将非正式沟通网络归纳为单线式、辐射式、随机式、集束式四种形态，如图8-4所示。

1. 单线式沟通网络

单线式沟通网络是指通过一对一的方式将信息传递给最终接收者。消息由A通过单线传递，即"一传一"的形式，被传播给最终的接收者。

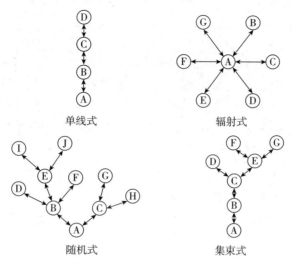

图8-4　四种非正式沟通网络

2. 辐射式沟通网络

辐射式沟通网络是指一个人主动地把"小道消息"传播给其他人。该沟通网络以"一传多"为主要特征，如在小组讨论会上传播"小道消息"。

3. 随机式沟通网络

在随机式沟通网络中，消息由A通过偶然的机会传播给B、C或更多的人，并使相关人员也按照随机传递的方式进行信息交流，这种沟通方式在非正式沟通中最为普遍。消息的接收者都是由A随机选择的，B、C与A一样，将消息随机地传递给非正式组织中的其他人，这些人又会将消息传递给其他成员，循环往复，信息将会不断向外扩散。

4. 集束式沟通网络

集束式沟通网络是指A将消息有选择地传给特定的人群，这些人会将消息再传给各自熟悉的其他人。在集束式沟通网络中，信息传递具有目的性和选择性的，当C接收到信息后，他会选择合适的接收对象D和E，再将信息传递给他们。合适的接收对象，可能是与所传递的信息内容有关的人，也可能是与传递信息无关，但与C关系密切，是C认为有必要与之信息共享的人。

由于非正式沟通网络是以口头形式进行消息传播，所以传播速度极快，也易于迅速消散，一般没有持久性的结构和成员。但也由于非正式组织不受层级、规章制度的束缚，所以沟通处于极为轻松的氛围，人们的真实想法可以通过非正式沟通网络表露出来。因此，管理者应对非正式沟通网络加以正确引导和利用，以补充正式沟通网络的不足。

第四节　组织中的沟通策略

PPT

"谈话，和作文一样，有主题，有腹稿，有层次，有头尾，不可语无伦次。"

—— 梁实秋

国家医保目录谈判是民生的重要一环，是一种特殊的谈判方式，通过医保谈判能够将临床价值高、疗效确切的专利、独家药品纳入国家医保药品目录。2019年医保谈判结束，纳入医保价格谈判范围的共有128个品种，最终谈成70个，成功率为54.7%，直观地证明了价格谈判殊为不易。有人认为医保谈判是药企与医保局之间的博弈，是只容一方胜利的零和博弈，其实不然。对国家来说，医保目录谈判提高基本医疗保险保障水平，有效控制医保基金的支出；对百姓来说，能够减轻参保人负担，为人民群众的治疗需求提供了更多廉价高效的选择；对药企来说，为药企提供了更广的市场空间。国家医保目录谈判的结果是多方共赢。

一、管理谈判

　　谈判（bargaining）有广义和狭义之分。广义的谈判是指除正式场合下的谈判外，一切协商、交涉、商量、磋商等都可视为谈判。狭义的谈判仅仅是指正式场合下的谈判，是指有关方面针对共同关心的问题，通过讨论协商，交换意见，为实现利益合理分配的目标而进行的信息沟通与交流活动。

（一）谈判的种类

　　谈判主要有两种，分配谈判（distributive bargaining）与综合谈判（integrative bargaining）。表8-2对分配谈判与综合谈判进行了区分。

表8-2　分配谈判与综合谈判

条件	分配谈判	综合谈判
资源知觉	定量	不定量
相互关系	相互对立	相互融合
关注利益	短期利益、己方利益	长远利益、共同利益
谈判方式	欺诈、误导、胁迫	坦率、诚恳、避免威胁
期望结局	赢-输	赢-赢

1. 分配谈判

　　分配谈判也称为零和谈判，是一种一赢一输的谈判，一方的任何所得都是以另一方的所失为代价的。分配谈判的本质是对于一份固定利益各方所应分得的份额进行协商，所以他们的态度是竞争的、敌对的。在消费市场上，买卖双方所进行的交易谈判就属于典型的分配谈判，在谈判中，买方每压低一分钱就会减少卖方一分钱的利益，因此谈判双方都表现出较强的攻击性，并把对方视为必须击败的对手。在组织内部的资源分配中，我们也经常看到这种谈判类型。

分配谈判的实质如图8-5所示。A、B代表组织中的谈判双方，每一方具有自己希望实现的目标点，也有自己的抵制点。抵制点表明最低可接受的水平，如果低于此点，人们会中止谈判而不会接受不利于自己的和解。每个人目标点与抵制点之间的区域为希望范围。如果在他们的希望范围中有一定的重叠，就会存在一个和解范围，它能使双方的愿望均能实现。

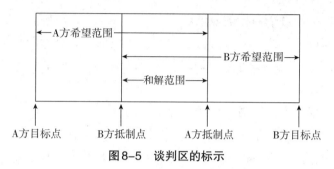

图8-5　谈判区的标示

进行分配谈判时的策略主要是努力使对手同意你的具体目标点或尽可能接近它。比如，明确告知对手他的目标点不可能达到，在接近己方目标点上达成和解才是明智的，申辩目标的公正性，而对手的则是不明智的，刺激对手感情用事等，从而达成所期望的结果。

2. 综合谈判

综合谈判也称为双赢谈判，指双方通过寻求一种或多种解决方案达到双赢的目标谈判过程。在谈判进行过程中，综合谈判者都认为他们有共享的利益，并且能够找到满足双方利益的办法。这种办法趋向于支持谈判者之间积极的长期关系。

在组织内的行为中，当其他方面情况相同时，综合谈判比分配谈判更为可取。为什么？因为前者构建的是长期的关系并推进了将来的共同合作，它将谈判双方团结在一起，并使每个人在离开谈判桌时都感到自己获得了胜利。因此，综合性谈判中应注意以下四个方面。

（1）分清关系与问题。在谈判中将人际关系与要解决的实质问题区别开来，直截了当地处理每一个问题；谈判者之间不进行人身攻击，只集中精力与寻求解决问题的方案。

（2）注重利益，不墨守立场。谈判的基本问题不是彼此冲突的立场，而是彼此不同的需要与利益。因此，在谈判中致力于弄清、承认对方的利益，并寻求协调双方利益的方案。

（3）谋求互惠的方案。在谈判中尽可能开发多种方案，并从中选出能达到双赢目标的最佳方案。

（4）使用客观的评判标准。在谈判中双方寻求客观、公正的标准作为谈判的基础，如法律、效率、市场价值等。

（二）管理谈判的计划制定

谈判是一个系统而复杂的过程，需要有计划地来完成。系统的谈判计划一般可分解成10个步骤，谈判者应根据具体的谈判情况，适当地应用或组织使用下列步骤来系统地制定谈判计划。

1. 收集有关的谈判信息

谈判前应尽可能收集有关谈判目标、谈判人员、双方观点、立场、环境条件影响、长处短处等多方面有用信息。

2. 确定谈判目标和各个目标的争议点

对谈判的基本目标和期望目标进行分类，在兼顾长、短目标的基础上确定优先考虑的具体谈判目标，分析每一个目标的争议点，权衡争议点之间的相互关系以及对方可能的观点和依据。

3. 研究市场环境，评估双方的优势劣势

研究环境、条件给双方带来的机遇、压力和限制；考虑谈判交易物的市场价值、交易惯例和谈判习惯；评估双方的优势和劣势；判断双方参与谈判的需要，了解对方谈判者的特点。

4. 预测对方的谈判立场和底线

预测对方谈判的"底线"，预测对方谈判的初始立场，计划或遇见可能的赢–赢结果。

5. 确定己方的谈判立场和底线

设定己方谈判底线，并坚持至发生新情况或获得新信息时再做调整；在上一步的基础上，确定己方在各争议点上的初始立场，应当有让步的余地。

6. 选择谈判的战略战术

尽可能周密地为谈判准备好战略战术，"不打无把握之仗"；事先推测对方可能的战略战术并准备稳妥对策；要预测对方对己战术的可能反映，随机制宜地调整策略。

7. 考虑让步和条件交换

在允许的范围内准备好必要的让步（小而实际的让步），合理设想己方所能引发对方的可能让步，精确计划让步和条件交换的过程。

8. 设定谈判议程

应根据谈判中所要采取的行动、让步以及提出的争议点来制定谈判议程，应当在正式谈判之前商定谈判议程，应当主动而又有准备地灵活掌握谈判议程。

9. 控制谈判节奏

评价影响谈判时机的因素；洞察对方内定的最后期限；控制好谈判的开始、中断、结束等环节和时间的节奏，从而给对方的行动造成压力并控制对方获得信息的数量。

10. 选择谈判交流方式和控制谈判计划的执行

选择最适当的谈判交流方式（如面对面交流、电话交流、书面交流）；认真执行谈判计划，经常分析谈判进程，不断了解谈判对方的可能行动，分析环境变化，并随时准备应付意外。

拓展阅读

浙江医药凭什么赢得跨国谈判?

2018年4月,美国发布针对中国500亿美元进口商品拟加征关税的清单后,浙江医药发现精细化工原料药和制剂几乎全包括在清单内,随后立即派人出席美国听证会。通过漫长的公众评议程序,终于成功将其出口产品排除在了340亿美元商品加征25%关税的清单外,由于浙江医药的抗辩,全中国的精细化工、原料药和制剂出口企业产品全部得到了关税豁免。

这场"漂亮仗"不仅提升了中国药企在国际市场中的地位,也给我们在跨国沟通进行谈判方面带来了值得借鉴的经验。

(1)运用美式逻辑和思维方式。浙江医药的代表赵俊兴作为美籍华人意识到要运用美式逻辑和思维解决问题。在听证会中特别强调加收关税背后伤害到的是最弱势人群的利益,加征关税反而对美国不利。

(2)灵活机变,熟悉美国听证会的流程和特点。浙江医药根据对方相关人员经历及背景及时调整发言,在对方熟悉的领域举例说服。由于浙江医药高效有针对性的抗辩,全中国的精细化工、原料药和制剂出口企业产品全部得到了关税豁免。

二、层级沟通

(一)层级沟通的影响要素

1. 领导者的沟通风格

领导在有关组织的重大事项上与下属、员工间不进行沟通,不向员工提供有关工作绩效的反馈信息,不耐心听取下属的意见等行为显著阻碍了层级间的有效沟通。为了加强有效的沟通,领导者要坚持平等与双向信任的原则,学会欣赏对方,善于发现他们的优点并加以表扬,充分尊重员工,要从语气、语调、行为等各个方面体现出对员工的尊重,才能获得良好的沟通效果。同时领导者还要适当给予员工人文关怀,营造一个温暖、和谐、相互关心、相互支持的人际氛围。

2. 员工的需求与接收能力

领导者与员工沟通时,考虑员工的需求(如薪资、退休金、休假等方面)并提供相关支持,有利于沟通的顺畅并提高员工的工作效率。除了要考虑员工的需求,由于员工的学习、生活背景不同,其对信息的接受能力也有高低之分,因此领导者在沟通时,应使用员工能够理解的话语,对其进行任务布置以及提出解答与建议,拉近与员工的距离感,有利于提升员工的执行力与工作效率。

3. 沟通渠道

沟通必须借助一定的媒介渠道,不同的信息需要通过不同的沟通渠道进行传递,如果选择不当，势必造成沟通障碍。如有公司规定，下属、员工在外地出差时所有的工作通知或汇报都要使用邮件，原因是当使用电话请示时，管理者发现很多工作处理的结果和在电话中所指示的不相一致。使用电话进行信息传递时，双方因语言表达方式等原因会造成信息失真，尤其领导者电话较多，有时要同时处理几个电话，这样的沟通方式难免出现差错，且沟通查无对证。

4. 制度保障

拥有科学、完整的工作流程和制度是保证沟通有效进行的前提。管理者需要合理地制定各部门、各岗位的工作程序，明确各方的权利与职责，使得部门之间的联系渠道规范化、制度化，保障部门间信息交流渠道的畅通，避免出现相互推诿、责任重叠或空白的现象，避免因违反工作职责而影响沟通，造成工作中的混乱局面。

5. 沟通环境

沟通环境也是影响沟通效果的重要因素，因此在组织中应该建立一个舒适、温暖的环境氛围，让员工可以卸下心理负担，以最真实的自我进行沟通和交流。例如，沟通场地可以选择较为轻松的茶楼或优雅的咖啡厅，与员工进行私下的沟通，既可以避免引起工作中的尴尬，也能够让员工感受到被尊重的感觉。

（二）层级沟通的策略

1. 拓展员工有效沟通的渠道

针对大多数组织内部单向沟通的问题，企业可以构建双向沟通、多向沟通的渠道，拓展员工沟通的方式，并使每一位管理人员、员工能够认识到有效沟通的价值，重视上下级之间的双向沟通，企业可以构建专门性的信息部门、员工意见投诉部门以及员工建议箱等等，使每一位员工能够在出现问题的时候，及时进行表达并解决问题，让更多有助于企业发展的建议能够进入决策者视野。同时这种方式也能够使一些不正之风及时得到遏制，增进企业各个部门的配合程度，保证企业的整体性运行效果。

2. 完善企业的信息反馈制度

管理沟通的重要环节之一就是信息的反馈机制，企业管理人员需要在营造良好的沟通模式与沟通氛围基础上，注重员工沟通信息的反馈，促进企业的全面发展。企业管理人员需要对企业中员工的意见进行深入分析，并及时给予一定的信息反馈，使员工能够认识到管理人员对他们意见的重视程度，更加积极参与到企业沟通活动中，增强员工的职业认同感与企业归属感。

三、跨文化沟通

跨文化沟通是指在不同的文化背景下，归属于不同文化的双方为达到某一共同目标而发生的沟通活动。在经济全球化的作用下，不同国家和地区间的经济往来越来越频繁，跨文化沟通与交流技巧的重要性也日益显现出来。从跨国经营管理角度看，跨国经营面临的不再是单一文化背景的消费者，而是深层次中蕴含着的文化的交流、文化的碰撞和再生，就必须了解跨文化沟通的特点，分析跨文化沟通中存在的障碍，遵循跨文化沟通的原则，缓解好文化差异性带来的冲突，以实现企业的稳步发展。

（一）组织中跨文化沟通的特点

跨文化沟通经常会出现各种类型的文化冲突，主要是由于跨文化沟通的自身特点造成的。跨文化沟通主要有以下四个特点。

1. 文化共享性差

共享性是指人们具有共同的文化特征，在沟通中是指人们对同一客体给予和享有的共同编码，在同文化沟通中，沟通双方使用的是同一种编码，因此在信息的编码、发送、接收和解码过程中不会出现问题。但在跨文化沟通中，双方生活在相对独立的区域和文化中，信息编码中发送者的语言、表情和手势等在自身文化中具有特定含义，但当信息传递到另一文化中，需要经过一定时间的解释和破译才能为对方接收并理解。

2. 文化差异程度不同

在跨文化沟通中，沟通主体的文化相似程度对跨文化沟通的有效进行至关重要。沟通主体的文化背景差异，还会造成不同文化间的认知、行为规范和语言系统间的相似处和差异处的混淆，难以交换到有效信息，从而形成沟通障碍。沟通主体间的文化差异越小，文化共性越多，沟通的有效性就越高。反之，文化差异越大，在沟通中越容易遇到挫折，发生冲突，最终造成沟通失败。

3. 自身文化先入为主

拥有不同文化背景的双方在沟通时都默认自身文化为主要沟通文化，会无意识地代入自己的文化。由于对对方文化缺乏了解，很容易用自己的文化去衡量和评判对方的语言或行为，从而造成信息的误解。在跨文化沟通中，一般情况下沟通主体之间的文化偏见与成见都是由于无意识的自身文化先入为主造成的。

（二）跨文化沟通的障碍

在现实生活中跨文化沟通的应用存在许多障碍，有效地识别这些障碍才能找到应对策略和方法，从而更好地开展跨文化沟通。以下将从文化差异、语言差异和非语言差异三个方面进行阐述。

1. 文化差异

文化差异（culture difference）是影响跨文化沟通的首要障碍，而文化多样性是产生文化差异的主要原因。不同国家有着不同的文化背景，他们的思想、价值观、法律和规章制度都有着明显不同，对同一件事物有着不同甚至相反的理解，即使同属一个国家，不同地区的理解和态度也会有差异。

在跨文化沟通中，沟通者对对方文化的认识程度有三种：完全陌生、了解部分、十分熟悉。在这三种情况下，文化差异对沟通的影响方式有所区别，分别表现为文化迁移、文化定势和逆文化迁移。

（1）文化迁移　文化迁移（cultural transfer）是指在跨文化沟通中，人们潜意识地将本民族的文化标准和价值观念作为衡量标准来指导自己的沟通和行为方式，并以此标准来评判他人的思想和行为方式。产生文化迁移的原因有两个方面：一是无意识地文化迁移，可能是由于对文化差异不了解造成的；二是有意识地文化迁移，来源于文化中心主义。要想消除文化迁移，必须承认并了解不同文化、价值观念的差异，对不同的文化背景、行为习惯等进行深入准确的了解，才能有效地进行跨文化思想沟通。

（2）文化定势　文化定势（cultural stereotype）是指人们对其他群体成员持有固定的简单化认知方式，忽视了文化具有动态性和变迁性的特点，亦称"文化定型"。定势具有五个特征：①过分简单化，定势之所以普遍是因为人类有归类和分类的心理需求；②稳定性，定势一旦生成很难消除；③无区别判断，定势概念总是走在理性之前；④影响力，定势会影响人的思想和行为，会滞留很长时间；⑤变异性，定势能够被塑造、重新塑造成另一个稍微不同或完全不同的定势。

（3）逆文化迁移　逆文化迁移（counter cultural transfer）是指在了解了双方的文化特征之后，互相从对方的文化视角出发，造成沟通障碍的产生。逆文化迁移不是由于沟通双方对文化差异的无知或忽视，而是指沟通双方完全放弃了自己的立场，而采用对方的文化立场，使信息传递过程的编码和解码方式出现了新的不一致。它与文化迁移现象有很多相似之处，但却以相反的形式出现，因此被称为逆文化迁移。

📖 拓展阅读

双文化团队——柯石谛的选择

在竞争激烈的21世纪，伴随经济的全球化和区域经济集团化的深入，跨国公司已成为不可逆转的时代潮流，能否克服现代企业在实施跨国经营战略时由于国际公众的文化差异造成相互沟通上的困难，是其能否取得成功的关键。

AZ是全球领先的制药公司，随着在中国的业绩不断提升，在处方药市场上逐步成为最大的跨国制药公司。自2002年柯石谛正式担任AZ的中国区总裁，他直面企业在跨国经营过程中由于文化差异而产生的问题：西方管理者认为国内员工没有进取心，安于现状没有强烈的奋斗意识；文化背景不同，员工的沟通和交流因此出现偏差。面对企业存在的一系列内部问题，柯石谛提出双文化团队的建设。在企业经营中，不同文化背景的人、事、物应采取不同的管理措施。在多元文化条件背景下，对附属公司所在国的文化采取兼收并蓄的方法，避免不同文化的冲撞。使公司员工更加快捷地了解文化差异所带来的问题，有效促进团队沟通和团队合作。同时也能够有效避免员工与领导之间的距离感，有利于员工与管理者之间的交流。

AZ的经验告诉我们，当企业内部中西方文化并存的时候，不能绝对判断对错，应该选择一种共同接受的理念。企业的管理必须在观念统一的基础上才可以更好地进行。

2. 语言差异

在进行跨文化沟通时，沟通主体倾向于在自身文化的基础上，对沟通内容、过程进行分析和评价。如日本人说话特别含蓄，这让刚与日本人进行接触的人感觉非常不适应，由于很难清晰理解对方真实想法，一些人甚至会说日本人言辞含糊，不直率坦诚，难以交往。如果用自身文化背景下的语言规范来评判其他文化的语言，必然会导致跨文化沟通冲突，这是因为在跨文化沟通时，人们对语言差异的敏感性钝化，会无意识地进行语言迁移，有时甚至会直接忽视对方文化，造成严重后果。

3. 非语言差异

跨文化沟通中的语言差异可通过翻译等手段有效减弱，但非语言差异难以避免。要诠释这些非语言信息的含义，人们会依靠潜意识去揣摩，但是信息的过度内敛经常会导致沟通不畅，因此与语言差异相比，非语言差异更易引起误解。例如，表示赞同时，中国和英美用点头表示，而印度、希腊则用摇头表示；同样表示欢迎，中国人鼓掌，俄罗斯人敲桌子，德国人踩地板。

★ 本 章 小 结

沟通是指为了特定目的，通过某种途径和方式，将以符号为载体的信息在个人、群体或组织间从发送者传递给接收者并获得理解的过程。沟通需要借助一定的渠道进行，这个渠道包括八个关键部分：发送者、信息、编码、渠道、接收者、解码、噪音、反馈。沟通受信息源的特征、信息特征、渠道特征、情景特征和反馈特征五个方面的影响。

在组织中有不同的沟通类型。最常见的分类是正式沟通和非正式沟通。现实中群体的沟通不是单一渠道和单一形式的沟通，而是将各种沟通方式组合起来，形成正式沟通网络和非正式沟通网络。

组织中的谈判主要有两种，分配谈判与综合谈判。前者也称为零和谈判，是一种一赢一输的谈判，一方的任何所得都是以另一方的所失为代价的。后者也称为双赢谈判，指双方通过寻求一种或多种解决方案达到双赢的目标谈判过程。层级沟通是组织中面临的重要课题，受到多方面因素的影响。为了促进层级沟通，组织需要拓展员工有效沟通的渠道，并完善信息反馈制度。跨文化沟通是当今医药企业走向国际化需要面对的一大难题，指在不同的文化背景下，归属于不同文化的双方为达到某一共同目标而发生的沟通活动。跨文化沟通的障碍表现在文化差异、语言差异和非语言差异三个方面。

 复习和讨论题

1. 这些意思，你真的理解吗？

题库

（1）如果你晚上8:00准时睡觉，设定闹钟时间9:00将你叫醒，你能睡几个小时？（9点钟包含两种含义，有早上9点和晚上9点之分。）

（2）如果你只有一根火柴，当你走进一间房间，里面有一盏灯、一个燃油取暖器、一个火炉，你会先点燃哪一个来获得热量？（大家也许会不假思索地选择点燃火炉，但"一根火柴"足以点燃整个火炉吗？）

2.组织中的沟通分为哪几种类型？各有什么特点？

3.科学技术的发展给组织的沟通方式带来了什么改变？

4.医药组织中常见的沟通障碍有哪些？如何克服？

5.跨文化沟通的障碍有哪些？如何建立有效的跨文化沟通？

课堂游戏：心有灵犀

1. 游戏道具　粉笔、黑板、PPT。

2. 游戏规则

（1）每组派出4名同学参加比赛；每组的第一位同学看屏幕上显示的内容，其他成员不可以偷看。

（2）看完的第一位同学有30秒的时间画出屏幕上的内容，下一位同学观看（5秒）前一位同学在黑板上作画（30秒），作画的人不可以说话，在下一位同学看过之后擦掉黑板上的内容，以此类推；最后一名同学根据前一名同学的作画内容猜出最初屏幕上的内容。

（3）5分钟内，哪组答对题数最多，即为获胜队伍。

3. 思考与讨论

（1）可以运用语言描述的形式再进行一轮上述游戏，其结果如何？

（2）如何在日常工作及生活中通过语言与非语言进行沟通交流？

第九章 组织学习与创新

🎯 学习目标

解释：组织学习、组织创新的概念、学习型组织的含义与特征。

阐述：组织学习的层次与类型、组织创新的影响因素。

描述：组织学习的过程，学习型组织的五项修炼与实践。

德育目标：培养创新精神和科学精神，挖掘实践能力和创业能力。

Y药业集团创新初心实现企业价值

新药研发是我国医药工业的"软肋"。企业研发资金投入少、创新能力弱，一直是困扰我国医药产业发展的关键问题。

"没有创新，只能永远做仿制药，做仿制药永远不能成为制药强国。振兴民族医药工业，首先要加快转变发展方式，加强自主创新，提高科技含量，多出专利药和对患者疗效显著的好药。"创始人在接受采访时曾经如此定位新药创新的重要性。因此，Y药业集团抓住发展时机，重金投入产品研发。Y药业集团在成立初期就建立了自己的药品研发团队，先后投资数十亿元设立研发中心、研究室等。经过几十年的发展，如今的Y药物研究院被认定为国家级企业技术中心和国家级企业创新研发中心。

为引进有助于创新的优秀人才，Y药业集团不仅每年积极吸收高层次领军人才与高学历人才，还在国内外医药界与知名机构签订了合作协议，以招揽尖端人才。集团的员工在经营、药品质量、拓展国际市场、药品创新等方面屡有突破，创造了一个又一个行业奇迹。

第一节 组织学习

PPT

"落后就要挨打。"

—— 毛泽东

1975年，世界卫生组织公布了GMP，即Good Manufacturing Practices（药品生产质量管理规范），是一套适用于制药、食品等行业的强制性标准。我国在1988年正式颁布第一版GMP，数次更新，对药品生产企业的指导性不断增强，在生产条件和管理制度方面的规定日渐全面。对于药品生产企业来说，未取得GMP认证的企业，药品监督管理部门将不再受理新药生产的申请。因此，不断学习GMP的相关规定、各项要求已经成为每个药品生产企业必上的一节课。

一、组织学习的概念

（一）组织学习的定义

　　组织在动态环境中生存和发展，组织学习是维持组织生存和促进组织发展的必要条件。组织学习关注组织及其成员如何适应外部环境、更新知识、调整行为模式。阿吉瑞斯（C. Argyris）和熊恩（D. Schon）正式提出组织学习的概念后，各学者从不同的理论视角对组织学习进行了界定，如表9-1所示。

表9-1　组织学习的定义比较

理论视角	代表人物及提出时间	概念核心
刺激–反应过程	赛厄特和马奇，1963	组织学习同个人一样，是由于成员受到刺激，做出适应性行为的过程
系统理论视角	克里麦基、普罗布斯特和埃贝尔，1991	组织学习是通过制度学习熟悉社会系统，并获得解决问题潜能的过程
认知视角	费奥尔和莱尔斯，1981	组织学习是使组织形成对环境的解释，产生为组织成员所共享的认知系统和储存记忆，是对组织的知识系统进行修改的过程
文化视角	阿吉瑞斯，1990；库克，亚诺，1993	组织学习是组织中防御性常规的改变，是组织文化的发展
行动–学习观点	雷万斯，1982	组织学习是对组织成员行为导向的干预过程，通过成员对内容加以理解，经过行为后反思强化实现

　　上述五个定义体现了五种不同的理论视角。其中赛厄特和马奇强调组织学习是一种机械式的刺激–反应过程，强调组织学习是由外部干扰激发的，组织通过储存外部干扰和组织反应来进行学习。第二种观点从系统理论的视角出发，强调组织学习是组织作为一个开放系统的内在属性。第三种观点从认知视角出发，强调组织知识是组织学习的前提，也是组织学习的结果。第四种观点是基于文化视角的界定，强调组织学习不只是个体层面的知识积累，而且是集体层面的学习。第五种观点是行动–学习观点，强调学习

的本质特征是行为改变。

概括上述界定，可以将组织学习（organizational learning）界定为：组织为了实现发展目标、提高核心竞争力，组织围绕日常活动和企业文化所采取知识体系构建或优化的一种方式；是组织不断努力改变或重新设计自身以适应持续变化的环境的过程。

（二）个体学习与组织学习的关系

阿吉瑞斯和熊恩等学者深入探讨了个体学习与组织学习的关系，他们指出，组织学习主要是具有共同思维模式的个体行为的结果。组织学习过程比个体学习过程更为复杂。一方面，组织拥有比个体更大的储存知识、应用知识和创新知识的潜力，特别是具有将个体知识创新纳入特定方向并加以支持扩大的能力，因此，组织可以更好地推动个体学习，产生远远大于组织中个体学习总和的整体学习效果；另一方面，在实践中很多组织在传播、共享、储存和应用知识的过程中往往会发生"过程损失"，致使组织学习的效果可能远远低于个体学习效果的总和。"过程损失"一般是由组织内部各种权力和关系冲突所引起的，为组织学习制造各种障碍。

二、组织学习的过程

（一）基于学习方式的组织学习过程

在阿吉瑞斯分类方法的基础上，形成了经典的组织学习模型——组织学习的四阶段模型，如图9-1。

图9-1 四阶段动态模型

组织作为一个整体进行学习，必须经历四个阶段："发现"包括发现组织的内部问题和外部环境的变化，在"发明"阶段寻找解决问题的方法，并在"执行"阶段加以实施，修改重塑操作程序或规章制度，最后，学习不仅应从个人水平上升到组织水平，还必须贯穿组织各部门或组织边界，这就是"推广"。

📖 拓展阅读

改进的组织学习过程模型

除了经典的组织学习模型外，较为学者广泛接受的还有陈国权等提出的改进模型。陈国权等认为经典的、直线型的组织学习过程模型是有缺陷的。该模型所反映的组织学习是一个不完整的过程，没有反映学习的动态特征。具体来说，有两点不足：其一，不能反映组织学习的全过程——缺少了反馈环节，没有反馈的学习是缺乏实际意义的，也没有反映现实企业内的真实情况。其二，模型不能反映组织学习是一个螺旋上升的过程，而且还是积累组织知识的过程。同个人学习类似，组织的一次学习也是建立在以前学习的积累之上的。

图9-2　改进的组织学习过程模型

图9-2的组织学习过程模型加入了反馈过程，反馈增加了学习的有效性，使组织学习过程成为一个闭环。在组织学习的各个阶段都可以发生知识的积累。图中组织的知识库就反映了这种知识的积累和组织学习的螺旋上升。组织知识库和各阶段以双向箭头连接，表明每一阶段既可以产生新知识存入知识库，也可以运用知识库中的知识辅助该阶段的判断和学习。

（二）基于知识转化的组织学习过程

组织学习中知识的创造与转化分为四种模式，即组织知识的社会化（socialization）、外在化（externalization）、合并（combination）和内在化（internalization）。社会化是指个人间共享隐性知识，即从隐性知识到隐性知识。外在化是指隐性知识在团队中共享后经过整理被转化为显性知识，即从隐性知识到显性知识。合并是指团队成员共同将各种显性知识系统整理为新的知识或概念，即从显性知识到显性知识。

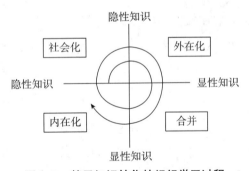

图9-3　基于知识转化的组织学习过程

内在化是指组织内的各成员通过学习组织的新知识和新概念，将其转化为自身的隐性知识，并完成知识在组织内的扩散，即显性知识到隐性知识。从图9-3的螺旋向外的曲线可以看出，知识是不断增加的。例如，职业经理人团队正致力于药企的改革，他们每个人对管理方式变革方向（隐性知识）都有一些初步想法，通过团队交流，他们找到了一套可能合适于该药企的管理方式变革方案（隐性知识转化为显性知识）；药企改革成功后，这种改革方式融入每位成员的专业知识中（显性知识又转化为隐性知识），并可能用于将来与同事交流（进入下一轮的知识转化过程）；整个过程是一个获取、创造和传播知识的过程，也是一个知识在组织中流动的过程。

（三）基于学习主体的组织学习过程

美国学者金（Kim）提出了基于学习主体的组织学习过程模型（如图9-4），强调建立组织共同的认知模式在组织学习中的重要性。个体和组织是学习的两个不同主体，它们分别在组织学习过程中扮演着不同角色。个体学习引导着个体的行为，个体行为会作用于组织环境和组织学习过程。同时个体认知模式也会受到个体学习的影响，反过来也影响个体学习方式、内容；组织学习与组织共同认知模式也有这种相互关系。每个个体认知模式都会作用于组织共同认知模式，当组织共同认知模式发生改变时，个体认知模式也会受到影响。

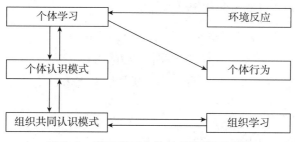

图9-4　基于学习主体的组织学习过程

第二节　学习型组织

PPT

"学习型组织，三足鼎立。一足定力，理想信念；二足动力，求知欲望；三足毅力，持之以恒。"

—— 佚名

开篇案例

上海S制药有限公司是一家中美合资的现代化制药企业。公司建立以来一直坚持走学习、创新、发展之路，运用现代化管理，构建企业文化，探索创建学习型的路子。早在1996年初，公司就组织了中高级管理人员学习了"第五项修炼"，对创建学习型企业、锤炼企业文化、开拓营销市场、创新企业管理等起到了一定的促进作用。但董事长周德孚深知创建学习型企业仅停留在了解五项修炼是远远不够的，还要结合企业实际，坚持实践，不断探索。

一、学习型组织的含义

学习型组织（learning organization）是通过培养适用于组织成员学习、交流的学习氛围，促进学习资源与学习成果共享，充分发挥组织成员的自身积极性和创造思维能力而建立的一种有机的、高度柔性的、符合成员需求的、能够持续发展的组织。

学习型组织的内涵主要包括以下五个方面。

（一）团结、协调、和谐的氛围

团结、协调、和谐是一个组织开展好包括学习活动在内的一切活动的前提。从这个意义上说，组织领导班子的团结，组织上下协调以及群体环境的民主、和谐是建构学习型组织的基础。

（二）建立完善的"自我学习机制"

在组织内部建立"自我学习机制"是学习型组织的核心。一是工作学习化，即把工作的过程看成是学习的过程，工作跟学习是同步进行的；二是学习工作化，即上班不仅仅是工作，而是要把生产、工作、学习和研究有机地联系起来，使学习成为工作新的形式。

（三）学习和创新

学习和创新是学习型组织的精神。学习是团体学习、全员学习；创新是观念、制度、方法及管理等多方面的更新。

（四）系统思考

系统思考是学习型组织的关键特征。思考是系统、非线性的思考，只有站在系统的角度认识组织及其环境，认识组织与社会其他系统的关系，才能避免陷入系统动力的漩涡，才能促进组织的不断发展。

（五）团队学习

团队是现代组织中学习的基本单位。团队学习依靠的是深度会谈，而不是关于组织现状、前景的辩论。深度会谈是指团队的所有成员，谈出心中的假设真正进入一起思考状态的能力。深度会谈的目的是一起思考，得出比个人思考更加正确的结论。

📖 **拓展阅读**

以培训促学习型组织

上海H医药是一家专注于小分子药物的研发型企业，十分注重人才队伍建设与培养，通过组织参与多种形式的培训，打造学习型组织。公司工艺开发部管理和技术领头人积极参与苏州PPMP认证班、2020年南京药物CMC国际高峰论坛、杭州药品质量控制专题培训班等多场外部培训，学习掌握先进热门技术和管理知识，培训归来，受训者立即展开内部转训，鼓励将所学所悟运用到实际的工作中，提升员工价值与技术能力，激发创新活力。培训分别围绕着"制药项目管理""药品质量控制中常见问题分析"等在药品工艺研究过程中切身技术关键点展开。学习培训是建设学习型组织的一种重要手段，创设学习型组织，全面加强团队在项目管理、药品研发、检测和质量控制等领域能力，用过硬的技术实力与专注的服务理念，满足客户不断变化的需求。

二、学习型组织的五项修炼

彼得·圣吉（P. Seage）用近十年的时间对数千家企业进行研究和案例分析，于1990年完成其代表作《第五项修炼——学习型组织的艺术与实务》，并提供了一套使传统企业转变为学习型企业的方法，使企业通过学习提升整体运作的"群体智力"和持续的创新能力，成为不断创造未来的组织。彼得·圣吉认为，传统组织转化为学习型组织必须经过如下五项修炼。

（一）实现自我超越

自我超越是学习型组织的精神基础。组织活力来源于个体，如果每位组织成员都能积极主动地挑战自我、超越自我，这个组织就不难成为充满活力的组织。从个体到组织，都带着独特的人生经历，很容易受到个人经历的局限，而一个组织需要求同存异，若不能实现自我超越，就容易造成人际矛盾和群体内耗。

（二）改善心智模式

心智模式即存在于人们大脑中的许多设想、信念或图像、印象。心智模式实质上是心理素质和思维方式，它根植于人们的心中，源于对过去事物的认识过程，但又参与对现实事物的认识。组织的障碍多来自于个人的旧思维，例如固执己见、本位主义等，唯有通过团队学习及标杆学习，才能改变心智模式，有所创新。

（三）建立共同愿景

共同愿景是指组织内成员就组织的前景形成共同意愿，可分为个人愿景、团队愿景和组织愿景三个层次，它为学习提供了焦点与能量。建立共同的愿景实际上是将个人的意愿整合为组织的愿景。目的是将组织成员凝聚在一起，让全体成员拥有发自内心的共同目标、价值观与使命感，激发他们追求卓越、真诚、奉献的热情，从而主动地学习，造就组织的强大生命力。

（四）开展团队学习

团队学习是指发展团队整体配合能力和提高实现共同目标能力的过程。团队学习不仅能产生出色的整体成果，成员成长的速度也比其他的学习方式更快。在团队中进行的讨论可以让每个成员的想法得以自由交流，可以发现远比个人深入的见解，亦可以做出正确的组织决策，透过集体思考和分析，找出个人弱点和不足，从而克服有碍学习的自我禁锢，强化团队向心力。

（五）进行系统思考

系统思考是五项修炼的核心。圣吉指出正是由于系统思考能力的缺乏，许多组织无法有效学习。系统思考是指通过信息搜集，掌握事件的全貌，辩证纵观全局，看清问题的本质，最终明晰因果关系。它实际上是一种科学的组织管理模式，学习型组织的系统思考要求将组织看作一个具有时间性、空间性并且不断变化着的系统，要整体而非局部、动态而非静止、本质而非现象地考虑问题。

三、学习型组织的实践

创建学习型企业是一个长期的系统战略工程，也是保持企业核心竞争力的有力保障，企业学习型组织的建设任重而道远，需要各级企业管理者的持之以恒、不断改进，在实践中修正、在修正中提高。

（一）理念导入，组织实施

1. 开展学习培训，掌握相关建设理论

开展各种形式的座谈、走访和问卷调查，收集员工对学习型组织的看法和建议等并汇总形成改进方案，组织员工认真学习管理理论，坚持日常业余自学和集体培训相结合，坚持自己领悟和参观学习相结合，让学习型企业的理念深入人心。

2. 打造培训学习和考核体系

企业要重视培训力量，并努力推进培训作系统化，建立一支过硬的内部培训师队伍，认真搞好岗位培训需求分析，根据不同岗位、不同人员的需求，开发不同的培训课程，编制培训教材，建立健全培训工作的跟踪考核、评估体系，切实把培训工作开展起来。

（二）总结提炼，巩固提高

1. 改革薪酬激励机制

薪酬和激励机制是创建学习型企业工作的核心内容，企业要根据学习型企业建设对薪酬和绩效工作进行完善，要建立起一套科学的职级分配制度。在绩效考核体系中，根据层级划分和职责分工，结合员工关键业绩指标、重点工作完成情况、综合素质考评结果三项指标，形成一套对岗位职责履行程度和工作表现的考核体系。

2. 建立不断改进、逐步提高的机制

在学习型企业建设的过程中，企业要定期召开专题会议，交流心得和经验，并对创建活动较好的团体和个人进行表彰奖励，树立标杆和榜样，从而促使学习型企业建设持续向纵深方向推进。

拓展阅读

北京 TR 药业：时刻保持学习，积极进军国际

1992 年，随着改革开放进入新的阶段，中国 TR 药业组建成立，开始寻求海外更广阔的发展。为了更顺利地融入国际市场，TR 药业向各国制药标准看齐，主动调整适应国际认证，对自己的药品生产过程、药品成分及剂型、药品包装三方面做出了调试和革新。

早在 1992 年，TR 药业所属企业的 8 条主要生产线就已经通过了澳大利亚 GMP 认证，确保产品质量安全符合国际标准。截至目前，"TR 药业全部生产线都已经通过国家 GMP 认证，10 条生产线通过澳大利亚 TGA 认证，为药品质量的稳定性、安全性和有效性提供了保障"。其次，为了使药品成分符合当地用药标准，TR 药业对多种药品进行了二次研发。例如新加坡禁止在药品中添加黄连和黄柏，TR 药业便多次试验，研制出专门针对新加坡市场的大活络丹，实现了新加坡市场的顺利扩展。另外，为了迎合海外消费者的用药习惯，TR 药业将传统中药大药丸制成浓缩丸、软胶囊、冲剂、片剂等多种剂型，使药品更加便于服用。再有，TR 药业对出口海外的药品包装也进行了改进，使之更符合当地特色和国际潮流。

第三节 组织创新

PPT

"致富的秘诀，在于'大胆创新、眼光独到'八个大字。"

—— 陈玉书

开篇案例

19 世纪中叶，瑞士有一位名叫亨利·内斯特尔（Henry Nestle）的食品技术人员创造性地发明了一种育儿用乳制品，即把果糖和营养剂加入奶粉中。一位当医生的朋友将他的成果喂养给了虚弱的婴儿，竟意外地发现使用这种奶粉后婴儿渐渐健康起来。1867 年内斯特尔创办了自己的育儿奶粉公司，中文译名为雀巢（Nestle）。这种食品为当时婴儿死亡率极高的欧洲带来了福音。

一、组织创新的定义

任何组织机构经过合理的设计并实施后，都不是一成不变的，它们如同生物体一

样，必须随着外部环境和内部条件的变化而不断地进行调整和变革，才能顺利地成长、发展，也就是说组织也需要创新。

组织创新（organizational innovation）是指随着生产的不断发展而产生的新的组织形式如股份制、股份合作制、基金会制等，使其更适合经济发展和技术进步。组织创新理论由约瑟夫·熊彼特（J. Schumpeter）在1912年首次提出，他认为组织创新就是建立一种新的生产函数，即企业家实行对生产要素的新结合。企业家是对旧的生产方式进行"创造性破坏"，实现生产要素重新结合的人。组织创新意味着资源组合方式的改变，是以组织权力为特征进行的活动。

二、组织创新的影响因素

（一）个体因素

组织成员的个性、动机、认知能力等是驱动组织创新的主要个体因素。根据个体层面研究对象的不同，又分为员工特征和管理者特征两方面。

1. 员工特征

员工的创造性能够通过组织成员间的沟通或行为转变成有效的组织创新，而员工个体的创造性受员工价值观、文化背景、态度等特征的影响。企业员工个体价值观念、工作态度、文化素质的相应调整，会让企业专业人员、高素质人才比例增加，进一步使工作作风、行为规范、工作期望和人际关系等发生变化，进一步影响到企业的目标、奖惩制度等的修正，最终影响企业组织创新。

2. 管理者特征

管理者的经验开放性、对歧义的宽容、积极主动性、成功的决心、个人主动性和对变革的管理容忍度以及企业家精神等个性会影响组织的发展方向、结构调整或战略转移，进而影响和推动组织创新。领导风格和创新方式的匹配也会影响组织创新，变革型领导风格对突变式创新有显著正向影响，交易型领导风格对渐进式创新有显著的正向影响，支持型领导者通过聚集多组创新人员，在组织成员中产生相互信任、共担风险的责任感，并将内部沟通成本最小化，从而为组织创新提供理想的条件。领导者的个人学习能力也能够显著提升组织创新和组织绩效。

（二）组织因素

1. 组织战略

组织战略的调整是企业发展的必然。战略调整通过引起组织结构的改变使组织创新呈现不同模式，反映了组织发展导向的变动，其中，学习导向、市场导向和创业导向可以通过促进知识积累、知识应用以及创造新业务、新产品甚至新的商业模式等对组织创新产生积极影响。

📖 拓展阅读

创新：多家药企调整组织架构

2020年，HS制药发布上市公司公告，宣告进行新的组织架构调整。公告显示，为适应公司业务发展的需要，进一步完善公司治理结构，提升公司运营效率和管理水平，决定新组建一个创新药事业部，主要负责公司创新药板块的统筹管理工作。公司将逐步完成创新药实验室建设，打造创新药研发团队，目前引入首席科学官、设立创新药事业部、建设创新药实验室、打造创新药人才团队等，目前，该板块已部分完成或正在推进中。

事实上，2020年有多家上市药企都在密集调整组织架构。例如，YF医药发布公告，称其审议通过了《关于调整公司组织架构的议案》。为适应业务发展和战略布局的需要，公司决定对现行组织架构进行调整，并授权公司核心管理层负责公司调整后的具体实施细化。

近年来随着医改的稳步推进，国内药企以销售为主的扩张模式难以为继，开始创新转型，逐渐注重对药品的研发投入。从相关药企的公告中可以明显发现，大部分药企调整组织架构都是为了向创新药方向的迈进。无论是大型的综合性制药企业，还是新兴的各类医药公司，每一家都在顺势而动，积极布局，向创新药企转型已经是大势所趋。

2. 组织结构

关于组织结构对组织创新的影响主要分为以下三点。

（1）灵活的有机式组织结构提高组织创新能力　有机式组织结构尤其是扁平化或无边界组织，对组织创新有着正面的影响。因为有机式组织结构的专业化、正规化和集权化程度比较低，有利于提高组织的应变能力和跨职能工作能力，从而更易于发动和实施组织创新。

（2）富足的组织资源是实现组织创新的重要基础　组织资源充裕，使研发部门有能力开发创新成果，承担追求创新的成本，并消化吸收失败的经验，进而推行整体性组织创新。

（3）多向的组织沟通有利于克服组织创新的潜在障碍　如跨职能部门团队、特别项目任务小组等诸如此类的组织结构设计，都有利于促进部门间的互动交流，达成共识及采用组织创新的解决方案。

3. 组织学习

组织学习对组织创新具有积极作用。组织学习如企业定期组织职工培训将会提升员工的各方面素质，有助于职工施展创造性和想象力；另一方面，进行学习实现了员工的自我提升需求，更加有利于招揽创新能力强的优秀人才，从而推动组织创新。

4. 组织文化

组织文化是组织成员之间共享的价值、信仰、规范及行为方式。创新型组织通常具有独特的组织文化，例如鼓励试验、赞赏失败、注重奖励等。研究表明，创新型组织的文化以创新导向为核心，通常具有下列特征。

（1）接受模糊性　过于强调目的性和具体性会限制创造力。

（2）容忍奇思妙想　组织不限制员工对任何有关创新的问题做出天马行空的回答，因为最初不切实际的想法可能带来创新性的解决方案。

（3）尽量减少外在控制　减少各种限制有助于发挥成员的创造力。

（4）容忍风险　鼓励员工大胆试验，不用担心可能失败的后果，错误被当作学习的机会。

（5）容忍冲突　鼓励多样性的观点和看法。

（6）注重结果导向　鼓励设置明确具体的目标，积极探索实现目标的各种可行途径。

（7）强调开放系统　随时监控环境的变化并做出快速反应。

（8）提供积极反馈　关注员工的创意并及时给予反馈等。

拓展阅读

员工越轨创新后果对组织创新能力的影响

大多数员工的创新提案会由于各种各样的原因被否决。当员工的创新提案被组织管理者否定后，该员工可能会不顾管理者的反对意见，坚持自己私下完成创新。这种违背组织管理者意图、私下坚持自己创新想法的行为被称为越轨创新。随着人力资本创新需求的不断增加以及员工个体价值彰显的需求，越轨创新现象在组织中越来越普遍。

于是有学者对国内29个组织208位员工从业者进行问卷调研，分析员工越轨创新行为对组织创新能力影响。结果表明，员工越轨创新行为对组织创新能力提高具备正向影响，鼓励员工进行创新能够增加创意的供给量，创意数量越多，有价值的创新出现的可能性更高，甚至有可能出现革命性的进步，组织的创新绩效也会随之提高，适度鼓励越轨创新能够增加组织整体创新实力；宽松的创新环境有利于提高越轨创新对组织创新能力的积极影响，压抑的工作环境不利于越轨创新的产生，并同时会降低其对组织创新的积极影响。

（三）环境因素

我们可以把影响组织创新的环境因素归纳为以下四个方面。

1. 社会政治经济变革

国家制度创新和体制改革、国民经济增长速度的变化、产业结构调整以及政府经济、税收和金融政策的改变等会对组织创新产生影响。当这些政治因素、经济因素对于企业成长有利时，企业发展速度加快。一方面，对企业在组织结构、组织文化、组织流程和组织规则上提出更高的要求；另一方面，为企业组织创新提供了更好的条件。当一般环境因素不利时，也经常要求企业通过组织创新应对环境变化，维持自身的生存。

2. 政府行为与政府政策

政府行为与政府政策对企业组织创新活动具有重要的约束作用和指导作用，尤其是在一些特殊地区、特殊行业或特殊时期，在企业自身的组织创新的动力或能力不足的情况下，政府相关部门的行为与政策一方面通过制约企业的不合理行为来促进企业调整现有的组织要素，另一方面能够帮助企业判断形势、明确方向，为企业的组织创新活动提出指导性的意见和建议。

3. 科技变革

科技水平是组织创新的重要诱因之一，随着企业所在地区、国家或全球新技术的应用，为适应当前环境，维持或提高企业的竞争力，企业需进行高技术创新，若要提高其效果，也要求相应的组织创新。如组织形式的虚拟化、无边界化都是科技不断进步的产物。

4. 市场竞争压力

来自竞争对手的多方面挑战不仅会迫使企业开发和改进产品，还要求企业调整自身的结构、流程、文化和规则以适应竞争的需要。在市场经济条件下，这是企业组织创新重要而又持续的动力源泉。

本 章 小 结

组织学习是组织为了实现发展目标、提高核心竞争力而围绕信息和知识技能所采取的在经验作用下发生的相对持久的行为改变；是组织不断努力改变或重新设计自身以适应持续变化的环境的过程。组织学习是一个循序渐进的过程，从不同的角度看，组织学习会经历不同的进程。

学习型组织是通过培养适用于组织成员学习、交流的学习氛围，促进学习资源与学习成果共享，充分发挥组织成员的自身积极性和创造思维能力而建立的一种有机的、高度柔性的、符合成员需求的、能够持续发展的组织，具有共同愿景、创造性和不断学习的特点。彼得·圣吉认为学习型组织要经历"实现自我超越、改善心智模式、建立共同愿景、开展团队学习和进行系统思考"五项修炼。

组织创新是指随着生产的不断发展而产生的新的组织形式如股份制、股份合作制、基金会制等，使其更适合经济发展和技术进步。熊彼特认为组织创新是建立一种新的生产函数，即企业家实行对生产要素的新结合。组织创新意味着资源组合方式的改变，是以组织权力为特征进行的活动。组织创新受到个体、组织和环境等多个方面的影响。

» 复习和讨论题

题库

1. 如何理解组织学习与学习型组织的关系？
2. 结合马克思主义论，谈谈你对学习的认识和体会。
3. 学习型组织的关键特征有哪些？如何判断一个组织是否属于学习型组织？
4. 个人创造力与组织创新是什么关系？如何提升组织的创新能力？
5. 论述从中国制造到中国的创造的理论和实践意义。

课堂游戏："回形针的妙用"

分组进行，请同学们在3分钟内尽可能多地想出回形针的用途并由指定成员负责记录想法的数量和内容。3分钟后，请各组汇报数量、内容，汇总时将重复的省去。

第十章　组织变革与发展

学习目标

解释：组织变革、组织发展的概念。

阐述：组织变革动因与阻力、组织发展的条件。

描述：组织变革的实施模式与方法、组织发展的好处与局限。

德育目标：世界是永恒发展的，坚持辩证唯物主义发展观。

T医药的变革

最近20年，中国成为全球医药行业市场最大、增速最快的国家之一。长期市场繁荣的背后并非没有隐忧，医药经济进入新常态后，发展关键从数量型、速度型向质量型、效益型转变，外部环境变化极快，很多医药企业的不适感与日俱增，组织形态明显缺乏活力，企业发展滞后成了必然结果，规模小、数量多、研发和管理水平低为代表的中国药企管理模式普遍受到挑战。

T医药是市场上少有的一家系统性主动组织变革、系统布局的中国药企。2019开年第一季度，公司管理层宣布内部管理变革落地方案。T医药从战略层面提出了"两转一升"推动高质量发展的战略规划："两转"即持续向科技型＋智慧服务型企业转变；"一升"即升级为全球化、数字化的多元商业模式企业。为了推行该战略的落地，T医药对组织设计进行了系统再造。

首先，为了让在研产品更好地适应市场的需求，公司对产品进行优化排序、重点突出，让营销团队获得更高效精准资源的支持，进行了"三大事业部"＋"五大中心"的建立。其次，为了配合组织调整，天士力制定了"三步走"的策略。第一步：加强终端数字化信息战略，规避业内层层上报的管理模式，进一步达到组织扁平化管理的目的；第二步：实行动态KPI考核，配合滚动预算，结合业绩指标、价值观行为指标、管理能力指标等进行季度考核，让业绩优秀的人才获得更丰厚的回报；第三步，加速人才盘点，公司将在动态考核的基础上，实现资源的精准匹配。

从目前实施的结果来看，T医药取得了一定的管理成效，通过系统性组织变化的战略和实施，可以更好地进行内部资源协同，加速研发管线的研发进度和商业市场化，提高公司对市场的反应速度和运作效率，未来将会产生巨大的系统性组合竞争优势，成为公司长期增长的有力保障。

思考：T医药此次组织变革的动因是什么？这将给T医药带来什么影响？

第一节 组织变革

PPT

"变革是组织的规律，那些只看到过去或现在的组织肯定会失去将来。"

—— 张瑞敏

 开篇案例

　　为提升公司市场竞争力，2019年上半年，S医药执行董事、总裁提出，通过创新和国际化发展转型为聚焦主治领域下的高端仿制药及创新药为主的品牌药企的发展战略，不断加大创新研发投入，争取未来三年公司研发投入从目前的7%提升至10%，未来10~15年提升至15%~20%。当前，我国医药企业创新发展的热潮持续兴起，制药行业重视创新、主动创新的趋势日益显现，一批医药创新成果竞相涌现，展现了中国医药组织创新的能力和水平。

一、组织变革的概念

　　组织变革（organizational change）是指组织为了提高效率，根据内外部环境的变化，对组织战略、结构、人员、制度、文化、行为等因素不断调整以适应变化的过程。组织原有的稳定和平衡不能适应形势变化的要求，就需要通过变革来打破他们，但打破原有的稳定和平衡本身不是目的，根本目的是为了建立新形势下新的稳定和平衡。狭义的组织变革是指组织根据外部环境的变化和内部情况的变化及时地改变自己内在的正式结构，以适应客观发展的需要。广义的组织变革还包括行为变革和技术变革等。

二、组织变革的动因

　　从组织变革的内涵来看，变革就是组织发展过程中不断打破平衡与重构平衡的有机统一及互动耦合。卡斯特（F. E. Kast）和罗森茨韦克（J. E. Rosenzweig）指出，一个组织的动态平衡包括：

　　足够的稳定性，以利于达到变革的目标；

　　足够的持续性，以保证在目标或方法上进行有秩序的变革；

　　足够的适应性，以对外部的机会和要求以及内部的变化情况作出反应；

　　足够的革新性，以使组织在条件合适时充满主动性（实行变革）。

　　组织受到的内部和外部的变革压力构成了变革的根本动因。组织变革的动因多种多样，且常常多个因素相互交织在一起，共同推动组织变革的发生。

（一）组织变革的外在原因

1. 国家和地区经济的变化

政府对组织的影响巨大，构成了组织最重要的外部环境之一。政府重大方针、政策的出台，宏观调控措施的改变，经济结构的调整，通货膨胀的变化以及各项法律法规、税收、政治事件等方面的改变，都要求组织作出相应的变革。尤其是组织所在地区的经济发展情况，反映着组织生存环境的变化，组织必须及时调整相关的生产经营政策才能在当地站稳脚跟，只有多关心当地经济的发展，才能顺应时势、更好发展。

2. 资源变化的影响

组织开展活动所需的劳动力、资金、原材料、设备、能源等投入在质量、数量、价格方面发生了较大变化。由于组织活动在一定程度上会受到资源稀缺性的制约，组织必须时刻关注这些方面的需求，并及时作出变革来适应这种变化。

3. 管理现代化的需要

在现代化社会中，国内外的政治、经济、法律及文化等环境时刻发生变化，各种利益团体不断涌现、人们的工作和生活质量要求提高，这些变化使得原有的管理制度难以适应新环境，组织必须改变原有管理方式，实现管理现代化。

📖 拓展阅读

DB 制药人力资源管理方式转型之路

DB制药于1946年始建于佳木斯，是全国化学有机合成制药的摇篮和孵化器，经过几十年发展，已成为一家综合性医药企业集团。

在2011年以前，公司原有人力资源管理方式已经远远不能满足管理模式的集团化要求，迫切需要建立基于多层体系结构的、面向全集团的、安全的人力资源管理信息化统管系统。2011年，公司引入用友e-hr，开启了人力资源信息化建设，完成了从组织架构、人员信息到薪资福利管理等的人力资源一体化管理建设。用友e-hr管理系统的建设从根本提升了DB制药的管理效率，但系统服务的对象还是以HR为主，为进一步提升人力资源系统的价值，东北制药吹响了数字化转型的前奏曲。

2015年，DB制药开始利用人力资源数据，建立起人才数据仓、分析域、分析主题等多个平台，实现了全面的人才数据分析，为未来的人力资源数字化转型打下了良好基础。2018年，数字化转型浪潮呼啸而来，影响到社会各行各业，同时，随着互联网的普及和管理水平的不断提升，公司认为，打通员工与HR之间的互动渠道是提高生产效率重要内容之一。

2020年，DB制药再次携手用友对人力资源系统进行全面升级，通过升级建设，不仅对底层结构设计进行了优化，还提升了人力资源的精细化管理水平，同时建立员工移动自助服务，大大提高了员工对人力资源部门的服务满意度，还提高了业务部门领导和员工对人力资源的参与度，真正使员工服务落到实处。

（二）组织变革的内在原因

1. 组织技能的改变

组织技术条件的改变包括组织运行政策与目标的改变、组织规模的扩张与业务的迅速发展，如企业实行技术改造，引进新设备，要求技术部门的强化以及技术、生产、营销部门的调整等。

2. 组织内部的矛盾与冲突

组织内部的矛盾和冲突主要体现在落后的组织制度跟不上发展的需求。落后的组织制度可能体现在很多方面：组织运营效能低下，这会迫使组织必须实施变革来焕发组织生机、提高组织绩效；组织决策失灵或过于迟缓、沟通阻塞、信息渠道不畅以致经营失调等严重后果；机能失效，无法保证组织目标的实现；组织缺乏创新，墨守成规，难以产生新观念、新制度。

3. 组织目标与员工价值观的改变

组织目标和人员条件都有可能发生改变，包括组织内部运行机制的优化以及组织成员对工作的期望与个人价值观念的变化，也包括群体文化或组织价值观给员工价值观带来的影响。这需要组织对策略进行修正优化，从而使组织对各项工作的任务、组织结构、组织制度进行相应的调整，以促进预期目标的实现。

三、组织变革的阻力

（一）个体阻力

1. 个性

性格是个人对现实的稳定态度和习惯化的行为方式，在外界的作用下，通过个人的认知和实践活动，会对现实产生各种态度，并构成态度系统，这些态度决定着个体的行为表现，逐渐形成个体所持有的行为方式，在组织变革中，那些倾向于安稳、不愿意冒险的员工，缺乏改革的勇气和对变革风险的心理承受能力，更容易抱怨组织变革，产生一定阻力。

2. 习惯

人们处事往往习惯于采用固定模式和习惯方式，安于现状，对变革有一种天生的抵触情绪，这是人类习惯与惰性的表现。在组织管理中，人们已习惯于原有的管理制度、作业方式和行为规范，变革将会使他们感到不习惯、不舒服、不自然，会打破心理原有的平衡。所以，他们宁愿抱残守缺，也不愿尝试变革，反而成为变革的阻力，使组织丧失变革的最佳机遇，增加变革的成本。

3. 权力变动

组织变革涉及利益关系的调整，从而破坏组织内长时间建立起来的权力和利益格局。比如，变革之后，人们有可能面临权力缩小，在组织中的地位降低，或劳动强度加大，工作的自由度减弱；或被要求更换岗位，学习新的技术和新的知识；甚至有可能面临失业，因此人们会抵触变革。

（二）组织阻力

1. 组织设计

组织一般都有固定的机制来保证其运转的连续性和稳定性。例如，通过职位划分、规章制度来实现组织的规范化，通过技术要求来强化组织中不同角色的技能等。当组织面临变革时，这种固定的组织机制就会在一定程度上、一定范围内阻碍变革。

2. 组织文化

组织文化常常表现出一种抑制自身变化的惰性，而组织变革常常需要改变陈旧的、不能适应时代的旧文化、旧价值观，也就是说原有的组织文化要接受来自外部新文化的冲击。若外部新文化利于组织发展或与原组织文化相辅相成，则易被组织接受；若外部新文化不利于组织发展或与原组织文化难以融合，组织固有的文化就可能会发挥"守门人"作用，进行强烈的自我保护，抵制这种变革。

3. 资源限制

资源和成本方面的限制也是制约组织变革的因素之一。如果一项变革会变更组织的资源结构，原有的资源就可能被闲置，造成一定程度的资源浪费。特别是对于固定资产投入较大或相关技术投入较高的组织，现有的资源结构就会限制变革的幅度。

📖 拓展阅读

HZ 制药发展面临的阻碍

2020年伊始，新冠病毒在全球爆发，截至目前全球都在关注着新冠疫苗的动向，美国HZ制药公司在美疫情防控中发挥着重要作用。然而，在12月份，此前夸下海口的美国HZ疫苗却出现了供应链问题。

据悉，由于原材料的标准不符合，导致原计划交付的1亿剂产量减半。在医药领域，扩大原材料供应链的时间比预期的要长，重要的是，临床试验的结果要晚于最初的预期。HZ公司发现一些早期原料不符合标准后，表示与最初的1亿剂疫苗计划相比，该公司预计到本月底在全球范围内提供5000万剂疫苗。

原料资源供应不足暴露了HZ目前公司发展面临的问题，生产原料是制约HZ制药进一步发展的阻碍，后期公司应着眼于解决原料供应难题，进一步扩大公司生产规模，提高公司市场竞争力。

第二节 组织变革的实施模式与方法

PPT

"革弊，须从源头理睬。"

—— 朱熹

　　全球数字化革命已经到来，我国医药企业内部管理机制的数字化变革需求也日益增长，越来越多的医药企业开始通过寻求专业的人力资源管理数字化转型解决方案，提高企业综合竞争力。2019年底，SY集团上线部署广州红海云计算股份有限公司旗下新一代e-HR标杆产品红海e-HR，用科技赋能企业全人力资源业务场景，实现全集团内部的高效协同运转，加速数字化转型，寻求人才管理与企业战略发展高度契合的新局面。

一、组织变革的实施模式

　　组织变革是动态过程，管理者需要在变革中以某种方式进行干预。为设计出有效的干预，管理者可以参考以下三种综合的变革理论。

（一）勒温的三阶段变革模式

　　库尔特·勒温（K. Lewin）把组织描述成一个具有稳定状态或者由一组相等的反方向作用力制衡的"平衡体"。组织存在"驱动力量"，即变革的压力；平衡这些"驱动力量"的是许多"抵制力量"，包括组织中约定俗成的传统习惯、组织文化和思潮等。当"驱动力量"和"抵制力量"相抵消时，系统处于平衡状态。

　　勒温认为，可以把任何组织的变革过程想象成为由目前的平衡状态转向人们期望的状态或者说建立新的平衡状态的过程。他提出了一个三阶段变革实施过程：解冻—变革—再冻结，如图10-1所示。

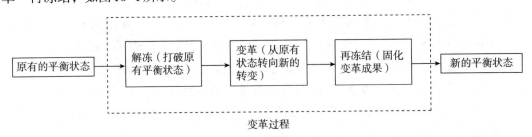

图10-1 勒温的三阶段变革模式

1. 解冻

解冻的目的在于降低致力于维持现状的力量，打破平衡状态，通常的做法是提出刺激性问题，让人们认清变革的需要，并寻求新的解决之道。勒温强调，在变革过程中需要咨询顾问以及员工的共同参与。一旦这些抵制力量被最小化，组织变革措施就可以马上实施，促使组织由当前的均衡状态转化为组织期望的平衡状态。

2. 变革

变革的目的在于发展新的行为、价值观和态度，其方法一般通过以人力资源为基础的组织变革与组织发展技术来推进。变革是一个过程，需要给所有员工提供新信息、新行为模式和新的视角，指明变革方向，实施变革，进而形成新的行为、态度和价值观。

3. 再冻结

为了使组织变革日常化，勒温证明了模型的第三阶段存在的必要性，即组织体系重新被冻结。勒温认为组织似乎很容易恢复变革前的模式，除非此变革经历再冻结的过程，使新的平衡状态得以强化。在这里，冻结组织体系需要很多战略，例如对达到人们期望行为的员工进行奖励，或者制定相关的强化组织变革过程的新规章制度等。

（二）约翰·科特的八阶段变革模式

约翰·科特（J. Kotter）对变革的基本信念是"变革的最根本问题就是改变人们的行为"，而人们之所以改变，常常是因为通过看到的事实影响了感受，而较少是因为分析而改变想法。因此科特提出了变革管理的八个步骤。

1. 增强紧迫感

成功变革的第一步就是确保尽可能多的人在做事时有足够的紧迫感——能够谨慎地观察自己的组织面临哪些机遇，存在哪些问题，培养一种"立即行动"的气氛。如果没有足够紧迫感的话，大规模的组织变革就只能是一次"将巨石推上山巅"的练习。

2. 建立指导团队

有了紧迫感之后，就会有更多的人愿意参与决策。变革领导者应当召集那些有着一定可信度、技能、关系、声誉和权威的人员组成一个指导团队来负责变革的推动，指导整个变革流程。

3. 确立变革愿景

接下来，指导团队会为变革确立合理、明确、简单而振奋人心的愿景和相关战略。指导团队不应只列出精细的计划和预算，还要制定符合实际情况的战略愿景，并且得到组织成员的认同。

4. 有效沟通愿景

接下来的工作就是将愿景和战略传达给所有的相关人员。这一步骤的目标就是在所有相关人员内部形成共识，建立一个具有责任感的组织，从而更多地释放组织当中大多数人的能量。在这个过程中，领导者要采取实际行动，亲身开始实施工作战略给成员以示范，而非只是口头传达。

5. 授权行动

组织变革要取得成功，领导者必须进行充分授权。组织变革者需要把重点集中在那些不肯放权的老板、信息不充分的沟通系统以及人们心中的盲目自信上。执行者如果没有得到必要的权力，就会缩手缩脚，不得不为自己的工作不力而辩解，这当然就会在整个组织内部造成一种挫折情绪，最终导致变革无法进行下去。

6. 创造短期成效

在授权之后，成功的组织变革领导者就会想方设法帮助组织取得短期成效，这一点非常关键。这会使人们对组织的变革努力产生更强的信心，也是给那些付出努力的人一种精神上的回报，能够使批评者暂时缄口不言，并进一步鼓舞整个团队的士气。

7. 不要放松

在取得了第一轮的短期成效之后，成功的组织变革领导者绝不会放松努力。因为在这种情况下，整个组织的信心都被调动起来了，早期的一些变革措施也开始得到理解和认可。这时，组织的行动会变得迅速，并不断地将变革推向前进，直到彻底实现组织变革的愿景。组织变革领导者必须时刻为领导团队把握变革方向。

8. 巩固变革成果

在成功的组织中，整个组织的领导者会通过培育足够强大的企业文化来巩固既有的变革成果。组织中的群体行为规范和成员价值观的建立，都需要相当长的一段时间，而且在这段时间里，整个组织需要不断取得新的成果以证明变革措施的有效性。在这个过程当中，适当的人事变动、精心设计的新员工培训，以及那些能引发人们某种情感反应的活动都可能起到重要的作用。而在那些失败的组织变革中，组织进行的变革往往流于表面，这样的成果容易由于各种变革的阻力而失效。

（三）适应循环式模式

艾德加·夏恩（E. Schein）提出组织变革是一个适应循环的过程，是一个组织不断适应环境和内部条件变化的应变循环过程，包括六个步骤。

1. 洞察内外部环境中的变化

为了防止因无法察觉外部环境中的变化而导致错误诊断，组织可以运用市场调查、消费心理学、民意调查等方法，判断市场需求。组织内部环境的变化则需要管理者切身感受，及时发现问题。

2. 提供相关变化的确切信息

了解了内外环境的变化后，这些信息需要被详细地反映到决策管理部门。在此过程中，要着意避免调查部门或参谋单位所提供的信息无法被上级决策单位所采纳的问题出现。

3. 改变组织内部的作业过程

组织内部进行实际的、有针对性的变革将使组织的作业过程直接受到改变，有时变革的目的就是改变作业流程。组织变革要求决策管理部门做出正确的判断，制定执行性强的决策，要求迅速由上至下传达并执行，往往判断决策是否得到执行也是根据组织作业过程是否改变。

4. 控制变革产生的不良作用

因为组织内各部门是相互关联的，所以在某一或某些部门开始变革时，不能忽略变革可能对其他部门产生的影响。管理者应该密切关注各部门之间的协同能力和员工发生的改变并及时对消极影响加以控制。

5. 输出变革所产生的新成果

新成果的输出，一方面是要满足用户的需要，另一方面要开拓市场。因此除了产品、服务的质量和数量外，还要加强宣传。

6. 反馈并且评定变革的结果

新产品或服务投放市场后，组织中的相关部门对于外部环境的状态要及时进行反馈。组织可以通过定期反馈，看有无再修正的必要。

二、组织变革的方法

莱维特（H. Leavitt）认为组织变革的途径有三种。

（一）对人员的变革

通过改变员工价值观、态度、技能及知识基础，来提高员工的劳动积极性。主要是知识的变革、态度的变革、个人行为的变革及整个群体行为的变革，通常包括的内容有以下几项。

1. 人员更新

这是指组织成员在组织系统中的进出升降。必要的人员流动会给组织带来朝气和活力，为组织成员的晋升成长创造更多的机会。

2. 改变激励机制

通过改进报酬制度、考核制度和奖惩制度，激励机制可以直接影响个体行为，进而间接影响组织行为。

3. 素质的更新

通过调查反馈、班组建设、咨询活动等方法来改变成员的动机、态度、知识（技能）和价值观，不断提高成员的素质。

（二）对结构的变革

指通过改善正式工作结构及职权关系来提高效率，强调组织结构及制度层面的调整。通常将变革组织结构的因素归纳为21类，可以通过这些因素来实现对结构的变革：规章制度，程序，正式的奖酬制度，汇报的要求，计划，部门划分的基础，控制幅度，矩阵组织结构，进度安排计划，信息沟通方式，工人班组，组织层次的数量，委员会，直线−参谋组织，工作绩效的标准，正式政策的权力，选择的标准，项目群体，预算，正规培训，指挥系统。组织结构的变革是完成组织变革任务的一种最直接和最基本的方式，见效快，可以使组织发生根本的改变。

（三）对技术与任务的变革

这种变革方式主要是指对组织部门、层次、工作任务进行重新组合，改变原有的工作流程；更新完成工作和任务的技术工具，改变解决问题的机制、方法和程序。这种变革方式主要有以下几个方面。

1. 工作扩大化

工作扩大化指横向扩大工作范围，主要是在一些重复性的工作中，为减少员工的单调、乏味的感觉而扩大工作内容，使一个人同时承担几项或周期性更长的工作。

2. 工作丰富化

工作丰富化指纵向丰富工作内容，让员工有自主权，可以参加计划和设计，获得信息反馈，评估和修正自己的工作。

3. 团队自治化

团队自治化指让基层组织制定自己的工作计划，自己控制工作的进度和进行管理，以及自己进行常规决策。

拓展阅读

Medicarte 公司防伪技术的变革

在医药领域，由于治疗特殊疾病的药物或激素非常昂贵，假冒伪劣产品层出不穷，给正规生产药物的医药组织带来巨大威胁。为此，哥伦比亚连锁药店 Medicarte 引进射频识别（RFID）技术，利用 RFID 和生物识别技术进行防伪，防止废弃包装落入制假分子手中。公司将符合生产标准的 RFID 无源高频（HF）标签粘贴到药品的外包装上，再通过读写器读取标签中存储的预编码的序列号，公司员工将该批次药品的类型、有效期等信息输入软件数据库。当顾客到药店买药时，系统将存储其指纹信息，序列号与顾客建立联系，等患者下次购药时，就能查看该药的购买记录。药店规定，患者再次买药时应将已用过的药品包装返回药店，但并非强制执行，这主要是为了减少市面上假冒伪劣产品的横行。

通过运用 RFID 和生物识别技术，公司对售出的药品能进行有效的追踪，实现对空包装的最大收回，有效地控制了假冒产品的泛滥。公司还表示，RFID 技术能大大简化公司内部流程，有望将系统扩展到供应链源头，Medicarte 计划将手机 NFC 技术应用到药品送货上门的服务中，配送人员在顾客家门口用手机扫描包装上的标签信息，并将标签编码发送到公司 ERP 系统，通过 GPS 坐标，确保送货的准确性。

第三节 组织发展

PPT

"发展才是硬道理。"

—— 邓小平

 开篇案例

> 浙江G医药是一家面向全球市场的、多品种的医药制造公司，是全球化学药品制造产业链的重要参与者，2016~2019年连续4年入选全国医药工业百强名单。G医药长期稳健的发展中形成了"一个体系、两个平台"的综合优势，即有效的管理和创新体系，体现企业基因及文化的软实力；先进完整的规模化生产制造平台、广泛有效的全球化市场渠道平台，体现企业平台基础设施的硬实力。凭借自身综合优势，G医药获得稳健增长的立体化优势动能，在当前竞争中保持领先地位。

一、组织发展的概念

组织发展（organization development）强调组织的自我更新和开发，是指组织应付外界环境变化，将外界压力转化为组织内部的应变力来提高组织解决问题的能力，目标是使组织对其外部环境保持高度的警惕性和适应性，使组织的调整能跟上形势发展的需要，在竞争中立于不败之地。

组织发展的关键是如何使组织中的人力和物力更好地结合起来，以发挥最大的效能。组织发展是一个动态的概念，它包括许多活动。例如，领导者应当创造良好的组织气氛，使员工能够积极顺畅参与工作与组织活动；积极与员工沟通，培养职工对组织的感情，不断提高其责任感，把完成企业目标同满足个人需要统一起来；还应当加强对职工的培训，不断提高全体职工的通识水平与专业技能；完善组织硬件配备，充分发挥职工的主动性和创造性，不断提高组织效率。

二、组织发展的条件

（一）系统导向

组织发展是一个数据收集、数据诊断、行为规划、人为干预和结果评价的系统过程，目的是达到组织结构、进程、战略、人员和文化之间的一致性；提高组织解决问题的能力；以及发展组织的自我更新能力。这是通过组织成员及其与变革推动者之间进行合作来达到的。进行组织发展，往往要在一些专家的指导和帮助下，运用管理心理学和其他学科的理论作为支持，以实现预定的组织变革的目标。组织发展比较强调正式的工作群体的作用，它的主要对象是工作群体，包括管理人员和员工。全面的组织发展还包括群体间的相互关系以及整个组织系统的发展。

（二）理解因果关系

组织变革与组织发展有十分密切的关系，组织发展可以看成实现有效组织变革的手段。狭义的组织变革仅限于组织结构和组织成员的变革，广义的组织变革还包括行为变革和技术变革。两者狭义有别，广义相通，统称组织变革与发展。

三、组织发展的好处与局限

组织发展是有用的组织干预。主要优点在于它试图处理整个组织或组织主要部分的变革，能获得广泛的改进。一个发展良好的组织能够增强员工工作动机，使团队更执着于组织目标，提高团队合作效率、员工生产率、工作质量和工作满意度，减少了缺勤、离职等消极因素。长此以往，能够造就学习型组织。

但在组织发展的过程中，难免需要牺牲某个群体的利益，可能不慎侵犯个人的隐私或对员工造成某种心理上的创伤。此外，决策管理部门需要消耗大量时间进行变革或发展并且巩固成果，这种成果无法当期享受，而是存在滞后期；变革与发展并非都是成功的，并且在变革过程中很可能由于强调了群体行为的改变而忽视了绩效，或由于员工不了解发展目标而造成盲从。随着组织的发展，组织规模很有可能会越来越大，管理成本也会加大。组织发展的好处与局限见表10-1。

表10-1　组织发展的好处与局限

方面	好处	局限
人际关系	团队合作改善、执着于目标	侵犯个人隐私、引起精神创伤
组织效率	矛盾解决改善、动机增强、生产率提高、工作生活质量改善、工作满意度提高	可能失败、需要耗费大量时间、回报期滞后、强调群体过程而非绩效、可能造成盲从
组织管理	缺勤人数减少、离职率降低	成本巨大
员工素质	造就了学习型个人和组织	可能概念模糊

📖 拓展阅读

互联网时代某药业公司如何营销

四川某草堂药业公司是一家医药营销服务商，为西部地区很多的城市及乡镇提供了很多的医药资源与医疗便利。它成立于2002年，和多家正规药品生产厂家合作，经营药品19000多种，为医院提供安全的药品配送，同时有3900多家连锁加盟药房，这几年也在国内很多省市不断发展。

责任感让这家企业不断成长，该公司的药房遍布在城市和乡镇，希望做到让每个老百姓步行一二十分钟就能买到药，尤其是对于医疗设施落后的村镇。在这种使命愿景的驱动下，该公司深知企业发展不能不变，尤其是当前正处于互联网时代，传统行业更需要跟上这股潮流。因此，该公司找到了拥有21年企业软件服务经验的中企动力，开始在域名、企业品牌官网、移动营销平台等多个产品上进行合作，通过互联网转型的方式，运用网络展示推广线下实体店，树立公司的品牌，使公司在各个环节上运营成本都有了很大改善、工作效率也大大提高。此外，还让合作伙伴了解认同公司转型的价值和意义，促进相互之间的信任，合作共赢。

★ 本 章 小 结

组织变革是指组织为了提高效率，根据内外部环境的变化，对组织战略、结构、人员、制度、文化、行为等因素不断调整以适应变化的过程。组织变革受组织内外部环境的驱动，也受到来自个体层面和组织层面的阻力。

组织变革是动态过程，管理者需要在变革中以某种方式进行干预。勒温认为，可以把任何组织的变革过程想象成为由目前的平衡状态转向人们期望的状态或者说建立新的平衡状态的过程，即"解冻—变革—再冻结"的循环过程。科特提出了变革管理的八个步骤：增强紧迫感、建立指导团队、确立变革愿景、授权行动、创造短期成效、不要放松、巩固变革成果。夏恩提出组织变革是组织不断适应环境和内部条件变化的应变循环过程，包括洞察内外部环境中的变化、提供相关变化的确切信息、改变组织内部的作业过程、控制变革产生的不良作用、输出变革所产生的新成果、反馈并且评定变革的结果六个步骤。组织变革包括对人员变革、对组织结构变革和对技术任务的变革。

组织发展是指组织应付外界环境变化，将外界压力转化为组织内部的应变力来提高组织解决问题的能力。组织发展有利有弊，主要表现在人际关系、组织效率、组织管理和员工素质等方面。

» 复习和讨论题

题库

1. 什么是组织变革和组织发展？

2. 组织变革理论主要包括了哪些内容？

3. 组织变革面临哪些阻力？你认为克服组织变革的阻力有哪些策略和办法？

4. 同学们结合实际，谈一谈当今医药企业变革与发展的新趋势。

课堂游戏：变革三人组

1. **道具**　每人一张纸和一枚别针。

2. **游戏步骤**

（1）准备：让所有学生造句，句型：我认为变革＿＿＿＿＿＿＿＿＿＿＿＿＿＿＿（每人以"对变革的看法"为题完成3句造句，写在纸上，并别在自己的衣服上）。

（2）教师提出一个组织变革的建议（教师提前准备），学生以小组形式讨论是否可行并尝试提出改革方案。

（3）要求：依据同学们身上的纸表露出的对"变革"的态度来选择队友，最终形成三人的小组。

3. **思考与讨论**　小组成员讨论，"老师提出的这一组织变革的建议是否可行"或"你是否支持进行组织变革"，每个成员发表意见并说明理由；讨论提出一个较为科学、简短的组织变革建议。

第十一章 组织文化管理

LN 制药：以优秀文化塑造卓越品牌

在过去三十年中，LN制药能够从一个规模很小的校办工厂发展成一家大型综合制药集团和国家重点高新技术企业，最重要的原因是"不怕困难、挑战困难、战胜困难"为核心的企业文化内化成了每个员工的思想意识，使得组织上下团结一致，为LN制药的发展不懈奋斗。

LN精神，历久弥新。创业艰难、"96决战"、科技攻关、将士出征……LN制药的发展史可以说是一部不断遇到困难，克服困难、战胜困难的战斗史诗。多年的风霜磨砺使得"不怕困难，挑战困难，战胜困难"的LN精神逐渐积淀和升华为企业文化核心，与此同时，公司也在不断丰富LN精神的内涵，把勇于担当、造福社会的家国情怀融入其中，立志为民族医药事业的振兴、促进国家经济发展做出更大贡献。

革故鼎新，前行不辍。"创新是最好的改革，发展是最好的继承。"公司始终坚持以科技创新为核心，全方位推进以企业机制创新、营销创新、管理创新、文化创新为基础的全面创新，以全维度创新撬动市场。可以说，创新确保了LN制药在行业中的领先地位。

以人为本，共享发展。LN制药企业文化中明确提到，企业经营的最高目标是培养和造就人才。围绕这个目标，LN制药殚精竭虑，为员工的生活、成长、发展创造了良好的环境。如公司利用自有土地建房4000多套，解决员工住房难问题；建幼儿园解决员工子女入托问题；利用每年暑期设备检修期，让职工享受带薪休假1个月并组织外出旅游、参观、学习；设立爱心基金用于特困职工家庭的救助等。

优秀的组织文化是企业发展的根本支撑。LN制药的组织文化正在引领全体LN制药人朝着国内领先、世界一流的医药科研生产基地和国际化企业集团，向着国际知名品牌、百年企业进发。

第一节　组织文化概述

PPT

"企业的一切资源都可能枯竭，只有一种资源可以生生不息，那就是文化。"

—— 任正非

 开篇案例

　　戚继光，明代著名抗倭将领。于闽、浙、粤沿海诸地抗击来犯倭寇，历十余年大小八十余战，终扫平倭寇之患。少时好读书，通经史大义，后招募农民和矿工，组成新军，世人誉为戚家军。戚家军纪律严明，赏罚必信，以此闻名天下。军队下令，但凡出征时扰民的一律斩首示众，临阵脱逃者同罪。戚家军精神激励着将士战无不胜，无所畏惧，且无论在哪里作战都能够获得当地百姓的支持，就连少数民族都愿意为之誓死效命。

一、组织文化的定义

　　对于文化（culture），牛津现代辞典的解释是：在人类能力的高度发展下而促成的身心的锻炼或修养，是人类社会智力发展的证据，如艺术、科学等。法国学者维克多·埃尔（Victor El）在《文化革命》一书中提出，文化指风俗习惯，尤其是舆论；威廉·哈维兰（W. A. Haveland）在《当代人类学》一书中提出，文化是一系列规范或准则。在我国，"文化"一词古已有之，《周礼》说"观乎人文，以化成天下"，意指观察人类文化的发展来改造自然与社会。

　　关于组织文化的定义，国内外学者也有不同的认识。美国哈佛大学狄尔·甘乃迪（D. Kennedy）教授认为组织文化是由价值观、英雄、神话和象征凝聚而成，这些对组织的员工具有重大意义；威廉·大内（W. Ouchi）认为组织文化是对组织的意见和行为模式的价值观。国内学者陈春花认为，组织文化是存在于企业组织内部、为所有成员所共享的一种物质、行为、精神和制度文化的总和，是以企业价值观为核心的企业意识形态的综合体现；李长江和夏丽珠指出，组织文化是人的一种主观感受，集中体现了企业员工的精神层面。

　　综上所述，本书将组织文化（organization culture）定义为：具有确定性和相对稳定性的组织群体规范，是组织成员在长期的组织活动过程中逐步形成的共同的价值观体系、信念、思维方式及具有组织特色的物质表现和行为方式的总称。

二、组织文化的特征

　　研究组织文化的特征，关键要体现组织文化同其他文化的区别。组织文化有以下几种鲜明的特征。

（一）实践性

组织文化不是凭空产生或依靠空洞的说教而建立的，它是在组织成员的社会实践过程中有目的地培养并经过长期的沉淀形成。离开企业实践过程，仅靠口号或短期的教育来建设组织文化是不现实的。

（二）综合性

组织文化是绝大多数组织成员共同认可的价值观体系，包括价值观念、经营准则、道德规范和传统作风等精神因素，这些因素不是单一的在组织内发挥作用，而是经过综合与系统的分析、加工，融合成一个有机的整体，成为全体成员的文化意识。

（三）独特性

组织文化不仅是组织成员共同遵循的行为准则和价值观念，也是一个组织区别于其他组织的关键特征。由于组织的所在地域、规模大小、发展历史、领导理念的不同，会形成独特的组织文化。独具特色的组织文化是组织的无形资本，是组织核心竞争力的重要组成部分。

（四）稳定性

组织文化是组织成员经过长时间的摸索和实践而形成的，一旦被组织成员接受，就会内化为成员的个人意识，因此具有一定的稳定性，不会随着组织成员的调整、战略的变革或管理者的改变而改变，但是它能随着组织环境的变化和自身的发展而不断地调整、丰富与完善。

（五）可塑性

组织文化不是与生俱来的，也不是一蹴而就的，它与组织的长期发展历史紧密相连，它的形成是一个逐渐积淀并发展的过程。组织文化形成于组织成长、变革和发展的长期实践中，这说明组织文化具有可塑性，是可以通过后天人为的努力加以塑造和成型，并在实践过程中被提炼和充实，随着组织的发展而发展。

三、组织文化的功能

（一）组织文化的积极功能

组织文化作为现代组织管理的最新发展，被人称为组织管理理论的最新阶段，愈加受到业界人士的广泛重视。这是由于组织文化在现代管理中有其特殊功能。管理心理学家认为，组织文化有导向、约束、凝聚、激励和辐射的积极功能。

1. 导向功能

组织文化的导向功能，是指组织文化能对组织整体和组织的每个成员的价值取向及行为表现起着引导的作用，使之符合组织确定的目标。这种导向作用是通过组织文化的塑造来引导员工的心理行为，使人们在潜移默化中接受组织的共同价值观念，自觉地把组织的目标作为自己追求的目标。

📖 **拓展阅读**

同修仁德，济世养生

北京同仁堂是全国中药行业著名的老字号，从清朝屹立至今，历经三个世纪仍保持强大的竞争力。在300多年的风雨历程中，历代同仁堂人始终恪守"炮制虽繁必不敢省人工，品味虽贵必不敢减物力"的古训，树立"修合无人见，存心有天知"的自律意识，造就了制药过程中兢兢小心、精益求精的精神。

"同修仁德，济世养生"是同仁堂大门的对联，也是同仁堂人所奉行的原则和价值观，长期以来，同仁堂把济世养生作为首要的经营宗旨，引导同仁堂的员工将服务于民、一丝不苟的经营理念贯穿于整个工作过程，严把质量关。同仁堂尊崇"可以养生，可以济世者，惟医药为最"，把行医卖药作为一种济世养生、效力于社会的高尚事业来做，体现了儒家思想的核心——仁、德、善。历代继承者始终以济世养生为己任，恪守诚实敬业的品德，对顾客始终坚持童叟无欺，一视同仁，认为"诚实守信"是一个企业最基本的道德要求。

翻开同仁堂的历史，浓厚的组织文化气息感人至深，可以说同仁堂的历史是文化和经济交相辉映的历史，透过它浓厚的组织文化，就可以理解到底是什么使同仁堂跨越三个世纪仍保持活力。

2. 约束功能

组织文化对组织中每个员工的思想和行为都具有约束和规范的作用，但这种约束不是制度式的硬约束，而是一种软约束。企业群体意识、社会舆论、共同的习俗和风尚等精神文化内容，使得组织员工存在一种心理契约，自觉对行为进行自我控制和约束。事实证明，这种软约束弥补了硬约束的不足，成为组织进行内部控制必不可少的工具。

3. 凝聚功能

文化是一种极强的凝聚力量。组织文化是组织全体员工创造的群体意识，它包含的价值观、行为标准和组织目标等内容，寄托着全体员工的理想和追求。当组织文化的核心价值观被员工认同以后，它就会成为一种黏合剂，产生一种强大的向心力和凝聚力。

4. 激励功能

组织文化具有使员工从内心产生高昂情绪和奋发进取的精神效应。组织文化以"人本管理"作为核心原则，它对人的激励不是一种外在的推动而是内在的引导，它不是被动消极地满足人们对实现自身价值的心理需求，而是通过核心价值观的塑造，使每个员工从内心深处自觉产生为组织拼搏的献身精神。积极向上的思想观念及行为准则可以形成强大的使命感、持久的驱策力，成为员工进行自我激励的一把标尺。

5. 辐射功能

组织文化一旦形成较为固定的模式，它不仅会在本组织内发挥作用，也会通过各种各样的渠道对社会产生影响。组织文化向社会辐射的渠道很多，例如通过宣传、个人交往等。位于我国广东省的著名企业广州医药集团有限公司把中医药文化中"治未病"的理念与反腐倡廉教育紧密结合起来，形成了广药独有的廉洁文化。坚持"治未病"，从源头上堵塞漏洞，三年累计节约采购成本超10亿元，广药集团也成为广东省乃至全国药企的榜样，其他企业纷纷效仿其塑造的廉洁文化，有助于良好社会风气的形成。

（二）组织文化的消极功能

组织文化的许多功能对组织发展都起到重要的推动作用，但也不能忽视文化对组织可能造成的不利影响。组织文化的消极功能主要表现在以下几个方面。

1. 影响组织变革

组织文化是组织长期运营过程中形成的，具有历史继承性和稳定性的特点，一般形成后就不会轻易发生改变。而如今的世界处在多变的环境中，组织只有不断地进行调整和变革，才能使自己的战略、文化以及结构等适应外部环境的变化。一成不变的组织文化很可能成为组织变革的障碍，从而使组织应对环境变化的能力减弱。

2. 影响新思想的引进

通常组织会考虑到适应外界环境进行组织文化变革的策略问题，尤其是在引进新思想方面经常会进行一些大胆的尝试。如引入新员工时，一方面希望他能尽快融入组织文化并接受组织的领导和监督；另一方面，管理层也希望通过这些员工的加入，带来些新思想和新观点。此时如果原来的组织文化太过于形成压力，新思想的引进则会受阻。

3. 影响组织并购

随着经济的发展，组织扩张事件经常出现，跨国并购现象时有发生，通常融资优势或产品的协同作用是并购时管理者考虑的关键要素。然而近年来，组织文化的相容性问题成了人们关注的主要对象，美国一家研究机构发表的报告显示，组织并购不成功很可能是由于组织文化冲突和首席执行官的个性差异导致的，甚至会使并购最终失败。有调查显示，58%的组织并购都没有达到公司高层定的价值目标，失败的主要原因基本都是组织文化的冲突。

第二节　组织文化的结构与分类

PPT

"三流的企业人管人，二流的企业制度管人，一流的企业文化管人。"

—— 佚名

开篇案例

N公司是全球工业酶制剂和微生物制剂的主导企业，拥有超过40%的世界市场份额。重视社会责任特别是可持续发展是N公司企业文化的一部分。在建设中国总部大楼时，N公司不惜提高造价为大楼的墙体建设保温层，还引进了先进的蒸汽式空调系统，使室内更容易保持恒温。这种节能环保的观念不仅为环保负责，节省了大量的能源，也为员工营造了一个舒适的、有人情味的工作环境。

一、组织文化的结构

组织文化结构是指组织文化的各种内容与形式之间的关系。一般将其分为三个层次，即表层文化、中层文化和深层文化。

（一）表层文化

表层文化，又称实体文化，是指由组织员工创造的产品和各种物质设施等构成的实物文化，是能够看得见、摸得着的文化形态。主要包括组织产品的结构和外表款式、组织员工劳动环境和娱乐休息场所以及员工的文化设施等。

（二）中层文化

中层文化，又称制度文化，是指组织为了达成目标，对员工的行为进行规范和统一的过程。组织的每一项制度、每一条规范都必须经过某种意义的阐释才能够被群体接受并遵循，否则该项制度条文就会因缺少自觉遵守的积极性而导致监督成本的上升，要么形同虚设，要么脱离实际。因此，文化在这一层面上为制度提供意义。

（三）深层文化

深层文化，又称精神文化、观念文化，是企业文化的核心，指组织的生产经营道德理念、价值观念、组织目标和行为准则等，所谓企业精神就是组织的群体意识。

企业文化的三个层次形成了组织文化由表层到深层的有序结构。实体的物质文化源于具体实在；而精神文化则是组织的意识与观念，是组织文化的核心。精神文化是组织文化的脊髓，主导着组织文化的共性与特性，主导着本企业文化的发展范式。具体来说，精神文化通过制度文化来表现，支撑并规范着组织员工的行为，使之具有本组织核心文化的特点，构造出本组织的实物外貌。

拓展阅读

YN 白药的企业文化营销

YN白药已有一百多年的历史，主营业务分为药品、健康品、中药资源和医药物流四大板块，形成从选育、种植、研发、制造到健康产品及服务的全产业链市场价值体系，形成三产融合贯通、多板块互利发展的经济生态圈。"传承文化、超越自我、济世为民"的企业理念坚持至今。

云南白药公司清楚地认识到企业的竞争归根结底是企业文化、价值观等无形资产的竞争，以牙膏为载体，将云南白药牙膏定位在口腔保健，加入传统的中药成分使其发挥独特功效，同时把中药文化赋予到产品中来，开启了中国非传统牙膏功能护口的新时代。就这样，以非传统牙膏为市场定位突破口，以传统重要精华为亮点，在弘扬了中华传统文化的同时也满足了消费者的物质和文化需求，从2005~2014年10年的时间，云南白药牙膏成为中国洗化市场上的翘楚，成为牙膏市场最强有力的竞争者。

二、组织文化的常见类型

按照不同的标准，可以将组织文化划分为不同的类型。例如，按照组织文化的内在特征，可分为学院型、俱乐部型、棒球队型和堡垒型组织文化；按照组织的有效性，可分为部落式、临时体制式、等级森严式、市场为先式组织文化；按照权力的集中或分散，可分为权力型、作用型、使命型、个性型组织文化；按照组织文化所涵盖的范围，可分为主文化和亚文化。

下面详细介绍两种常见的组织文化划分标准。

（一）按组织文化的内在特征划分

艾莫瑞大学的杰弗里·桑南菲尔德（Geoffrey Thornfield）提出，按照组织文化的内在特征，可将其分为学院型、俱乐部型、棒球队型和堡垒型组织文化。

1. 学院型

学院型组织文化强调学习，注重员工的培训，尤其是新员工的培训。在这种组织中，员工能够全面掌握工作所需要的技能，不断地成长和进步。

2. 俱乐部型

俱乐部型组织文化与学院型组织文化恰恰相反，这种组织更重视管理人员的培训，因为它看重员工的资历、忠诚度以及员工对组织的承诺，年龄和经验越丰富的员工越容易得到俱乐部型组织的重视。

3. 棒球队型

棒球队型组织文化强调冒险和革新，重视发明创造。因此，这种组织在招聘时，通常会挖掘有才能的人才，并且制定合理的薪酬制度，以具有竞争力的薪酬留住出色的员工，同时给予他们较大的自主权，提升员工工作的积极性。

4. 堡垒型

堡垒型组织文化与棒球队型组织文化相对，强调保守、稳定发展，这类组织通常由以上三种组织演变而来。堡垒型组织历经了困难时期，实力大不如从前，因此仅仅着眼于公司当前的生存，无法注重创新和冒险。

（二）按组织的有效性划分

该分类方式是根据组织的灵活性与稳定性、关注内部与关注外部两对指标对组织文化进行分类，用这两对指标分别表示坐标系的横轴和纵轴，划分出四个象限。每一个坐标的两端都代表着一个极端，每个象限代表不同的组织文化，则可以得到四种独特的组织文化类型：部落式、临时体制式、等级森严式、市场为先式，如图11-1所示。

1. 部落式

部落式组织文化表示组织重视内部管理且保证企业内部灵活有生机，在这样的组织内，员工既能严格有序地开展工作，也可以轻松自在地互相分享工作经验。这种组织文化在提供服务类产品的企业中较为常见。

2. 临时体制式

临时体制式组织文化表示组织重视外部竞争，同时也希望能有效管理好企业内部，它的特点就是其工作场所是动态的、创业式的并且充满创意的，多出现在高科技行业。药物研发因其高难度、高投入、低效率使其具有高科技行业的某些特征，所以药物研发企业的主导文化多以临时体制式文化为主导。

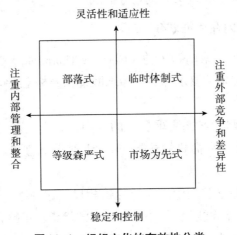

图11-1　组织文化的有效性分类

3. 等级森严式

等级森严式组织文化重视内部管理，强调掌控组织内部所有的控制权，它代表的是高度制度化和机构化的工作场所，代表性企业多为生产制造业公司。

4. 市场为先式

市场为先式组织文化比较关注外部事物且喜欢控制一切，这种组织的核心价值观就是竞争力和生产力，是一个以业绩为核心的文化，对他们而言，超越对手和成为市场主宰是最重要的指标。如跨国药企"跨国"的主要目的就是开拓市场，通常适合发展市场为先式组织文化。

第三节　组织文化的测评与塑造

PPT

"企业的文化基因需要一开始就注入。"

—— 俞敏洪

 开篇案例

　　W制药作为一家地处医圣故里的著名中药制药企业，坚持以继承弘扬张仲景中医药文化为己任。背靠有"天然药库"之称的八百里伏牛山，"没有上乘、道地的中药材，造好中药只能是一句空话"。为此，W制药先后斥巨资在河南、湖北、安徽、福建四省建立了六大药材基地，并通过国家GAP认证，W制药成为全国唯一一家实现了六味地黄丸六种药材全部基地化供应的企业，用实际行动践行着"药材好，药才好"制药理念，受到业界一致好评。

一、组织文化常见的测评方法

　　组织文化的测评主要有两种方式，一是定性测量，二是定量测量，定量测量还可分为类型测量和特征测量。定性测量主要通过对企业的员工、管理者进行访谈，对公司内部进行观察；定量测量则通过发放量表，进行问卷调查。两种测量方法各有优缺点，所以具体组织文化进行测量时，要根据企业类型以及实际条件选择适当的方法。也有组织将两种方法结合运用，一般通过访谈了解企业的文化之后，将资料转化成为量表。

　　定性测量以沙因为代表，定量测量则以丹尼森、卡梅隆和奎因最为著名，具体测量方法如下。

（一）沙因的组织文化测评

　　美国麻省理工学院的沙因教授（E. H. Schein）在组织文化领域中率先提出了关于文化本质的概念，对于文化的构成因素进行了分析，并对文化的形成、演化过程提出了独创的见解，将组织文化分为三个层面，见图11-2。

　　第一层：表象，代表显而易见的组织结构和过程。

　　第二层：外显价值观，代表战略、目标、质量意识和指导哲学，描绘了组织的价值观、原则、伦理和愿景。

　　第三层：基本假设，即视为理所当然的无意识的信念、理解、思维和感觉。这个层次的文化决定了特定文化环境中人们判断事物的标准、习惯了的方式，决定了组织中什么是可以接受的，什么是不可以接受的，属于组织文化的核心。

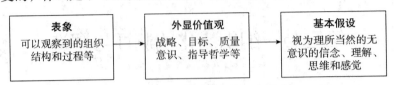

图11-2 沙因组织文化的三个层次

沙因建议测评组织文化的步骤如下：首先，组建一个包括成员和专家的小组，确保小组成员理解文化的层次模型；然后，小组提出组织现有的问题，聚焦于可以改善的具体领域；其次，确定组织文化的表象和组织外显价值观，研究外显价值观与组织表象的匹配度，从不匹配处探查深层次的基本假设；最后，如果探查效果不理想，重复以上步骤，直至达到理想为止，并发现哪些假设有助于目标的实现。

（二）丹尼森的文化特征测评

瑞士洛桑国际管理学院著名教授丹尼森（D. Denison）分别从内部关注与外部关注、稳定性与灵活性两个维度来判断企业文化的状况，利用这两个维度组合出使命（mission）、一致性（consistency）、参与性（involvement）与适应性（adaptability）四大文化特征，这四大文化特征对一个组织的经营发展具有重大影响。以此为基础，丹尼森又将每一种文化特征细分出三个测评维度，见图11-3。

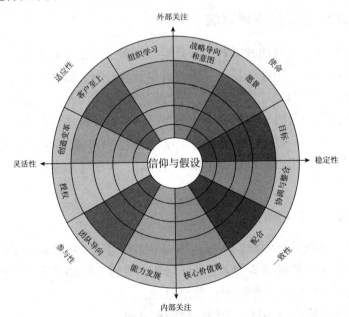

图11-3 丹尼森文化特征的测评维度

模型中央组织的信仰与假设决定了员工的行为方式，四大文化特征各占90度扇形区域，颜色的深浅代表组织特征之间的不同重要性，由中心向外扩散代表组织该特征的强度逐渐增强。使命从愿景、目标、战略导向和意图来考察；一致性从核心价值观、配合、协调与整合来测评；参与性从授权、团队导向和能力发展三个方面进行测评；适应性从组织学习、客户至上、创造变革来测评。利用这十二个测评维度去测量组织每一特征的强度，能够比较准确地确定某一组织的文化类型与明显特征。

（三）奎因的组织文化评价工具

奎因（Quinn）和卡梅隆（Cameron）提出在竞争价值观框架的基础上构建组织文化评价量表（organizational cultural assessment instrument，OCAI），它根据弹性与稳定、内部焦点与外部焦点两个维度，将组织文化划分为团队文化、灵活文化、层级文化、市场文化四种，如图11-4，且从主导特征、领导风格、员工管理、企业凝聚、战略重点和成功准则六个方面共24个测量条目对组织文化进行评价。这个模型比较直观，对管理者来说价值较大，并且它也经过了多年的检测，操作方便，成效也比较稳定。

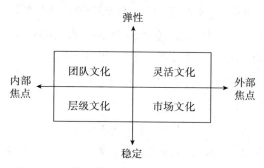

图11-4 竞争价值观框架下的组织文化类型

孙少博（2012）在《组织文化评价量表的应用研究》一文中提出，此量表的主要目的是测量组织文化概貌、探知组织文化与其他变量之间的关系、寻找在特定环境中的最佳组织文化并给出了OCAI量表的中文版本，见表11-1。

表11-1 OCAI中文译表

主导特征

Q1 本组织是一个人性化的组织，像一个大家庭，成员间能分享彼此的经验或想法。

Q2 本组织是一个具有活力和创业精神的组织，成员富有进取心。

Q3 本组织是成果导向型组织，强调工作的完成，成员具有强烈的竞争意识与成就导向。

Q4 本组织是一个严格管理与层级分明的组织，成员严格按规章制度做事。

领导风格

Q5 本组织的最高管理者能主动指导、协助并关爱组织成员。

Q6 本组织的最高管理者具有企业家精神，注重创新并勇于冒险。

Q7 本组织的最高管理者行事严谨，富有进取心并重视成果。

Q8 本组织的最高管理者擅于协调与组织，注重组织的顺畅运作。

员工管理

Q9 本组织重视团队合作、协商及成员的参与。

Q10 本组织重视个人的冒险，强调创新、自由及展现自我。

Q11 本组织强调竞争，强调高要求，注重竞争目标的达成。

Q12 本组织重视成员工作的保障及稳定性，员工之间的关系是可预见及稳定的。

组织凝聚力

Q13 促使本组织凝聚的力量是成员的忠诚及相互信任，强调对组织的承诺。

Q14 促使本组织凝聚的力量是对创新与发展的承诺，强调走在时代的前沿。

Q15 促使本组织凝聚的力量是对成就与目标达成的重视。

Q16 促使本组织凝聚的力量是正式的规章制度，强调组织运作的顺畅。

战略重点

Q17 本组织重视人力资源的发展，强调高度信任、开诚布公及员工的持续参与。

Q18 本组织重视获取新资源及迎接新挑战，强调尝试新事物和寻求新机遇。

Q19 本组织重视竞争与成功，强调达成更多目标以及在市场中获胜。

Q20 本组织重视持久与稳定，强调效率、控制及顺畅的运作。

成功准则

Q21 本组织对成功的界定是在人力资源、团队合作、员工承诺及关心员工方面得以发展。

Q22 本组织对成功的界定是组织有独特、新颖的产品，是产品的领导者和创新者。

Q23 本组织对成功的界定是赢得市场份额并且打败对手，成为市场的领导者。

Q24 本组织对成功的界定是富有效率，强调可靠的产出、良好的规划及低成本生产。

二、组织文化的塑造

组织文化的塑造是组织适应不断变化的外部环境以求生存，实现内部的一体化以求发展的过程，任何企业都需要塑造自身独特的组织文化。通常情况下，组织文化是组织创始人的价值观、组织成员自身经验以及外界环境相互作用的结果。其中，对组织文化的塑造影响较大的是组织创始人和管理者的价值观、性格特征和经营理念，同时组织成员之间长期密切的联系和交往、企业的性质、地区和民族的文化等也是决定组织文化特色的重要因素。组织文化的塑造是一个长期积累沉淀的过程，当组织发展面临新问题时，经常使用的解决问题的方式就会顺理成章地成为组织文化的一部分。通常组织文化经历的时间越长、承受的考验越多，就越稳定且越能渗透到组织之中。

（一）组织文化的塑造原则

组织文化反映了一定历史时期不同社会经济形态中组织活动的需要，即组织文化的建立会受本民族文化的影响，并随组织所在环境的变化而变化。通常应遵循以下指导原则。

1. 目标原则

组织文化必须明确反映组织的目标，包括组织长远发展方向的战略性目标和为社会、顾客和组织成员服务的最高目标。组织文化要使组织中的个体目标与整体目标一致，让个体感到自己的工作意义重大。成功的组织文化能将组织成员的事业心和成就欲转化为具体目标、行为准则和价值观，使其自觉地为组织目标努力。

2. 价值原则

组织文化要体现组织成员的共同价值观、行为标准和道德规范。它不仅仅是一句口号或标语，也不是管理者倡导的理念，而是经过组织全体成员甄别的精神文化。每个员工都应将自己的行为与这些准则和规范联系起来，并使之成为整体力量以提高组织效能。

📖**拓展阅读**

"药者当付全力、医者当问良心"——J中药的精神文化

"心忧天下，敢为人先，经世致用，实事求是"的湖湘文化是中华文明的重要组成部分，是贡献给中华民族的一份独特财富。J中药作为湖湘中医药文化的典型代表，将"悬壶济世、利泽生民"的湖湘中医药文化传统精髓一脉传承。清顺治七年，天下初安，疮痍满目，劳澄先生"心忧天下"，目睹民生艰难，疾疫肆虐，在古城长沙坡子街开无名药店，这就是J中药的前身。劳澄先生在创建初期就效仿神农氏亲自试药，立下了"吾药必吾先尝之"的规矩，凡是J中药研配出的新药，都要在自己活着亲属身上试验，以确保用药安全。经过数代苦心经营，J中药由小到大，渐成规模。

近300年来，J中药秉承中国医药文化的优良传统，尊崇"药者当付全力、医者当问良心"的祖训。在选材方面，J中药非道地的药材不用，如肉桂选用越南产的上桂，鹿茸多用锯茸、西茸。为了保证成药的品质，还从采收季节上加以注意，如薄荷必用秋叶，蜂蜜则用冬蜜。J中药的先辈们将"药者当付全力、医者当问良心"的经营理念和高尚精神世代相传，现代J中药人正将这种优秀的传统文化化为一种种品质优良的药品，这些药品遍布全国，远销海外，在世界范围内大力宣扬中华传统中医药文化的神奇魅力。

3. 激励原则

成功的组织文化不但应创造出一种人人受尊重、受重视的文化氛围，还应产生一种激励机制。组织成员的每一项成就都应该得到组织和管理者的肯定和鼓励，并将其报酬与工作绩效联系起来，从而激励组织成员为实现自我价值和组织目标不断进取，提高组织的效能。

4. 个性原则

组织文化是个性和共性的统一。由于民族文化环境、社会环境、行业、组织历史、

目标和领导者行为等的不同，形成了组织文化的个性。组织文化应包含个性的内容，个性化的组织文化不但是一个组织与其他组织相区别的重要标志，也能够增加员工个体与组织文化之间的联系，有助于成员更好地融入，从而充分和有效地发挥本组织文化的作用。

5. 稳定原则

组织文化是组织长期发展过程中提炼出来的精华。组织文化的建立应具有一定的稳定性和连续性，具有远大的目标和坚定的理念，不会因为微小的环境变化或个别成员的去留而发生变动。不过，同时也应注意其灵活性，在组织内外环境或自身地位发生变化时，应及时更新、充实组织文化，以保持组织的长久活力。

（二）组织文化塑造的程序

组织文化要素的提炼和塑造通常会经历一个过程。一般来说组织文化的塑造包括以下五个程序，如图11-5所示。

1. 调查与分析

调查与分析是为了考察与组织文化塑造有关的所有因素，包括组织领导人的理念、组织发展的愿景、员工的价值导向及组织所在的文化环境等。首先，明确组织发展的战略目标和各阶段的小目标，将其作为组织文化塑造的基础，使组织文化为组织战略发展服务；其次，分析高层、中层和基层管理者的观念和素质，包括管理者的创新意识、用人策略、管理水平及个人魅力等；最后，调研和分析组织员工的基本情况，包括员工的年龄结构、文化程度、思维方式等。

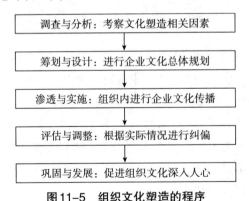

图11-5　组织文化塑造的程序

2. 筹划与设计

在调查与分析的基础上，可以设计组织文化的总体规划。总体规划不用过于详细，但是必须体现组织的战略目标、组织上下认同的价值观和个性化的组织精神。在筹划与设计组织文化的过程中，要遵循灵活性和计划性、独立性和统一性的结合，不要制定死板的方案，因为组织文化不是明文条款，也不要照搬其他组织的文化，每个组织有自己的特色和发展过程，要塑造具有本组织特色的组织文化。

3. 渗透与实施

计划做得再好，如果不落地，也只是纸上谈兵，因此渗透和实施组织文化是塑造独特组织文化过程中关键的阶段。在此阶段，各个组织需要采用适合自身的方法进行组织文化的传播，一般来说，实施阶段的方法包括以下几项。

（1）管理者示范法　管理者是将组织文化渗透给员工的关键人物，管理者应起到带头作用。在日常的管理中，管理者可以向员工宣传组织文化、口头激励符合组织要求的行为以及制止不符合组织文化倡导的想法，让员工自觉地将组织文化作为工作行事的准则。

（2）激励法　包括运用精神与物质的鼓励，如开展竞赛活动、攻克业务技术难关活动、提口号、提目标、提要求、评先进等，使员工更好地融入到组织文化氛围当中，明确组织目标和组织的核心价值观，让组织文化深入人心。

（3）定向引导法　即通过讲课、报告会、研讨会等宣传手段进行宣教活动。把组织想要建立的文化目标与内容直接灌输给职工，或者有目的地举行各种活动引导职工树立新的价值观念，创造出新价值观念氛围。

4. 评估与调整

评估和调整阶段是将计划和实施情况进行对照，及时发现计划存在的问题并纠正偏差，使组织文化塑造符合客观实际并朝着积极健康的方向发展。此阶段可采用的评价指标很多，为了使结果更符合实际情况，组织可以采用多指标对组织文化设计总体规划进行评价，包括组织的绩效、他人对组织的评价，员工的满意度、管理者的敬业度以及组织上下的团结度等。在进行评估时，直接访谈和问卷调查是非常有效的方式。

5. 巩固与发展

经过评估和调整之后，塑造的组织文化渐渐成型，但这并不意味着可以掉以轻心，因为要想让组织文化发挥自身的作用，需要长时间的巩固和发展，需要进一步将组织文化细化，突出其文化个性，这样才能让全新的文化指导组织的发展。此阶段组织要关注的是将旧的文化及时清理，用全新的文化替代旧的文化；管理者要扮演文化倡导者的角色，全方位地关注组织文化的实行情况；员工要调整旧的价值观，自觉将新的价值理念融入到工作中；对外宣传时应该传播新的组织文化，提升组织的形象。

组织文化的塑造在每阶段的侧重点不同，但重要性是等同的，只有切实地重视各阶段的工作，才能塑造出优秀的组织文化。

📖 拓展阅读

YS 制药的文化塑造

西安 YS 制药有限公司是中国最大的合资制药企业，在华员工超过 3000 人。公司一直很注重企业文化管理，为了塑造独特的企业文化，YS 制药高层管理者从多方面采取举措。

一、严格管理、注重激励

公司制定了严格的劳动规范，对产品标准实施高要求，要求员工要有社会责任感；不断丰富工作的意义，增加工作的挑战性并给予高报酬，每位员工都有发展的机会；注重激励，发扬"鹰"文化，鼓励员工做"出头鸟"，激励员工勇于探索、独立作战，提升业务能力。

二、加强团队建设

在培养"鹰"文化时，还提出发展"雁"文化，注重员工团队精神建设。鼓励员工要像大雁学习，紧跟团队领导者，互相帮助、团结协作、共渡难关。

三、优化员工工作氛围

YS制药的管理实践充满浓厚人情味，薪资福利待遇在业界水平居高，节假日礼品、礼金当然少不了，但更令员工感动的还是公司领导的问候。员工生病或是结婚生小孩等大小事宜，公司要求领导必须亲自问候，这使公司上下形成了一种团结和睦的工作氛围。

四、爱国主义的传统教育

公司发扬爱国主义精神，强调每位员工都要关心国家大事，要有社会责任感，认为爱国主义教育使员工具有吃苦耐劳的品质，使公司更有凝聚力，一个不爱国的人更不可能爱公司。

★ 本章小结

组织文化是具有确定性和相对稳定性的组织群体规范，是组织成员在长期的组织活动过程中逐步形成的共同的价值观体系、信念、思维方式及具有组织特色的物质表现和行为方式的总称。组织文化具有实践性、综合性、独特性、稳定性和可塑性。它有导向、约束、凝聚、激励和辐射功能，但在一定程度上会影响组织变革、新思想的引进和组织并购等。

组织文化具有三个层次，由浅入深可以分为表层文化、中层文化和深层文化。根据组织文化的不同特征，可以将其划分为学院型、俱乐部型、棒球队型、堡垒型，部落式、临时体制式、等级森严式、市场为先式。

组织文化常见的测评方法有沙因的组织文化测评、丹尼森的文化特征测评和奎因的组织文化评价工具。组织文化的塑造是组织适应不断变化的外部环境以求生存，实现内部的一体化以求发展的过程。需要满足目标原则、价值原则、激励原则、个性原则和稳定原则，从调查与分析、筹划与设计、渗透与实施、评估与调整、巩固与发展五个步骤入手。

》 复习和讨论题

1. 组织文化如何对组织发展产生影响？请结合具体事例说说影响过程。

2. 如何理解"缺乏优秀文化支撑的组织必然导致失败"这种观点？

3. 你了解哪些著名的组织文化？试判断它们分别属于哪种类型。

4. 拥有不同组织文化的企业之间发生兼并重组，应如何消融它们之间的文化差异？

5. 试比较沙因、丹尼森和奎因各自提出的组织文化测评方法的优缺点。

6. 什么是文化塑造？文化塑造的目标是什么？

课堂游戏

请各小组在30分钟内，讨论并设计出小组名称、口号与组织文化，并用绘画、文字的形式表现出来。作品完成后，各小组派代表上台进行展示汇报，并对设计创意和作品内涵进行解释说明。

参考文献

［1］瞿群臻，甘胜军.组织行为学［M］.北京：清华大学出版社，2016.

［2］相里六续.组织行为学［M］.北京：机械工业出版社，2014.

［3］杰拉尔德·格林伯格.组织行为学［M］.朱舟，译.上海：上海人民出版社，2017.

［4］刘毅.组织行为学［M］.2版.北京：人民卫生出版社，2013.

［5］于斌.组织行为学［M］.北京：清华大学出版社，2013.

［6］陈春花.组织行为学［M］.北京：机械工业出版社，2017.

［7］徐盛华.21世纪人力资源管理丛书：组织行为学［M］.北京：清华大学出版社，2015.

［8］龙立荣.组织行为学［M］.3版.大连：东北财经大学出版社，2016.

［9］李永瑞，于海波，柯江林，等.组织行为学［M］.3版.北京：高等教育出版社，2017.

［10］张新国.组织行为学［M］.上海：上海财经大学出版社，2014.

［11］张昊民，李倩倩.管理沟通［M］.2版.上海：格致出版社，2015.

［12］夏洪胜，张世贤.组织行为学［M］.北京：经济管理出版社，2014.

［13］张静.组织行为学［M］.北京：机械工业出版社，2015.

［14］肖余春.组织行为学［M］.2版.北京：机械工业出版社，2016.

［15］秦志华.组织行为形成与发展［M］.大连：东北财经大学出版社，2013.

［16］张德.组织行为学［M］.4版.北京：高等教育出版社，2011.

［17］孙健敏.组织行为学［M］.北京：高等教育出版社，2019.

［18］陈春花.组织行为学 互联时代的视角［M］.北京：机械工业出版社，2016.

［19］王瑞永.管理沟通：理论、工具、测评、案例［M］.北京：化学工业出版社，2014.

［20］詹姆斯·坎贝尔·奎克，戴布拉·尼尔森.组织行为学现实与挑战［M］.刘新智，译.北京：清华大学出版社，2013.

［21］李伟.组织行为学：Organizational behavior［M］.武汉：武汉大学出版社，2012.

［22］刘毅.组织行为学［M］.2版.北京：人民卫生出版社，2013.

［23］安娜·赫伯特.创造力教育学［M］.陈峥，译.北京：社会科学文献出版社，2014.

［24］张楠.青蒿素发现的科学启示［J］.科技导报，2015（20）：92-94.

［25］邵红能.防疫冲锋者——巾帼英雄李兰娟［J］.科学24小时，2020，367（4）：

41-43.

　　［26］宋源，时丹丹.越轨创新、员工自主性与组织创新能力［J］.哈尔滨商业大学
学报：社会科学版，2020（4）：84-93.

　　［27］赵娜娜，孙利华.中国医药产业新药研发能力研究［J］.中国医药工业杂志，
2018，49（9）：137-142.

　　［28］王博林.我国药品广告监管的法律现状及思考［J］.时代农机，2017，44（3）：
114-114.

　　［29］欧阳逸.企业到底有没有边界？［J］.企业研究，2020，512（1）：12-19.

　　［30］王华，郑健蓉.医务社会工作价值观本土化中的困境及对策探究［J］.中国卫
生产业，2019，16（14）：72-73.

　　［31］李永杰，刘春晖，金花.高创造力个体的群体差异性研究［J］.心理与行为
研究，2020，18（4）：440-445.

　　［32］傅飞强，彭剑锋.个人传记特征对工作绩效的影响：一项4年的追踪研究［J］.
商业经济与管理，2017（6）：48-59.

　　［33］邵高蔚，袁颖，杨斯曼，等.家庭医生团队建设现状与问题研究［J］.中国农
村卫生事业管理，2019，39（4）：241-245.

　　［34］王博林.我国药品广告监管的法律现状及思考［J］.时代农机，2017，44（3）：
114-114.

　　［35］陈莉弘.海德平衡理论的临床应用研究［J］.中国医学创新，2013，10（36）：
162-164.